艺术与观念

透纳

[英] 巴里·威宁 著
孙萍 译

北京出版集团公司
北京美术摄影出版社

目录

对页
《狄多建设迦太基》
又名《迦太基帝国的崛起》（图78局部）

*本书地图系原书插图

引言

　　1796 年，约瑟夫·马洛德·威廉·透纳（1775—1851 年）展出了一幅描绘伦敦威斯敏斯特教堂内景的水彩画——《圣伊拉斯谟与伊斯利普斯教堂》（图 1）。这件作品给人们留下了深刻的印象。身为建筑绘图员的透纳用数年时间苦练画技，以期达到登峰造极的程度。这幅画与他创作的其他描绘哥特式建筑的作品截然不同，这是因为：透纳在画面前景的墓碑上赫然刻上了自己的姓名及出生日期，暗示自己将来也会在这里有一席之地。如果哪位年仅 21 岁的画家断言他将来也会被葬在著名的威斯敏斯特教堂里，人们往往会觉得他不是在开玩笑，就是太过大胆狂妄，但对于透纳来说，这样的断言却显示出他的雄心壮志和对自己能力的深信不疑。年轻的他得到了财富、地位及同行们的认可。透纳不但精通各种形式的风景画，还尝试风俗画和历史画的创作。拿破仑战争激发了他的爱国主义热情，他与当时的法国大陆画家展开了角逐。事实上，随着年龄的增长，透纳的野心也越来越大，他希望能在欧洲经典绘画中占有一席之地，与他敬重的绘画大师们齐名。

　　《圣伊拉斯谟与伊斯利普斯教堂》展现了死亡与不朽的主题，这一主题在透纳中晚期的作品中反复出现。随着年龄的增长，透纳对生命的短暂以及人类野心的不堪一击有了更清晰的认识。他往往对自己的宗教信仰保持缄默，很少有证据表明他信奉基督教的救赎论，他所期盼的唯一的不朽便是他死后的声望，因此他总是竭力在公众面前保持良好的声誉。在这一点上，透纳取得了成功，令人称赞。

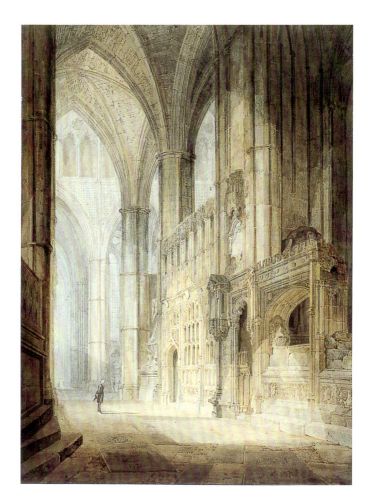

图1
《圣伊拉斯谟与伊斯利普斯教堂》
威斯敏斯特教堂
创作于1796年
用水彩颜料和铅笔创作的作品
54.6厘米×39.8厘米
不列颠博物馆
伦敦

在透纳逝世后的 160 多年里,他从未像现在这样受欢迎:透纳的作品在世界各地展出,虽饱受争议,但透纳还是赢得了英国艺术奖,学者们继续仔细研究透纳数量庞大、种类繁多的作品。透纳现存作品的数量惊人——仅遗赠给国家的作品就有 300 多幅油画和 30000 多幅水彩画和铅笔素描,这使历史学家们很难完全理解透纳并对他的成就进行总结。

透纳最初的观众只看到了透纳被展出和被雕刻出来的作品,他们认为透纳早期的作品很容易理解,这是因为他的这些作品刻画细腻,体现出了高超的技艺,符合风景画的既有传统。然而,在透纳

的职业生涯中，他的画风却发生了戏剧性的转变，他晚期创作的许多油画作品，如《站在阳光中的天使》（图170）等，常常让人感到困惑并充满了敌意。透纳晚期的作品色彩鲜艳、构图新颖，不再注重细节，而是强调颜料自身的材质，这些特征在当代英国艺术中是无与伦比的。而对于那些诋毁透纳的人来说，这些特征则有悖常理；他们给透纳起各种各样的绰号，称他是"风景画画家中的威廉·布莱克"（布莱克的名字是非理性和古怪的代名词）；他们斥责透纳，批评他为年轻艺术家树立了坏榜样；他们甚至还把透纳的作品比作医院痰盂里的脏东西。随着时间的推移，人们对透纳的态度也发生了重大的转变，如今，由于人们已经十分熟悉现代艺术的发展趋势，因此便更能理解透纳晚期的作品。对现代艺术的新的理解使我们能够将透纳的作品与后来的莫奈和罗斯科等艺术家的作品相比较（见

第8章）。透纳经常从这些比较对象中脱颖而出，就像是一名先知——对于透纳来说，颜色和颜料的物理性质逐渐变得比主题还重要了。

然而，现代人对透纳的热爱并不是一蹴而就的。当代人都知道透纳是位复杂的艺术家，因此如果人们觉得透纳的一些作品不好理解，也是理所应当的：为了传达复杂的意义，透纳有时会对传达意义的载体进行不合理的引申。近来，人们认为"透纳在画法上超越了他所生活的那个时代"这一观点过于简单化，没有全面地总结出透纳的成就，尤其是当考虑到透纳晚期的作品和许多没有完成的私人作品时更是如此。透纳逝世后，他将他的画室和画廊里的作品都留给了国家，这使他的上述作品变得广为人知。自20世纪60年代以来，劳伦斯·高英和罗纳德·保尔森等学者认为这些作品象征了"真正的"透纳，他们淡化了透纳早期作品的意义。如今人们对透纳的评价与和透纳同时代的人对透纳的评价截然不同，例如，透纳的油画作品——《身经百战的英雄》（图2）便加剧了这种评价上的差异。当透纳在1800年以后开始创作《身经百战的英雄》时，他用工业机器展现了威灵顿公爵的铜像从模具中出炉的场景，在那之前，人们从未考证过工业机器的作用。40年后，透纳对这幅作品进行了大幅度的修改，这意味着他早期的风格和晚期的风格都被融入了同一幅画中，而透纳在这两个时期的画风是完全相反的。大部分与透纳同时代的评论家都被左侧新增的极具爆发力的色彩所震惊，他们并没有发现风格上的不协调。而更熟悉透纳晚期风格的现代观众则很有可能惊诧于他对右侧工业机器的描绘是多么地细腻精准。人们常常认为透纳的作品主要以光、色彩和大气而著称，看一眼便能理解其内涵，然而却很容易忽略作品中意象的象征意义。当透纳重新修改《身经百战的英雄》时，他赋予这件作品以爱国主义主题，成为人们关注的焦点。修改后的作品再现了马修·科茨·怀亚特（1777—1862年）于1847年铸造的骑马雕像，铸造该雕像是为了纪念民族英雄威灵顿公爵的丰功伟绩（图175）。

这个例子表明，仅用现代观点来解读透纳有时是很危险的。如果我们想真正地理解他的创意，理解他所面临的问题；如果我们打算了解透纳有多么大胆，我们就必须在原创的语境中欣赏他的作品。

人们常常将透纳归为浪漫主义运动的代表，与威廉·布莱克（1757—1827年）、卡斯帕·大卫·弗里德里希（1774—1840年）和欧仁·德拉克罗瓦（1798—1863年）并驾齐驱，这不仅是因为他们的作品看起来非常相似，还因为他们的创作风格和创作理念也是相同的。那些被定义为浪漫主义者的画家和作家常常怀疑艺术准则与艺术规范，却颂扬想象、经验、创新和表现力。人们常常将这些浪漫主义者的艺术与当时的新古典主义风格进行对比。新古典主义风格的代表人物有雅克·路易·大卫（1748—1825年）和让·奥古斯特·多米尼克·安格尔（1780—1867年），他们吸收了古希腊和古罗马的艺术遗产。风景画在浪漫主义运动中的地位要比在新古典主义中的地位重要得多，诗人和艺术家们将大自然作为表达各种强烈情感的工具。例如，威廉·华兹华斯、约翰·康斯太布尔（1776—1837年）和弗里德里希用风景画来表现宗教情感，而约翰·马丁（1789—1854年）则因常描绘灾难性的场景而留名于世，人类的弱点以最敌对的方式与自然相对峙。透纳创作的意象在范围上要比华兹华斯、康斯太布尔和马丁所创作的意象更为广泛，事实上，是比任何一位风景画画家所创作的意象都要广泛，因此，尽管"浪漫主义"这一术语是概括透纳艺术诸多方面特征的一个简便方法，但它却往往排除或曲解了透纳艺术其他方面的特征。因此，为了能深入挖掘透纳艺术的广度，本书没有采用定义那一时代风格的重要标签，而是将透纳描绘成试图用形成于18世纪的艺术品位和创作理念来应对19世纪巨变的艺术家。对透纳的艺术观的形成影响最大的是乔舒亚·雷诺兹爵士（1723—1792年），透纳最欣赏的唯一的现代诗人是拜伦勋爵，没有证据表明透纳是否曾读过小说。

然而，透纳及与他同时代的人知道，他们生活在一个非凡的时代——这个时代见证了工业化、城镇扩张、民族主义的兴起、宪政改革以及与法国的长期战争等。从最初作为一名水彩画画家时起，透纳就意识到英国的农业和风景在某种程度上保留了英国历史的烙印，但这些新发生的重大事件也同样在英国的自然景观上留下了印记，因此，透纳将英国的过去与现在都融入他的作品之中。有时候，他还会将两者进行对比，以将现代英国置于人类历史的整体布局中。

透纳既关注历史事件，也关注被视为一段进程的历史，这成为他的作品的一个典型特征。对透纳而言，历史是一个在欧洲名牌大学里由带薪教授讲授的学科。它的主要倡导者为德国学者利奥波德·冯·兰克。兰克认为，历史学家的职责是尽可能地客观，进行艰苦的档案研究以揭示在过去"究竟发生了什么"。透纳的历史观与兰克的截然不同，是各种来源的大杂烩，如传统历史文本、旅行文学、传奇、由业余爱好者和古文物研究者撰写的地方志以及诗歌等，尤其是拜伦勋爵描绘他的欧洲之行的虚构故事——《恰尔德·哈罗德游记》（创作于 1812—1818 年）。这些使透纳在他的作品中暗示，早期社会的兴衰规律在某种程度上预示了他所生活的社会的前景。

在透纳的职业生涯中所发生的史无前例的社会历史变革对英国文化产生了巨大的影响。长期以来形成的、与视觉艺术有关的观念不断演变，尤其是认为"只有享有特权的、拥有大量土地的精英人士才有'艺术鉴赏力'"的观念。透纳早期的资助人和对手，如乔治·博蒙特爵士等，都来自这一精英阶层，但他们逐渐被那些靠经商或从事制造业而赚钱的人所取代。这一变化的一个重要影响是，对艺术进行谈论和描述已不再是富有的鉴赏家的特权了——例如，约翰·罗斯金（1819—1900 年）就来自新兴的商人阶级，他对透纳的评论最为深刻，影响力也最大。透纳本人并不觉得以书面的形式来表达自己的观点是件简单的事，但他却有一种像诗人、演讲家和理论家那样以书面的形式来表达自己观点的冲动。他对绘画的思考，尤其是他自己的艺术实践对他的作品有着重要的影响。

本书旨在在历史背景中对透纳的作品进行探讨，但绝不是要将透纳的作品定格在历史中，因为那样做是错误的。由于每个时代的人都会用自己时代的价值观来对前辈的艺术进行评价，而且关注点也不尽相同，因此，具有持久魅力的画家的作品一定要足够丰富，这样才能进行各种历史性和批判性的解读。透纳的艺术便是如此。很多人都十分欣赏透纳，如小说家马塞尔·普鲁斯特、作曲家克劳德·德彪西和哲学家吉尔·德勒兹等，但最终，透纳的作品之所以重要的一个主要原因是它们能为后世艺术家提供很多有价值的东西。当画家马克·罗斯科（1903—1970年）欣赏透纳的作品时，他所考虑的只是美学问题及他在自己的艺术实践中也会遇到的美学上的抉择问题，就如同透纳在欣赏早期绘画大师的作品时所思考的一样。这究竟能在多大程度上有助于罗斯科和其他艺术家真正地理解前辈的艺术将是本书最后一章所探讨的主题。

非主流艺术 透纳的早年经历

图3
《埃涅阿斯和女先知，
亚维努斯湖》
创作于1798年
布面油画
76.5厘米×98.5厘米
英国泰特美术馆
伦敦

乍一看，约瑟夫·马洛德·威廉·透纳的出身和早年经历对一名伟大画家的职业生涯来说似乎并不是一个好的开端。他与小说家简·奥斯汀一样，出生于 1775 年。尽管其具体出生日期不详，但透纳后来声称他是在 4 月 23 日，即圣乔治日那天出生的。他的父亲威廉·透纳是一名理发师兼假发制造商；他的母亲玛丽·马歇尔虽来自伦敦富裕的屠夫世家，却不大可能继承其家族的任何财富。关于透纳青少年时期的可靠介绍微乎其微，历史学家们仍在使用沃尔特·桑伯里的记述——出版于 1861 年的第一部重要却备受批判的关于透纳的传记。由于透纳在成名之后似乎很少提及他的母亲，因此读者对他的母亲只有一个模糊的印象。桑伯里将她描述为一个"脾气暴躁"的女人，她的反复无常导致她被监禁在贝斯莱姆医院（俗称贝德莱姆医院），在那里，精神病患者常常被置于肮脏的环境中，接受残酷的治疗。玛丽·马歇尔死于 1804 年 4 月 15 日，那时，她的儿子已是皇家美术学院的一名正式会员，他母亲的状况令他尴尬。而另一方面，透纳对他的父亲（图 4）却有着强烈而持久的感情。老透纳最终放弃了他自己的事业来照顾他的儿子，支持儿子的事业并为他提供一个稳定的家。同时，他还是透纳画室的助理，为他准备好油画布，有时还为油画布加上自制的画架。透纳终身未婚，这大概一方面是因为他与父亲的关系过于亲密，另一方面是因为他摸不透"女人的性情"。

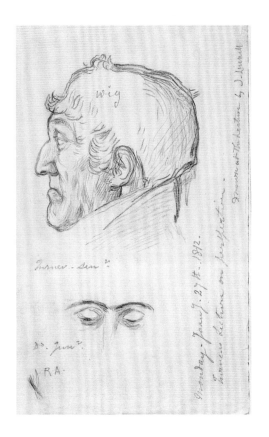

透纳性格形成的关键期很可能是在伦敦中部科文加登附近度过的，在 18 世纪早期，这个地区是非常时尚的。到了 1750 年，即塞缪尔·斯科特画《科文加登广场》（图 5）的那年，科文加登广场不但以水果、鲜花市场和繁荣于周边的贸易而闻名，还以酒馆、赌场和妓院而著称。透纳的父亲在仕女巷租了房子，仕女巷是离科文加登广场不太远，并且离伦敦主要剧院区也很近的一条狭窄街道。尽管环境不利于健康，但它也是皇家美术学院北部的一个繁荣艺术区，皇家美术学院位于斯特兰德大街上的萨默塞特宫里（图6）。威廉·透纳将他儿子早期的绘画作品陈列在商店橱窗里，在那里，这些作品接受着像托马斯·斯托撒德（1755 — 1834 年）院士这样的客户的专业审查。

在某些方面，透纳的出身背景给他带来了负面的影响。他的演讲、他的衣着、他的举止和他的教育经历都在不断地提醒着人们：他不同于大多数皇家美术学院的同事们。现代历史学家往往从阶级的角度来分析社会的各个阶层，但在透纳还是个孩子的年代，人们在描绘他们高度分化的社会时，用的却是"阶层"和"等级"这两个词。他们保持着对血统、财富、宗教、职业、人脉和住所的敏锐关注，因为这些能决定一个人在社会秩序中的地位。由于这些对身份地位的精确区分在简·奥斯汀的小说中起着重要的作用，因此现代的广大读者对它们还是十分熟悉的。作为一名理发师的儿子的透纳，他的社会地位高于大多数半熟练的或不熟练的劳动者，但却低于比较富裕的专业群体。他的父亲是一名个体商人的事实铸就了他的价值观和人生观。在这种背景下，人们应该理解在他成功之后对他的贪婪和吝啬的频繁指责，正如他所回忆的，他的父亲"除

图6
托马斯·莫尔顿
《斯特兰德大街上的萨默塞特宫里》
伦敦
约创作于1792年
将水彩颜料涂在铅笔画上创作的作品
33厘米×48.3厘米
维多利亚和阿尔伯特博物馆
伦敦

了节省了半便士之外从未因任何事情而表扬过他"。这些遗传下来的价值观也解释了为什么他有时不善于与贵族客户打交道，至少在他早年时期是这样的。在 1801 年，布里奇沃特公爵花 250 几尼的高价（1 几尼相当于 1 英镑 1 先令）买下了透纳的《狂风中的荷兰船只》（图 33），可后来，透纳却试图再多要 20 几尼作为画框钱。严格地说，他确实有权索要画框的费用，但他的同事们却认为他这种做法目光短浅，并且，公爵也将他的行为误解为欺诈的卑鄙行径。

无论英国社会的等级分化多么严重，有杰出才能的人都能凌驾于他们与生俱来的卑微地位之上。威廉·华兹华斯的父亲是一名自耕农或者说是一名小的土地所有者，然而华兹华斯却成为桂冠诗人，他的一个兄弟成为剑桥三一学院的艺术大师，而另一个兄弟则成为东印度公司的一名船长。透纳在皇家美术学院的同事也包括许多来自下层社会的人，比如，他的密友，建筑师约翰·索恩（1753—1837 年）就是砖匠兼建筑工人的儿子；而雕塑家弗朗西斯·钱特里（1781—1841 年）的父亲是一名木匠（他们二人后来都被封为爵士），但钱特里却养成了必要的社交技能和文化修养，正如一位同侪对他的描述那样，他"在各位王子面前泰然自若"，可透纳却从不曾摆脱掉其早年生活的痕迹。因此，当透纳在公众场合讲话时，人们嘲笑他的发音，并且，他还屡次不能封爵。钱特里和透纳都志向远大，毫无疑问，他们鲜为人知的身世在一定程度上是他们雄心壮志的动力，但他们越成功，就越有可能在他们的圈子里失去安全感，这是因为他们的教养并未替他们准备好应对之策。当回忆起他是如何从谢菲尔德的一名送奶工变身为加尔各答主教刻纪念碑的雕刻大师时，即便是深谙世事、善于交际的钱特里也不免感到有些心有余悸。透纳能敏锐地意识到他的艺术才能，但在社交方面，他却不如钱特里那样自信，这很好地解释了他对天才这一概念的狂热信念。就他而言，天才比所有血统上的差异都重要，他希望他的贵族客户能以应有的尊重来对待他。

虽然人们对透纳的早期学校教育知之甚少，但是有一点是毋庸置疑的：他没有受到与他的职业相称的教育，因此无法登上高位。在乔治统治时期的英国，教育不是由国家来管理的，也不是免费提供的，相对来说，只有少数慈善学校不收学费。经济学家亚当·斯密在《国富论》（创作于 1776 年）中强烈谴责了这一状况，他将英国的这种状况与苏格兰进行了比较，在苏格兰，教区学校制度"教几乎所有的百姓读书，大部分百姓都会写字和记述"。

1785 年，透纳被送去与他的叔叔一起住在伦敦西部的布伦特福德，在那儿，他成为约翰·怀特学校免费就读的一名学生。桑伯里纵情想象，对透纳的这段人生经历大加渲染，煞有介事地描绘出透纳在操场上打架斗殴以及苦学拉丁语语法的场景。在现实中，透纳在布伦特福德以及第二年在肯特马尔盖特的类似机构所接受的教育可能十分粗浅，这是因为他在成年时期使用的速写本里有各种笔记，这些笔记体现了透纳试图弥补知识上的空白而做出的持续努力。从这点来说，他并不是唯一这样去做的人：伟大的激进派记者威廉·科贝特和著名的数学家查理斯·赫顿也曾同样这样努力过。

透纳正式学校教育的不足对其后来的事业有着深远的影响。他也许缺乏特权教育所提供的文化框架，但他却拥有强大的智慧和巨大的精力，这些都是他过去在不够系统却如饥似渴的阅读中自学来的。在1813年皇家美术学院晚宴上与透纳交谈以后，约翰·康斯太布尔有说服力地将他描绘为"无教养"但却因"思想渊博"而引人注目。这种自我习得的精深学问远远超过了当时的典型课程，当透纳将其融入他的艺术中时，他有时会出人意料地将来自不同知识领域的想法结合在一起，很少有人能理解其全部含义。

尽管透纳能通过他自己的努力开拓知识视野，但他却几乎无法掩盖其使用英语语言的尴尬。1902年，有人计划出版透纳在皇家美术学院做的关于透视法的讲座，并就此事向艺术家兼评论家罗杰·弗莱（1866—1934年）咨询。但当弗莱发现透纳的讲座竟如此"晦涩难懂"时，他由极度兴奋转为彻底失望。他的结论虽然太过悲观，却反映出一个人们普遍认可的观点，即透纳是半文盲，他的智慧主要是视觉上的。在最近几十年里，人们对学习障碍越来越敏感，认为透纳乱用标点符号、不规则的拼写和句法错误是读写困难的标志，这些在本书刊载的他的笔记和画作标题中随处可见。这是一个有力的论据，但在透纳生活的时代，识字率普遍很低——约有40%的男性和超过60%的女性在结婚时不能在教区记事录中签名。在这种情况下，若下层阶级想提升文化修养，他们会优先考虑阅读而不是写作。透纳很有可能是被他的教养所束缚，而不是患有学习障碍，而他的教养正是人们在一个理发师的儿子身上可以预见得到的语言能力。这使他在面对皇家美术学院的微妙话语时处于劣势，在皇家美术学院，能言善辩通常是升任高官的先决条件。

在18世纪晚期的英国，孩子们学会了许多他们在工作时所必须的技能，透纳也不例外——虽然年少，但他已懂得赚钱和学习是密不可分的。在布伦特福德，他从他叔叔的一个朋友约翰·利斯那儿得到了他的第一笔佣金：透纳每涂完一幅《喀那芬城堡》（图7）摹本中的版画，便会得到 2 个便士作为酬金。《喀那芬城堡》是亨利·鲍斯韦尔的作品。该书是典型的 18 世纪地貌出版物，书中的每幅景观图像旁都附有历史文本和古文物研究文本。它们为风景画画家提供了重要的就业来源，这些风景画画家的画作和水彩画被专业雕刻师改为黑白印刷插图。对于作为水彩画画家的透纳来说，他后期的大部分作品都注定以这种方式被再现出来。尽管他为约翰·利斯所涂的画本身并没有多少美学价值，但正是这些画塑造了透纳，把他带入风景画的美妙世界。

透纳的父亲支持他想成为一名画家的远大抱负，为了促成他儿子的事业，他甚至还在经济上做出了牺牲。不过，透纳也尽自己最大的努力为整个家庭的收入做出了贡献，在这方面，他的情况与他的同事康斯太布尔截然不同，康斯太布尔从他富裕的家庭领零用钱。透纳在寻找就业机会时很幸运：在伦敦及附近地区有无数的就业机会可以让有本领的画家谋生，这是因为，商业成功和城市财富极大地刺激了消费者对各种奢侈品和娱乐活动的需求，进而创造出一个多元化的市场，在这个多元化的市场中，一系列艺术形式和艺术活动兴盛起来。透纳在 21 岁的时候已经尝试过许多艺术形式和艺术活动。他制作复制品，担任戏剧场景画家，教授画画，据他的朋友苏格兰画家大卫·罗伯茨（1796 — 1864 年）介绍，为了帮助风景画业余爱好者们提高画技，透纳将自己画的描绘天空的画作卖给他们，使得休闲写生流行开来。透纳早期受雇于各个雇主，尽管这种广泛的绘画经验使得他在很多绘画领域都有所建树，然而真正让他扬名立万的却是作为一名建筑绘图员的经历。

早期记叙透纳一生的传记作者提到过几位可能与透纳有职业上联系的建筑师，其中最重要的是托马斯·哈德威克（1752 — 1829 年），透纳大概是在 1788 年经人介绍认识的哈德威克。哈德威克很可能雇透纳来使他的建筑形象化并再现它们，使这些建

Eastgate sculp

CAERNARVON CASTLE, *in* NORTH WALES. Pl.I.

Publish'd according to Act of Parliament, by Alex.Hogg, No.16, Paternoster Row.

Eastgate sculp

CAERNARVON CASTLE, *in* NORTH WALES. Pl.II.

Publish'd according to Act of Parliament, by Alex.Hogg, No.16, Paternoster Row.

筑最终出现在风景画的背景中。据说，透纳与哈德威克在一起度过的时光是幸福和影响深远的，但透纳所做的这种工作并不受重视，为其职业发展提供的机会也很少。约翰·弗兰西斯·里戈（1742—1810年）院士劝透纳在皇家美术学院学习，在那时，皇家美术学院是英国唯一提供正规艺术教育的地方。1789年12月，14岁的透纳申请入院，并作为见习生被学院招收。从那时起，皇家美术学院便成为其社会生活和职业生涯的支点。在同一年，透纳离开哈德威克，与建筑绘图员托马斯·莫尔顿（1748—1804年；图6）一起工作，透纳将其描绘为他的"真正的老师"。除了画家的工作之外，莫尔顿还讲授透视法课程，当透纳晚年在皇家美术学院教授同样的课程时，他还在他的讲座中称赞莫尔顿，并将莫尔顿的一些建议传授给学生们。这不仅代表了他对莫尔顿的持久尊重，还赋予了一个被皇家美术学院拒绝授予准会员身份的人以荣誉。皇家美术学院之所以拒绝莫尔顿，是因为他只是一名建筑绘图员。透纳于1789年创作的《东南拉德利庄园府第》（图8）的视图与莫尔顿的作品有许多相同之处，1789年是他加入莫尔顿工作室的那一年。这幅非常注意细节的水彩画的主题是个精明的选择，这是因为乡间宅第画是风景画的一个有利可图的分支流派。这幅画是以透纳在去探望他的叔叔和婶婶的路上所画的素描为基础展开的，他的叔叔和婶婶当时住在牛津郡。显然，透纳在对画中有限的景物进行描绘时是十分审慎的。尽管房屋附近起框架作用的树看上去似乎有点假，但它们却成功地吸引了观众的注意力，帮透纳家解决了在处理空间凹进时可能会遇到的难题。

　　然而，他以斜视图来展现建筑物，以此来增强景深效果，在斜视图中，建筑物的一角向我们凸出，使向后倾斜的墙壁的顶部边缘和底部边缘交会在两个不同的消失点。他虽有足够的绘画技巧，但这些技巧却非常传统：主要轮廓用铅笔绘制，重点强调的部分用墨

图7
《喀那芬城堡》
创作于1786年
亨利·鲍斯韦尔负责线条雕刻
约瑟夫·马洛德·威廉·透纳负责水彩涂色
24厘米×39厘米
奇西克图书馆
伦敦

水绘制；建筑的细部被确定，而树叶则用重复的程式化的圆环创作而成。由于这种绘画方式用淡薄的水彩着色，因此被命名为"轻微染色画"。

《东南拉德利庄园府第》是一个有价值的衡量标准，它标志着透纳的快速进步。完成该画作的第二年，透纳觉得有足够的自信将一个建筑场景呈交给皇家美术学院每年一度的展览。《坎特伯雷大主教官邸》（图 9）之所以比他之前的作品更复杂、更吸引人，部分原因在于其对人物的巧妙运用，而另一部分原因则在于他大胆地将主体置于较为普通的建筑物的后面。

皇家美术学院的一名评审员选中这幅画参加 1790 年 4 月的展览，这是透纳的作品第一次在大型公共场合亮相。皇家美术学院年展是新艺术销售和展出的重要平台，透纳的作品连续 60 年参与该展出。1 先令的入场费（相当于今天的 5 便士）确保参观者都来自社会上比较富裕的阶层，同时，各大报纸杂志也对此次展览进行了广泛的评论，使没能亲临现场的广大读者也能了解到展览的详细情况。报纸和期刊的读者群在 19 世纪迅速扩大。例如，在 18 世纪 90 年代，《泰晤士报》每天仅卖 3000 份，但到透纳 1851 年去世时，其发行量超过了 50000 份。比较有洞察力的评论家包括威廉·黑兹利特和托马斯·温赖特，但评论一般都是未署名的，且常常是重复的，有时甚至很肤浅。然而，这些评论却非常重要，因为它们代表了一种非官方的声音，超出了皇家美术学院的控制范围，且常与其理论和准则相抵触。正因为如此，这些评论颠覆了"只有有教养的精英才有'品位'"的传统观念，重视娱乐性和告知性，及时对人们迫切需要了解的信息进行宣传，刊载艺术家们的名字并以易于理解的语言向不能参观展览的读者简单再现艺术家们的作品。这是非常重要的，考虑到版画复制品将带来的巨大贸易额，考虑到版画复制品的销售将极大地提高风景画画家的收入，这种广泛的评论便显得越发重要了。

　　透纳精心挑选送到皇家美术学院参展的作品。例如，由于其颇

具戏剧性的热门主题，于 1792 年被选中的《先贤祠，火灾后的早晨》（图 10）更像是哗众取宠，但对于透纳个人来说，这件作品却有着重要的意义。由詹姆斯·怀亚特（1747 — 1813 年）设计的先贤祠是牛津街上的一座大剧院，其庄严的石立面遮盖住高度易燃的木制圆顶。透纳在 1791 年花好几个礼拜的时间在那儿画风景，当先贤祠着火时，在随后的 1 月份，他画下了废墟的草图并将草图改为两幅完成的作品。人们观察到，这些场景可以与受人尊重的地貌学家如爱德华·戴斯（1763 — 1804 年；图 11）等人的作品相媲美，但在那个时代，地貌学通常很不受人尊重。皇家美术学院的绘画教授亨利·福塞利（1741 — 1825 年）将其当作 "地图工作" 而不予理睬。甚至连戴斯也将其视为一种较低级的艺术形式，他一直有一个梦想，希望能成为一名历史题材的画家而被严肃地对待。在透纳的整个职业生涯中，他虽对地貌学有着强烈的忠诚，但如果他想得到他想要的身份和成功，便不能将自己局限于备受轻视的绘画分支中。透纳不得不向皇家美术学院证明他既有雄心壮志又才华出众，同时，他还与各地美院的基本原则相交锋：由于主题在很大程度上决定了画面，因而应该根据主题内容按一定的层次顺序来排列各种绘画风格（或流派）。在乔舒亚·雷诺兹爵士看来，风景画是 "较低级的绘画领域" 之一，地位远不如历史画，甚至是肖像画。

这一观点的理论基础在于 "比较高级" 的流派——尤其是历史作品——对画家和观众的智力都有着很高的要求。然而，画风景画主要被视为是手和眼睛的一种技能，是一种记录大自然的面貌的简单过程，因此，即便是无教养的观众也能够欣赏风景画并对其发表意见。尽管透纳尊敬雷诺兹，但这些观点却令他深恶痛绝，他试图证明风景画理应与历史画平起平坐，这一努力是透纳的作品中最显著的特征。透纳并不是孤军奋战：他的同胞约翰·康斯太布尔和德国艺术家卡斯帕·大卫·弗里德里希也都以不同的方式试图削弱流

图10
《先贤祠，火灾后的早晨》
创作于1792年
将水彩颜料涂在铅笔画上创作的作品
39.5厘米×51.5厘米
英国泰特美术馆
伦敦

图11
爱德华·戴斯
《卡法斯附近的基督教堂》
创作于1794年
将水彩颜料涂在铅笔画上创作的作品
30厘米×48厘米
阿什莫林博物馆
牛津

派的等级制，他们创作的风景画具有与任何历史题材作品一样的精妙性与道德深度。

由于自 1768 年创立以来，皇家美术学院就一直是英国视觉艺术的主要管理者，因此皇家美术学院的观点对于透纳等年轻艺术家来说是非常重要的。之前曾有一些机构旨在对艺术界进行重新调整以促进其发展，但这些试图重整艺术界的机构最终都没能站稳脚跟，由于内部派系斗争不断，不多时日，它们便都一命呜呼了，它们缺乏皇家美术学院的权威性，这种权威性源自国王乔治三世（其统治时期为 1760—1820 年）授予的皇家授权，使皇家美术学院在当时艺术生活的许多方面都显示出中央集权化的控制权。它不仅组织最重要的年展，通过学校来教育年轻画家、雕塑家和建筑师精英，还负责建立官方评判标准。它提供了一个社会论坛，在这个论坛中，艺术家之间的友谊、联盟，甚至竞争都可以展开。总之，皇家美术学院提高了视觉艺术在英国的声望，但这却遭到了欧洲艺术家们的谴责，因为他们广泛地认为，英国没有真正的艺术天赋。

皇家美术学院是以法国和意大利较为古老的美术学院为模型建造而成的，因此，与它们一样，皇家美术学院等级森严。不但绘画的流派是等级分化的，就连院士也是等级分化的。地位最低的是非正式会员，从他们中选出正式会员，正式会员之上是财务主管、部长和院长等高级官员，位居第一的是乔舒亚·雷诺兹爵士。其他要职——如各种各样的教授职位——提高了那些被选中的人的声望。这一结构为透纳提供了一条职业发展的道路，但即便是对于他这样天赋异禀的人来说，职业发展也不是一件简单的事情。皇家美术学院渴望提拔能提高其国际声望的艺术家，但它在欧洲大陆的竞争对手们则主要以艺术家在历史题材领域的成绩来判断其影响力。

因此，作为皇家美术学院的一名学生，透纳所受的教育是以人体研究为基础的，因为它主要是为有抱负的历史画家所设计的。它主要包括：首先，在老师的指导之下照着古代雕塑的石膏模型来画；之后，当学生掌握了足够的技能之后，就开始写生。透纳于1792年6月毕业后升入了写生班，在此之前，他花了两年半的时间模仿《贝尔维德尔的阿波罗》（图12）等作品。在他不再是一名学生后的很长一段时间里，透纳都继续参加写生课的课程。虽然在透纳的晚年其人物画一直受到批判，但显然，他能很容易地让老师们（或被称为参观者们）对他的写生试作的精确性感到满意。

尽管透纳和他的同伴们被教授以高超的技能来作画，却没人支付他们学画的实际学费。在所有主要的欧洲美术学院都可以发现这种令人震惊的疏忽，这是因为，如果他们公开承认绘画是一门手艺的话，那随之而来的可能是他们身份地位的丧失，而这正是他们所担心的。他们将绘画看作一种脑力活动，在这种脑力活动中，艺术家的想法被展现，但颜料的运用却太过物质化，让人联想到体力劳动。其结果是艺术家们不得不自己学画，这使得对这种智慧性技术的习得成为一件碰运气的事。他们可以通过各种方式来学画：专攻裸体画和神话题材的威廉·埃蒂（1787—1849年）付100几尼给托马斯·劳伦斯（1769—1830年）来向他求教；而其他画家，如透纳等，则从书本上搜集信息，或从颜料商及同行艺术家那里征求建议。透纳早已不是初学者了，但这种即兴创作的习惯却一直存在，并且这种习惯在很多方面都对他很有助益，这是因为他展现了一些令人惊叹的色彩效果和外观效果，并且，一有新颜料上市，他便尝试最新的颜料。但这种方法也存在着风险。作为一名油画画家，透纳的很多画法都是颠覆传统的，这使得他的作品不易保存，时间、疏忽或粗心大意的保存方法都会影响作品的寿命。

画家学习技艺的必不可少的一种方式是模仿公认的大师的作

图12
《对〈贝尔维德尔的阿
波罗〉的头部和躯干进
行试画》
约创作于1792年
在浅棕色与灰色画纸上
用黑粉笔与白粉笔创作
的作品
41.9厘米×26.9厘米
英国泰特美术馆
伦敦

品。透纳早期的水彩画见证了他对莫尔顿和戴斯的仔细观察，他
还模仿迈克尔·安杰洛·鲁克（1743—1801年）、保罗·桑德比
（1725—1809年）和威廉·吉尔平牧师（1724—1804年）作品
的复制品。这些黑白画随处可以买到，通过模仿这些画作，艺术家
可以学到构图的技巧，但这些作品却没有教授如何处理色彩。要想
成为一名善于运用色彩的画家和技师，一位年轻的艺术家需要近距

离地研究原作，在 1792 年，17 岁的透纳抄绘了鲁克的水彩画《贝特修道院的门楼》的一部分（图 13、图 14）。鲁克善于再现砖石细微变化的色调，他是一位以此技艺而著称于世的艺术家。正如艺术历史学家埃里克·薛恩斯所证明的那样，正是在鲁克那里透纳学会了被称为"逐级实践"的绘画过程。在这种实践中，透纳每次都系统地使用一种颜色，首先是使用最浅的色调，将其涂到画纸最需要的地方，然后用同种颜色的渐暗色调重复这个过程。只要有必要，整个过程就将从不同的颜色开始被不断重复。尽管这听起来很耗时费力，但"逐级实践"却是比先完成一部分，再完成其他部分的画法更为有效的一种绘画方法。这种方法简化了调色的工作，甚至让透纳能同时创作出好几幅作品。

为了能有机会多接触其他艺术家的作品，透纳和他的同事们不得不依靠私人收藏家的友好关系，这是因为那还是一个没有公共博物馆或画廊的年代。托马斯·门罗医生（图 15）就是其中的一员，他是一名专治精神疾病的杰出医生，他的病人无数，其中包括国王乔治三世。他在工作上的成功使他能够通过建立一个令人印象深刻的收藏馆来尽情释放自己对艺术的激情，他尤为喜爱英国水彩画。透纳可能是在 1793 年遇见的门罗，在接下来的一年里，他经常在另一位有前途的年轻艺术家托马斯·吉尔丁（1775 — 1802 年）的陪同下在门罗家度过周五的傍晚。

有一次或有好几次，有人——可能是门罗自己——绘制了一系列透纳、吉尔丁及其他定期到访的常客的非正式的素描（图 16）。

门罗付钱给艺术家们，让他们临摹他所拥有的作品，或艺术家和收藏家同行借给他的作品。正如他们后来向日记作者兼院士约瑟夫·法林顿（1747 — 1821 年）回忆时所说的那样，"吉尔丁画出轮廓，透纳负责颜色效果"。与他们同时代的人都称这些聚会是非官方学会，但这些聚会也同样是轻松愉快的，门罗会和他的画家朋友们共享晚餐。然而，透纳和吉尔丁却不仅仅是因为社交的原因而

图13
迈克尔·安杰洛·鲁克
《贝特修道院的门楼》
创作于1792年
用铅笔和水彩颜料创作
的作品
41.8厘米×59.7厘米，
皇家美术学院
伦敦

图14
《鲁克〈贝特修道院的
门楼〉的部分抄绘》
创作于1792年
水彩画
17.2厘米×14.6厘米
英国泰特美术馆
伦敦

图15
约翰·瓦利
《托马斯·门罗医生》
约创作于1812年
铅笔画
33厘米×22.8厘米
维多利亚和阿尔伯特博
物馆
伦敦

图16
托马斯·门罗医生
《约瑟夫·马洛德·威
廉·透纳》
约创作于1795年
铅笔画
9.2厘米×6.3厘米
印第安纳波利斯美术馆

连续三年参加门罗的"学会",他们之所以参加,是因为门罗有着广泛的人脉,这个人脉网中的一些人,如约翰·朱利叶斯·安格斯坦和莫尔登子爵(后来的埃塞克斯伯爵)后来都成为透纳的资助人。但也有证据表明,他们认为为门罗临摹大师的作品是一个受教育的经历,而不仅仅是一条生产线,正如法林顿的记述所体现的那样。科尼利厄斯·瓦利(1781—1873年)为门罗工作,他的哥哥约翰·瓦利(1778—1842年)还为门罗画了肖像画(图15),他回忆说,吉尔丁曾抱怨说他只负责勾画轮廓或复制轮廓,这没给他像透纳那样的"同等的学习绘画的机会"。

透纳已经对一些艺术家的作品了如指掌,如托马斯·赫恩(1744—1817年)或戴斯等,透纳被要求临摹他们的地貌学水彩画。尽管这种临摹也许有助于巩固他的画技,但显而易见,由于透纳十分熟悉其前辈在构建他们的作品时所采用的方法,于是他设计出他自己的更新颖的方法。这在竞争激烈的市场中是非常重要的,这是因为,在市场上,同样的视图或建筑物有可能重复出现在不同艺术家的作品中。大约在1796年,透纳绘制了《卡法斯附近的基督教堂》(图17)——被曼斯菲尔德勋爵买走的四幅牛津大学视图之一——与戴斯于稍早时绘制的版本相似（图11），因为这两幅画有着相同的主体。透纳采用了更远的视图，将街道拓宽，加入了更多的周围建筑，使画面更具工作和生活的气息，并将矗立在大学门口的汤姆塔画得更加宏伟。

尽管门罗雇用透纳和吉尔丁模仿了许多艺术家的作品，但法林顿在其日记中提及的艺术家只有一位，即约翰·罗伯特·科森斯（1752—1797年），他笔下的瑞士和意大利主体体现了对大气效果的熟练掌握及在比例和距离的处理上的专业。科森斯于1794年精神崩溃，三年之后病逝，他在去世之前一直是门罗的病人。

作为科森斯的医生，门罗有机会接触他的作品和速写本，透纳和吉尔丁被要求模仿这些。他们绘制的《萨尔甘斯南门》（图18）几乎与科森斯的画（图19）同等大小，这表明吉尔丁可能像法林顿所称的那样勾画轮廓。而透纳负责涂进"效果"，可他并没有十分严格地遵循科森斯的画法——而是颠倒了原作中的光影区。

在他自己的绘画中，透纳从未打算像模仿莫尔顿、戴斯和赫恩那样模仿科森斯。总的来说，他在18世纪90年代绘制的建筑主

图17
《卡法斯附近的基督教堂》
约创作于1796年
在铅笔画上用水彩颜料及钢笔和深色墨水创作的作品
25厘米×33.1厘米
加拿大国家美术馆
渥太华

图18
约瑟夫·马洛德·威
廉·透纳与托马斯·吉
尔丁模仿的约翰·罗伯
特·科森斯的作品
《萨尔甘斯南门》
创作于1794 —1797年
将灰色油墨涂料涂在铅
笔画上创作的作品
24.1厘米×37.4厘米
印第安纳波利斯美术馆

图19
约翰·罗伯特·科森斯
《萨尔甘斯南门》
创作于1776年
水彩画
23.4厘米×35.6厘米
英国博物馆
伦敦

体给他的发挥余地很少，无法探索在科森斯艺术中遇到的各种效
果。尽管固执地追问科森斯对透纳的影响到底有多大是不明智的，
然而有一点却很明确：科森斯的作品为地貌学者乏味的作品提供了
另一种选择，并且，它表明水彩可以是一种微妙的、高度个性化的
媒介。康斯太布尔后来将科森斯的作品描绘为"完全是诗歌"，其
意味正在于此。对于许多同侪来说，这是通过对光、大气和气候
影响的巧妙处理而实现的特质，将水彩风景画提高到天才的水准，

远高于"对特定地点的平淡刻画"（正如亨利·福塞利所指出的那样）。

透纳于 1797 年在皇家美术学院展出的《爱文尼修道院耳堂，格拉摩根郡》（图 20）试图呈现与建筑主题相关的东西。1795 年，透纳在游览南威尔士途中绘制了该建筑物的草图。几个星期以后，他前往威尔特郡的斯托海德园，他的赞助人理查德·柯尔特·霍尔爵士的家。霍尔是一位博学而又富有的人，是一名古玩收藏家，他的收藏品包括乔凡尼·巴蒂斯塔·皮拉内西（1720—1778 年）的蚀刻版画。皮拉内西的声望基于他对建筑主体所做的有创意而又令人印象深刻的处理，对这些著名图像的模仿出现在透纳的作品中。在《爱文尼修道院耳堂，格拉摩根郡》中，透纳通过对穿过空气的光的处理来模仿衰败的建筑形式，这种方式令人瞩目。这赋予建筑物一种忧郁的庄严感，尽管常有农场动物出没于建筑物中。尽管该作品缺少《卡法斯附近的基督教堂》（图 17）中清晰刻画的建筑细部，但透纳更注重的是体现一种氛围而不是仅仅传递信息。

在透纳为门罗工作的年景里，他还尝试油画创作，因为他知道，油画将增加他职业发展的机会。正如皇家美术学院将等级制度强加给不同的绘画流派一样，它还赋予创造出不同流派的不同媒介以地位上的差异。油画是最有威望的，水彩画的地位相对来说比较低一些，而雕刻师则完全被拒于皇家美术学院的大门之外，至少在早年是这样的。由于美术学校不教授油画技艺——这似乎与油画至高无上的权威地位相矛盾，即便如此，油画技艺却与早期绘画大师及欧洲艺术的伟大传统有着极其密切的关系，同样，油画也是所谓的较高级的流派的代名词，因为它适合于气势恢宏的、需要精心构思的大型作品。而另一方面，水彩画则主要被风景画画家所采用，其作品的适中尺寸被用来体现艺术家有限的抱负。在这方面，正如在许多其他方面一样，皇家美术学院与当代品位脱节，原因是英国的水彩画市场要比欧洲其他国家的水彩画市场活跃得多。

图20
《爱文尼修道院耳堂，格拉摩根郡》
大约创作于1797年
铅笔水彩画
刮白与涂盖
40厘米×55.9厘米
威尔士国家博物馆和美术馆
加地夫

透纳早期的水彩画客户包括许多社会精英和文化精英，但在皇家美术学院看来，从整体上来说，众多冷漠的从业者及赤裸裸的商业诉求玷污了水彩画这一媒介，威胁着英国艺术家地位的上升。随着事业的发展，透纳专注于证明水彩画也可以像油画一样气势恢宏和令人印象深刻，但为了实现这一目标，他不得不证明自己对两种绘画方式都精通。尽管透纳大概早在1793年就已经开始尝试油画，但直到1796年，当他21岁的时候，他才有足够的自信在皇家美术学院展示他的第一幅油画作品《海上渔夫》（图21）。这是一场志在必得的演出，它引起了批评家安东尼·帕斯昆的注意，他写道"我们毫不犹豫地断言，这是在当前的展览中创新思想的一个最杰出的证明"。

这幅画包含位于怀特岛的淡水湾的视图，透纳于1795年游览过此地并画有草图。画布的尺寸被精心挑选：画布足够大，得以在皇家美术学院展墙的众多作品中脱颖而出，赢得关注，但不会大到暴露他缺乏经验或技术缺陷的地步，画面并不像帕斯昆所说的那样有创意，因为捕鱼的场景颇为常见，是作为海景画画家的透纳的早期作品的主题之一；月光照耀的情景也经常被呈现，并且与德比的约瑟夫·赖特（1734—1797年）有着密切的联系，但是捕鱼场景和月光的结合却是非同寻常的。透纳采用传统的绘画方式来展现他的绘画技艺。他的作品流畅、精美、细腻，常被用来与法国海景画画家约瑟夫·韦尔内（1714—1789年）和菲利普·捷克·德·卢戴尔布格院士（1740—1812年）的作品相比较。当他不再需要证明自己已熟谙传统画法，并且当这种不求闻达的技艺变得有束缚性时，他便不再使用这种画法，而是采用更自由的率性画法。就此而论，透纳仰仗的一个典型人物是皇家美术学院的创办人——画家理查德·威尔逊（1713／1714—1782年），他的作品包括意大利风光、如《尼俄伯的孩子们的毁灭》（图32）等历史题材的作品以及如《特威克南附近的泰晤士河》（图65）等国内风景。威尔逊的

图21
《海上渔夫》
创作于1796年
布面油画
91.5厘米×122.4厘米
英国泰特美术馆
伦敦

绘画技巧时而热烈，时而优雅，透纳既模仿他的油画作品，也模仿他的铅笔画作品。正如艺术历史学家大卫·布莱尼·布朗所评论的那样，在与法国的战争期间，威尔逊为透纳从德·卢戴尔布格那儿学来的娴熟技巧提供了另外一种选择。

但是，除了处理油画颜料之外，德·卢戴尔布格还有更多的东西可以教给透纳。《海上渔夫》是保证透纳被选入皇家美术学院的起步之举。通常来说，作为不被广泛赞誉的流派中的一名习艺者，透纳的候选人资格不像历史画画家或肖像画画家那样举足轻重，但是既然作为法国美术学院和英国美术学院双重会员的德·卢戴尔布格已逾越了这一障碍，透纳应该向他学习。年长一些的德·卢戴尔布格是一位多才多艺的画家，在艺术界和大众娱乐界都赫赫有名。他为戏剧制作人大卫·加里克设计的舞台设计对公众产生了巨大的影响，大卫·加里克每年要付给德·卢戴尔布格 500 英镑。他还设计了被称为"机械小电影"的奇观——一个微型剧院，在这个微型剧院中，绘画场景通过变化的灯光和声音效果而富有生气，但德·卢戴尔布格的学术地位却得益于他的风景画作品，尤其是他描绘的颇具戏剧性和威胁性的自然场景——《暴风雨中的马车》（图22）。

德·卢戴尔布格并没有平淡无奇地记录下一个场景的细节，他的关于暴风雨、雪崩和愤怒的大海的作品让观者因恐惧而颤抖。用那个时代的艺术术语来说，它们应被描绘为"崇高"。自古以来，这个术语便一直被作家和批评家们所使用，但在 18 世纪，它的最著名的倡导者是埃德蒙·伯克。在透纳的一生中，伯克的《论崇高与美丽概念起源的哲学探究》（创作于 1757 年）在欧洲和北美产生了巨大影响，伯克认为：

任何能让人感到痛苦和危险的东西，也就是说无论是多么可怕的东西……都是崇高的一个来源；它能创造出大脑能感觉得到的最

图22
菲利普·捷克·德·卢戴尔布格
《暴风雨中的马车》
创作于1804年
布面油画
72.4厘米×104.8厘米
米德艺术博物馆
阿默斯特学院
马萨诸塞

强烈的情感。

　　正如伯克之后所解释的那样，这些情感只能由具有伟大力量的物体或现象创造出来——那种让人类面对他们自己的微不足道和道德的力量。然而，在现实生活中，让人感到恐惧，动弹不得，在一幅画或是一本书中，它们可以是被伯克称为"一种令人愉悦的恐惧"的一个来源。伯克的专著对风景画理论及实践有着深远的意义，这是因为，尽管"崇高"这一术语可以被用来描绘最令人敬畏的意象，但伯克的许多例子都源自大自然和各种元素，并且他的著作进一步讨论了为什么风景会成为严肃的美学趣味的对象。

　　尽管伯克的文章影响了公众对透纳作品的反应，但崇高理论究竟在多大程度上影响了透纳这一问题却一直备受争议。与同时代的大多数人一样，透纳不时地使用这个词，但事实上，并没有证据证明他读过伯克的作品。即便是从同事们或赞助人的谈话中，透纳也能间接地了解到一些关于伯克的《哲学探究》的内容，因此他不可能对其一无所知，但说他直接受伯克思想的影响则似乎是不太可能的。1807 年，透纳成为皇家美术学院教授透视法的教授（见第 2 章），在此之后，他开始将自己许多关于艺术的想法都记录下来。但值得注意的是，他对没画过画的任何人的理论都深表怀疑。他认为，直接接触大自然比"所有精彩的艺术理论"都更有价值。

为了寻找新题材，透纳游历了英格兰北部、北威尔士和苏格兰人烟稀少的地区，这些旅行使他大开眼界，欣赏到了传统意义上的崇高景色。虽然对于一名风景画画家来说，游览是职业所必需的，但在 18 世纪，游览也同样是业余爱好者的一种时髦追求，他们受威廉·吉尔平等画家的鼓舞来观赏乡村景色，一边游览，一边创作一系列风景画作品。很多人用"克洛德玻璃"作为视觉辅助，它是一面小巧的便携式凸面镜，这种镜子常常是椭圆形的，并略微带些颜色。当自然景观被看作是玻璃弧形表面的映像时，它被扭曲，很像克洛德·洛兰（1600—1682 年）的构图。这种游览不列颠的流行风尚在 18 世纪 90 年代达到巅峰，部分原因在于始于 1793 年的与法国的战争使欧洲大陆与世隔绝。

透纳是一位旅游上瘾的终身旅行家。他在夏天皇家美术学院展览结束之后开始旅行，通常在 10 月初返回伦敦。他乘坐送信马车或驿站马车旅行，并为每次短途旅行制订周密的计划，他在速写本中记下了一些旅行的见闻，还详细记录了衣物、距离、游览地点，甚至开销。他努力降低成本，这是因为，尽管他的赞助人或出版商有时会赞助他的旅行（这些赞助人或出版商会在透纳完成水彩画之后委托雕刻家进行雕刻），但他往往还要自行解决经费问题。正如透纳的朋友吉尔丁所发现的那样，旅行耗费巨大：1798 年，在去北威尔士的一次旅行中，吉尔丁迫不得已向一位旅伴借了 25 英镑——这相当于一名能工巧匠几个月的工资。透纳更善于规划，但有些过于节俭并喜欢独自轻装旅行。

1797 年，透纳第一次到英格兰北部的广大地区去旅行，他游览了约克郡、湖区和诺森伯兰郡海岸的大部分地区。在旅行途中，他将两本速写本画得满满的，为他创作生动的水彩画《喷泉修道院宿舍和耳堂——傍晚》（图 23）提供了丰富的素材，这幅画色调深沉而丰富，让人自然而然地联想到油画。

这是一件色彩柔和而富有创意的作品，在作品中，透纳采用了非同寻常的创作方法，即通过在落日余晖的映衬下宿舍墙的暗色轮廓使画面色调最深的部分成为主焦点。在关注光的转瞬即逝的效果方面，它可以与油画《科尼斯顿丘原的早晨，坎伯兰》（图 24）相媲美，这两幅作品都于 1798 年被展出。湖区景色体现了自透纳在皇家美术学院展出其第一幅油画作品以来的两年里，其技艺变得多么高超。他用一系列薄而半透明的釉料以及薄涂法创作了影子和薄雾，在薄涂法中，近干的画笔吃力地行走于画的表面，留下底色的清晰痕迹。羊群用较厚的厚涂颜料绘成。透纳采用了一种垂直的形式，并将天空简化为一道狭窄的光带，与黑暗的前景形成对比，以体现丘原的海拔。《科尼斯顿丘原的早晨，坎伯兰》给评论家们留下了深刻的印象，一位评论家赞扬透纳的"精神力量"。源自约翰·弥尔顿的伟大史诗《失乐园》（创作于 1667 年）的诗句与画作一起出现在参展目录中，这可能影响了评论家们的评价：

雾气和水汽们呀，你们
从山中或烟水蒸腾的湖上升起时，

还只是土色或灰色，等到

太阳出来，你们绒毛似的衣裙

就被染成金色，你们要为

世界的创作者而升腾

皇家美术学院允许画家将其画作与引用的诗歌并置，透纳利用了这条新规。他选择弥尔顿是意味深远的，因为《失乐园》常常是福塞利等历史画画家的专利。对于透纳来说，将他的风景与

图23
《喷泉修道院宿舍和耳堂——傍晚》
约创作于1798年
水彩画
45.6厘米×61厘米
约克城市艺术画廊

图24
《科尼斯顿丘原的早晨，坎伯兰》
创作于1798年
布面油画
123厘米×89.7厘米
英国泰特美术馆
伦敦

弥尔顿联系在一起，标志着他有意创作严肃而宏伟的风景画，即使画中的风景并不代表任何历史主题。在他的职业生涯中，透纳始终使用这种说明性的文字，他陶醉于常被称为"姊妹艺术"的诗歌和绘画的关系之中。尽管正如他后来在私人笔记中所提到的那样，画家能直接描绘出大自然的美，而诗人（正如弥尔顿在上段引文中那样）则不得不更多地依赖隐喻和暗指来体现大自然的美，然而在透纳的这部作品中，他的意象与伟大的文学作品中的意象十分接近。透纳深信：无论绘画与诗歌的表达手段有多大的

差异，当二者被并置时，这两种艺术"能够像镜子那样增强彼此的美"。

透纳认为风景画的地位变得越来越重要了，这种观点在皇家美术学院内部获得了意想不到的支持。尽管学院院长乔舒亚·雷诺兹爵士坚信历史画的重要性，但在公共演讲或《演讲录》中，他也很现实地默认皇家美术学院的学生们将很少有人能专攻历史画这一流派。即使他们这样做了，他们也将很难找到赞助人，这是因为英国艺术完全取决于消费者的需求，而消费者更喜欢风景画、肖像画和日常生活的场景。在这一点上，法国却与英国截然不同，在法国，政府支持并鼓励历史画。

雷诺兹对风景画的地位日益上升这一形势的回应引导胸怀大志的风景画画家们摆脱了"对大自然进行简单复制的"荷兰传统的束缚，而转向"更崇高的风景画形式"，克洛德·洛兰和尼古拉斯·普桑（1594—1665年）等艺术家创作的风景画中的古典和圣经主题，因能激发观众的想象力而变得很有吸引力。这些艺术家并没有直接复制自然界，相反，他们通过挑选大自然最美的部分，并剔除被雷诺兹描绘为"意外"或"缺陷"的部分，而使他们的主题变得理想化。人们认为，这一过程就好比历史画画家让人体变得理想化那样，在很大程度上取决于画家的品味、智慧和判断。透纳对这类历史风景画的第一次尝试是他1798年创作的《埃涅阿斯和女先知，亚维努斯湖》（图3）——众多根据古罗马诗人维吉尔的史诗《埃涅阿斯记》创作的作品中的第一件。在透纳职业生涯的这个阶段，他对意大利并没有直接的了解。他从该作品的预期赞助人理查德·柯尔特·霍尔画的一幅画中了解到那不勒斯附近亚维努斯的地貌，但在创作他的主要图画模型时，他再次依赖于威尔逊，透纳之前曾用油画颜料和水彩颜料模仿过他的作品。

尽管透纳由衷地尊重雷诺兹，并在他的整个职业生涯中都始终画理想风景画和历史风景画，但他却依然致力于地貌学工作，这成为他收入的重要来源。他试图在相互矛盾的需求之间找到折中的办法。1798 年，他参观了商人兼保险商约翰·朱利叶斯·安格斯坦在伦敦的宅邸，在那里，他研究了克洛德·洛兰的《示巴女王登船的海港》（图 25）。尽管在透纳之后的作品中也有过对这幅画的模仿，但 1799 年，他第一次在《喀那芬城堡》（图 26）的视图中对该画的创作方案进行了改编，他将该画作为一个整体框架，并围绕着这个整体框架来组织他仔细观察到的威尔士的自然风光。若将《喀那芬城堡》的视图与他孩提时代绘制的同一场景的平淡图画相比，透纳改编地貌的方式就会很清晰地显露出来。克洛德因其对光线的处理而广受赞誉。尽管直接映入观者眼帘的是太阳及其在水中的倒影，但安格斯坦收藏的这件作品却有一种宁静、光艳动人之美。

透纳在《喀那芬城堡》中实现的类似的、但却更强烈的效果给安格斯坦留下了深刻的印象，他花 40 几尼买下了这部作品——这对水彩画来说是很高的出价了。比起透纳以 10 英镑的价格卖掉的油画《海上渔夫》（图 21），它证明了在短短的两年的时间里，透纳的声誉提高得有多么显著。

随着声誉的提高，透纳成为竞选皇家美术学院准会员的重要候选人。1798 年 11 月，他的第一次竞选没有成功，很可能是因为他的竞争对手——雕塑家查尔斯·罗西（1762—1839 年）和肖像画画家马丁·阿齐尔·希（1769—1850 年）比他年长，并且他们有很多属于自己的学术奖项，且法定的准会员的最小年龄是 24 岁，而透纳只有 23 岁。6 个月之后，约瑟夫·法林顿让透纳放心：如果他再次写下自己的名字，"毫无疑问，他必将当选"。1799 年 4月，埃尔金勋爵邀透纳作为一名绘图员到古希腊和土耳其考察，在此期间，埃尔金得到了大部分存世的帕特农神庙雕塑。当双方就透纳的工资问题进行的谈判破裂时，透纳并不为此而感到失望，因为他知道在那个时候离开英国将危及他被选入皇家美术学院的机会。

1799年11月4日，法林顿的预言被证明是正确的，透纳以绝对优势击败了其他的候选人。作为对其新地位的回应，透纳搬到了哈莱街64号更好的住所，哈莱街是伦敦比较时尚的地区。大约在同一时间，透纳在附近为他的情妇莎拉·丹比——约翰·丹比的遗孀找了住处。约翰·丹比是一名作曲家，也是透纳的朋友，他于1798年去世，在他去世后不久，莎拉便与透纳在一起了，她为透纳生了两个女儿——埃维莉娜和乔治亚娜。他们的关系一直持续到1813年，但始终是未公开的，这大概是因为莎拉想继续申领她丈夫的抚恤金。透纳显然不是一名负责的父亲——1839年，他甚至更改了遗嘱中的条款，不给孩子们留下任何财产。

毫无疑问，在接下来的两年里，透纳向他的同事们展现了他的雄心壮志和多才多艺。尽管他在这一时期创作的一些最令人印象深刻的作品没有被公开展出。《与迪纳斯·埃姆里斯在贝德盖勒特附近的格拉斯林山谷》（图27）是描绘北威尔士风光的大型水彩画系列作品中的一幅，1798—1799年，透纳曾在北威尔士游览。他作为一名地貌学或建筑绘图员所学的技法并没有为他所遇到的宏伟的威尔士山脉、变幻莫测的气候或难以捕捉却激动人心的光的效果做好准备。为了再现这些美景，他不得不开发出一种灵活的即兴创作的技法。1799年7月，他对法林顿解释说，他"（虽然）没有系统的作画步骤……（但）通过涂刷和偶尔的抹擦，最后，也在某种程度上表达出头脑中的想法"，有时他在户外开始作画，回到画室以后再继续画。他可能曾经被贝德盖勒特所吸引，因为他的朋友吉尔丁前年曾到那里参观并创作出一些大胆的作品（图28）。根据法林顿1799年2月的日记记载，一些赞助人，如爱德华·拉塞尔斯等，"倾向于支持吉尔丁而反对透纳"，认为吉尔丁是更伟大的天才，而透纳则过多地依赖于努力和过于重视对细节的处理。在威尔士风光中，透纳异常大胆，虽然在他的大量作品中，他只创作了很少的完整的水彩画作品，但这些水彩画却帮助他形成了再现阿尔

图27
《与迪纳斯·埃姆里斯
在贝德盖勒特附近的格
拉斯林山谷》
创作于1799年
用铅笔和水彩颜料创作
的作品
55.5厘米×76.7厘米
英国泰特美术馆
伦敦

卑斯山风光时所必需的技艺，如创作于 1804 年的《瑞士哈斯里山谷的赖兴巴赫瀑布》（图 44）。

透纳的北威尔士之行还催生了其重要油画作品《多巴达恩城堡》（图 29），该画于 1800 年展出。通过使用垂直版式和对周围山峦的轻描淡写，在苍穹的映衬下，城堡的暗色轮廓清晰可见，城堡的高大和孤独给人们留下了深刻的印象。这些技巧以及灰暗的色调和浓浓的阴影共同增强了作品宏伟壮丽的效果。不幸的是，经过几个世纪的更迭，这幅画变暗了，这可能是透纳使用调色油油画颜料的缘故，这种颜料是用乳香树脂和亚麻籽油调制成的。

《多巴达恩城堡》不仅是对崇高的一种演练，而且还是对失去自由的一种沉思。这一场景包括一组人物，其中的一个人被俘虏，他双手背后，这暗指威尔士王子欧文·戈赫的困境：1255 — 1277年，他被他的哥哥关押在城堡中。虽然在其绘画生涯早期，透纳也许通过他那个时代的地貌学出版物吸收了这样的观念，即风景的意义与其历史是密不可分的，但以失去自由为主题的《多巴达恩城堡》在当时也产生了强烈的共鸣。18 世纪 90 年代，由于害怕革命

图28
托马斯·吉尔丁
《北威尔士贝德盖勒特
附近》
约创作于1798年
水彩画
29厘米×43.2厘米
英国博物馆
伦敦

会从法国蔓延到英国，小威廉·皮特政府通过议会的一系列高压举
措来限制人身自由。

　　在 1800 年皇家美术学院展览期间，《埃及的第五次灾难》（图
30）使《多巴达恩城堡》黯然失色。《埃及的第五次灾难》是一
幅较大的画作，是透纳在皇家美术学院展出的第一幅历史色彩
鲜明的风景画。该画被威廉·贝克福德买下，也可能是受其委
托而创作的。威廉·贝克福德是一个腰缠万贯且有着奢侈嗜好的
人，透纳的朋友理查德·柯尔特·霍尔爵士将其介绍给透纳认
识。贝克福德对崇高的渴望超越了绘画，他渴望建造被称为"放
山居故园"的巨大的哥特式建筑，透纳在 1799 年替他画了几张
素描。

　　无疑，评论家们将《埃及的第五次灾难》看作透纳高超技艺的
体现，却忽视了这样的事实：实际上，透纳描绘的是第七次灾难的
冰雹和火，而不是标题所描绘的第五次灾难。对《圣詹姆斯编年
史》的评论家来说，该画作是"最恢宏、最崇高的构图阶梯"，还
加上了这样的评论："整个构思源自伟大的头脑。"没有什么比上帝
的愤怒更令人生畏的主题了，正如匿名评论家所暗示的那样，只有

图29
《多巴达恩城堡》
创作于1800年
布面油画
119.5厘米×90.2厘米
皇家美术学院
伦敦

能力超凡的艺术家才能如此有效而戏剧性地表现人类的无能为力。
透纳在《科尼斯顿丘原的早晨，坎伯兰》（图 24 ）等作品中发现一
定程度的审慎晦涩和不受束缚的处理方式有助于增强敬畏效果，这
些在《埃及的第五次灾难》中得以强化。尽管该作品的主题是关于
混乱和毁灭的，然而它的重要性却主要取决于其对精心构思的颇具
戏剧性的光影效果的处理，画面右侧愤怒的云层越积越多，形成了
云的旋涡，从云涡里钻出的光与左侧日光和蓝天的远景相均衡。透
纳用大胆的笔触将位于画面中央的金字塔描绘成构图的支点，并将
它照耀得如此光彩夺目，以一个光秃秃的、半抽象的白色三角形的

姿态脱颖而出。

与透纳同时代的人中有些人敏锐地意识到《埃及的第五次灾难》的诞生要归功于早期的历史风景画,尤其是普桑和威尔逊的作品。克洛德的作品提供了宁静之美的典范,而尼古拉斯·普桑的作品则常常拥有令人敬畏的庄严壮美,并传达强烈的情感效应。在他的《皮拉摩斯与提斯柏风景画》(图 31)中,普桑用类似于透纳在《埃及的第五次灾难》中所使用的暴风和戏剧性的明暗对比来体现皮拉摩斯的悲痛——他误以为他的爱人提斯柏死了。威尔逊在《尼俄伯的孩子们的毁灭》(图 32)中效仿了普桑,这部作品被普遍认为是迄今为止英国艺术家创作的最伟大的历史风景画。然而,雷诺兹在他的第 14 次"演讲"中批判了威尔逊,认为他用构思拙劣的神话人物破坏了良好的暴风效果。由于透纳很熟悉雷诺兹的著作,因此,他将这些元素本身作为神发泄愤怒的工具来再现,消除了隐患。

在与过去的画家打交道时,透纳总是表示尊重,却很少顺从。他跟这些画家们学习,但也向他们提出挑战,透纳常将他的画与名家的画进行比较,以突出自己更技高一筹。就《狂风中的荷兰船只》(图 33)来说,透纳被迫接受了对比。该画是应当时布里奇沃特公爵的委托而作的。布里奇沃特公爵想为其收藏品——由 17 世纪荷兰艺术家小威廉·凡·德·维尔德(1633 —1707 年)创作的《狂风大作》(图 34)——画一个姊妹画。透纳曾坦言,他之所以能成为一名画家,是因为他看到了一幅模仿小威廉凡·德·维尔德的作品的版画。如果这是真的,那么透纳与这位艺术上的"导师"的对峙就颇具心理暗示了。结果,透纳令人信服地超越了小威廉凡·德·维尔德。他颠倒了他的"导师"的构图,并对原作进行了改进:使用一幅较大的画布、一个叙事要素(两艘渔船即将相撞)、对颜料的精彩处理和更扣人心弦的明暗对比(或光影设计)。透纳的作品给后来皇家美术学院的院长本杰明·韦斯特(1738 —1820年)留下了深刻的印象,他说"这正是伦勃朗所想到却做不到的"。

图30
《埃及的第五次灾难》
创作于1800年
布面油画
121.9厘米×182.9厘米
印第安纳波利斯美术馆

图31
尼古拉斯·普桑
《皮拉摩斯与提斯柏风
景画》
创作于1650—1651年
布面油画
192.5厘米×273.5厘米
施特德尔美术馆
法兰克福

图32
理查德·威尔逊
《尼俄伯的孩子们的
毁灭》
约创作于1760年
布面油画
147.3厘米×188厘米
耶鲁大学英国艺术中心
保罗·梅隆收藏
纽黑文

图33
《狂风中的荷兰船只》
创作于1801年
布面油画
162.5厘米 × 221厘米
英国国家美术馆
伦敦

图34
小威廉·凡·德·维
尔德
《狂风大作》
创作于1671—1672年
布面油画
129.5厘米×189厘米
托莱多艺术博物馆
俄亥俄州

一些评论家对透纳的画风感到有些紧张，这是因为透纳的画风比塞缪尔·司各特（1702—1772 年）等早期海景画画家的画风要自由灵活得多。一名评论家悲叹："在他的所有作品中，我们几乎从未看到过一个固定不变的确定好的轮廓"，但总的来说，透纳创作于 1801 年的《狂风中的荷兰船只》赢得了广泛的赞誉，增强了透纳在皇家美术学院职阶中的晋升机会。

在 1802 年 2 月 10 日的竞选中，26 岁的透纳与他的朋友建筑师约翰·索恩成为正式院士。同年，透纳的另一个朋友托马斯·吉尔丁去世。透纳曾说"如果吉尔丁还健在的话，我就将饿死"。事实上，透纳不会有饿死的危险，因为他们的职业发展模式早已分道扬镳了，透纳作品的媒介和题材更为广泛。在未来的几十年里，这种多样性是其艺术的一贯特点。

1802 年，透纳以打破常规的最小的年龄被选为正式院士，这体现了他的同行们对他非凡才能的认可。在接下来的几年里，透纳计划以其早期的成就为基础来提高自己的职业地位以及在他自己选定的绘画分支中的地位。1807 年，透纳被选为皇家美术学院透视法教授，1811 年之后，他投身版画市场，在这个时期，他展出了一系列作品，这些作品表明，没有什么能限制他的雄心壮志。在这一时期，他的活动受到战争的影响，在经历了 1802 — 1803 年的短暂和平之后，战争继续。战争开始时透纳年仅 17 岁，当战争结束时，透纳已经 40 岁了。

很难评价共同经历的长期战争对国民生活和态度的方方面面所带来的影响：课税、拿破仑对英国贸易的封锁导致了英国经济的衰落，人们对服兵役和遭法国侵略感到恐惧，爱国主义热情高涨。在 1793 年之前，在社会政治精英中确实存在着一种民族认同感，这种民族认同感是以英国的岛国地位、新教、君主立宪政体和所谓的传统"自由"为基础的。历史学家科利曾指出，在战争的压力之下，这种自我形象开始在民众间流传开来，在工人阶级内部也有积极的爱国主义，尤其是在 1803 — 1810 年这段历史时期。透纳本人十分忠于自己的国家，他完全清楚如果英国屈服于拿破仑，将面临怎样的险境。然而，战争也为透纳提供了机会：风景画比历史画更能充分地体现一个民族的执着、焦虑和荣耀，证明风景画艺术的用途之多，作用之大。由于在英国，政府很少直接控制对艺术的赞助，因此，对像法国画家雅克-路易·大卫（图37）或安东尼·让·格罗（1771—1835年；图88）的作品那样的大型宣传作品的需求比较少。然而，在英国却有现成的风景画市场，可以改编这些风景画，使其具有爱国主义意义。但为了做到这一点，透纳必须扩大风景画这一流派的资源，相应地，这需要他大量阅读并思考他的艺术原则和目的。当代历史和艺术理论这两个方面在1802—1819年这段历史时期是交织在一起的。

战争的最直接的影响是对到国外旅行的限制，尽管在1802年3月27日签署的短暂的《亚眠和约》解除了这一限制。与他的许多同行一样，透纳利用暂时的休战，怀有敌意地登上了去加来的班轮，开始了他的第一次欧洲之行。这次旅行是由贵族财团赞助的，这些贵族想让透纳有机会相对舒适地旅行，并观看由过去伟大的艺术家们创作的更多的作品，这是透纳在英国绝对看不到的。穿越英吉利海峡让透纳第一次感受到辽阔的大海。根据此后他在《加来码头速写本》（里面还记载着简短的题词，如"我们在加来酒吧的情形"和"几乎被淹没"等）里画的素描的顺序来判断，最令他兴奋而惊恐的是在暴风雨中的航行。透纳将这些经历都融入了名为《加来码头》（图35）的油画之中，这部作品体现了战争时期的环境有时会引发海洋和风景意象的微妙变化。一艘英国客船和一艘准备出发的法国渔船间即将发生碰撞，这一场景极具戏剧性；而愤怒的渔民还没来得及带白兰地就出海了则体现了低俗喜剧的风格。这幅画被诠释为对法国航海技术不佳的巧妙批判，因为他们要对即将发生的碰撞负责。

尽管这也许看上去有些离谱，但透纳那个时代的英国人比现代公众更熟悉航海演习的要点，他们为他们能掌控海洋而感到骄傲。而且，透纳经常强调英国渔民的英勇，而将法国渔民描绘为小丑，让人联想起威廉·霍加斯（1697—1764年）或当时的漫画。

正如透纳的同事福塞利所承认的那样，该作品体现了"思想的伟大力量"。它被巧妙地呈现出来，这是因为右边的观众有着与众不同的视角，他是从码头上来观察这个戏剧性事件的发生的，就像画上的旁观者一样。极小的一块蓝天照亮了画中间的船只，缓解了威胁着要充斥整幅画的暗色调。像在《狂风中的荷兰船只》（图33）中那样，透纳用粗犷的白色笔触来暗示波浪汹涌的大海，但在《加来码头》中，海浪被涂得更厚。对于许多批评家来说，画中的颜料太明显，以致不能创造出流动的水的感觉，他们将透纳强有力的处理方式误解为粗心大意。

安全地穿越英吉利海峡后，透纳游览了整个法国，来到瑞士，在这里，他欣赏到之前从未见过的壮观景色。尽管其他英国艺术家先透纳一步来过瑞士，尤其是约翰·罗伯特·科泽斯和弗朗西斯·唐恩（1739/1740 — 1816 年），但没有一位艺术家能像透纳那样用不朽的水彩颜料来体现阿尔卑斯山的宏伟壮丽（图44），该作品是透纳在回到英国后创作的。在从瑞士回英国的途中，透纳在巴黎停留，他与一群英国艺术家和旅行者一起来到卢浮宫，那时，卢浮宫收藏了拿破仑从被征服的国家掠夺来的数不胜数的伟大艺术品。透纳的同事约瑟夫·法林顿，一名风景画画家，记录了透纳在巴黎的一些经历（法林顿的日记详细描述了皇家美术学院及很多引人入胜的复杂情节），但透纳通常喜欢将他的艺术评价吐露在小速写本里。他描述了提香（约 1485 — 1576 年）创作的《埋葬基督》，并模仿其作品绘制了摹本（图 36），因为"提香的第一幅作品是关于颜色及其效果的"；他称普桑的《收集吗哪》是"众多收藏品中体现光影的恢弘之作"。他对许多画家都发表了评论，带着极大的兴趣关注他们在构图和表达上对颜色及明暗对比的运用。

透纳到卢浮宫的参观产生了更深层次的意想不到的结果：凸显出法国艺术与英国艺术的差异。法国的价值观似乎反对英国绘画所支持的一切。透纳批判法国艺术家以广度为代价而追求细节；赞美艰苦劳动而非力量；放弃颜色和明暗对比而追求素描和轮廓。尽管关于素描和颜色的优缺点的争论已持续了几百年之久，然而在英法战争期间，法国画派与英国画派间的差异却被看作对民族性格的一种体现。尽管透纳知道他的评价是受英法战争期间极端爱国主义（或正如他所说的，"'渺小'的国籍"）的影响，但许多英国艺术家和批评家却也表达了类似的观点。例如，苏格兰微型画画家安德鲁·罗伯逊（1777—1845 年）写道："法国艺术家在素描方面比我们强，然而在绘画方面，（他们）还仅仅是婴儿……他们的小型作品还不错，但大型作品就好像是用小铅笔（及刷子等）完成的。"描绘法国放肆行为的代表性画家是雅克 - 路易·大卫。与 1802 年到法国参观的其他参观者一样，透纳参观了大卫的画室，在那里，他看见了《拿破仑穿越大圣伯纳德山口》（图 37）这幅华丽的肖像画。尽管他并不赞赏它的风格，但他却不得不承认其强大的力量。甚至 25 年后还在马

图36
提香《埋葬基督》摹本
自《卢浮宫速写本试画》
创作于1802年
水彩画
11.2厘米 × 12.9厘米
英国泰特美术馆
伦敦

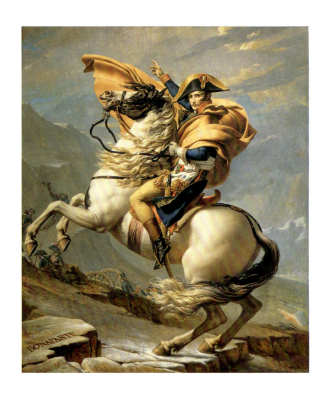

图37
雅克-路易·大卫
《拿破仑穿越大圣伯纳
德山口》
约创作于1800年
布面油画
260厘米×221厘米
马尔迈松国家博物馆

伦哥战役的画中引用了这幅画，将其作为萨缪尔·罗杰斯诗歌的
插画。

　　当法国艺术家和英国艺术家在卢浮宫相遇时，他们间的对立态
势变得十分明显。在法国和英国，人们普遍认为意大利自 17 世纪
起便日渐衰落，文化的力量和权威转移到北欧。拿破仑利用了这一
说法，使法国对意大利的侵略和对意大利伟大瑰宝的偷窃合法化。
当这些战利品被陈列于卢浮宫时，它们给人留下了这样的印象：法
国是欧洲文化的合法守护者。透纳机敏地还击：法国人无法理解这
些作品或真的非常珍视他们偷来的艺术作品。正如他所说的，"他
们回来时满载着被洗劫的其他国家的精品，他们冷漠地看着提香焕
发光彩的色调的无比力量，因为细节的精准是他们的唯一偶像"。

　　另一方面，英国人却很尊敬提香和安东尼·凡·代克（1599 —
1641 年）等画家，因为他们自己的艺术也拥有和这些画家一样的

特质：鲜艳的颜色、明暗对比及对颜料的充满活力的处理。他们对凡·代克有着特殊的亲近感，因为凡·代克曾在英国斯图尔特法院待过很长时间。他创作的伟大的《红衣主教本蒂沃利奥》(图 38)肖像画成为争论的焦点：透纳和他的英国代表团因"色彩的广泛运用所带来的惊人力量及创作时明显的轻松自在和天赋"而称赞它；相反，法国人则认为该画的素描和最后的润色都很差劲。据透纳所说，他们同情英国人，认为英国人缺乏艺术品位。

图38
安东尼·凡·代克
《红衣主教本蒂沃
利奥》
创作于1622—1623年
布面油画
196厘米×145厘米
佛罗伦萨碧提宫

　　通过坚定这样的信念，即对色彩的天赋和对绘画的处理能力构成了艺术上的"英格兰风格"(在那时，对英国人来说，"英格兰"和"不列颠"这两个词几乎是同义的)，与法国的冲突削弱了皇家美术学院的主张——对任何画家来说，素描都是最为重要的造诣，而色彩或迷人的笔法则只起装饰的作用，变幻莫测且不能被完全信任。在战争年代，人们对艺术的品位不断改变，很不稳定。许多评论家，包括颇具影响力的绘画鉴赏家乔冶·波蒙特爵士等，仍将对色彩的强烈热爱和大胆处理视为英国绘画的主要缺点。他将色彩描绘为"流行性感冒"，而"透纳和托马斯·劳伦斯是受其折磨最深的人"。但战争环境却为那些相同的特征披上了爱国主义的光环，尽管它们仍备受争议，却逐渐被看作民族艺术的定义性特征。

《亚眠和约》于 1803 年 5 月被解除，透纳和他的同行们再次被限制在英国海岸。但在接下来的几年里，他将许多反映欧洲大陆主题的作品送到皇家美术学院，其中包括他于 1803 年创作的《梅肯葡萄酒节开幕》（图 39），被亚伯罗夫勋爵以 400 几尼的高价买走。自 1798 年，亚伯罗夫便开始赞助透纳，似乎也是资助艺术家欧洲大陆之行的财团中的一员。乍一看，《梅肯葡萄酒节开幕》似乎只是剽窃了埃格雷蒙特伯爵收藏的克洛德·洛兰的一幅名画《有雅各、拉班及他的女儿们的风景画》（图 40）——透纳的人物安排、水、桥和树都与克洛德画中的景物相匹配。但实际上画面却并不像它看上去那样，透纳对他画中的人和物进行了更复杂的修饰。他并没有只是复述其画面特质，而是巧妙地利用了克洛德在公众心目中所创造的意象。正如他曾经热情洋溢地写道，法国艺术家的作品充满了"受孕时令人愉悦的红晕"，这意味着它们体现了大自然的伟大慷慨，十分适合透纳的梅肯葡萄园酒节开幕庆典。

然而，考虑到他对法林顿的坦白——"他觉得，对他的体质来说，法国和瑞士的葡萄酒太酸了，让他感觉不舒服"，他选择的主题却十分有趣。

透纳在《梅肯葡萄酒节开幕》中对克洛德作品的引用得益于雷诺兹的建议："引用"早期绘画大师的作品是令现代图画变得高贵并克服所谓的"较低级的绘画类型"的局限性的一种方式。在为著名的女演员画的肖像画《装扮成悲剧女神的西顿夫人像》（图 41）中，雷诺兹证明了如何才能做到这一点。这是一幅西顿的图像，里面有大量的绘画和文学方面的联想，更体现了历史作品的特征。例如，萨拉·西顿的姿势就借用了米开朗琪罗画在西斯廷教堂天花板

上的人物——先知以赛亚的姿态，而她身后的模糊的身影（怜悯和恐惧）则引自古希腊哲学家亚里士多德对悲剧的定义。

这幅画在某种程度上耗尽了观者的知识和智力，纯粹的喜爱是远远不够的。并且，该画为如何将大师的作品改编进风景画中提供了范例。大约在 1803—1805 年期间，透纳在《维纳斯和阿多尼

斯》（图42）中非常巧妙地使用了这一方法，这是他涉足历史画的为数不多的作品中的一部。

这部作品是以提香的名画《殉道者圣彼得之死》（图43）为基础的，该画于 1867 年毁于大火。当透纳在卢浮宫看到这幅画时，深深为之感动，他在他的速写本里匆匆写下三页评论。正如他在他

的讲座中所解释的那样，这幅画是如此强烈地影响着他，因为尽管画的是一个历史场景，但周围的风景却对画面的效果和意义做出了巨大贡献。通常认为，透纳严重依赖提香，这是因为他采用的是陌生的绘画风格并缺乏信心，他的借用竟如此露骨，而提香的作品又是如此地出名，透纳一定是希望与他同时代的人能把两幅作品联系在一起。事实上，他很可能期望这样，因为他不仅借鉴了提香的构图，还将提香风景画所体现的某些意义嫁接到他自己的神话场景之中。在《殉道者圣彼得之死》中，黑暗的、变幻莫测的树的形状回应着树前发生的残杀。相比之下，透纳的作品色调更浅，人们可以不费力地猜到主题。当阿多尼斯离开他的爱人维纳斯去打猎时，丘比特解开他的鞋带。为让他留下来做最后尝试的维纳斯警告阿多尼斯打猎的危险性，可阿多尼斯并不听从她的劝告，最终阿多尼斯被野猪所杀，维纳斯悲痛不已。透纳故意隐藏了这对爱人的面部表情，一方面，可能是因为人物的相貌不是他的强项，但通过这样做，他还能消除明显的悲痛迹象或即将发生的悲剧迹象。事实上，透纳给出的关于严重后果的唯一暗示，是他有理由期望一名受过教育的观众能将他借用来的周围风景的形式与殉道者圣彼得的暴力死亡联系在一起。通过这种方式利用提香的作品，透纳挖掘了他的观众在客体（或图像）与思维之间建立联想的能力。

这在他的整个职业生涯中都被认为是很重要的一个原则，我将在本章的后半部分对其进行更充分的讨论。

在结束了他的第一次欧洲大陆之行后，透纳回到英国，一回来便开始画一系列以阿尔卑斯山为主题的画，其中包括创作于1804年的《瑞士哈斯里山谷的赖兴巴赫瀑布》（图44）。面对渲染这些壮丽景象的任务，透纳主要选择水彩颜料，因为水彩颜料非常适合来再现山间的云雾。他采用了一系列绘画技巧，如用较粗的笔法和半干的画笔来描绘细部，用刮刀刮出最精彩的部分，但在画的尺寸上，他却选择了更具油画特色的尺寸。包括《瑞士哈斯里山谷的赖兴巴赫瀑布》在内的一些作品的高度或宽度都超过了 1 米，并且，透纳还常用纵向格式来体现阿尔卑斯山的恢宏气势。毫无疑问，令人敬畏的绘画主题决定了作品的尺寸大小，但这也表明透纳含蓄地主张水彩颜料与受人尊敬的油画媒介是平等的。在皇家美术学院展中，油画作品享有优先权，而水彩作品则总是无法发挥其优势。这也是透纳选择在他自己新建的美术馆展出《瑞士哈斯里山谷的赖兴巴赫瀑布》的原因之一，他的美术馆创立于 1804 年，位于安妮女王街，毗邻他在哈利街的住宅。尽管美术馆规模不大，却是屋顶采光的，为欣赏他的作品提供了有利条件，再也不需要像在萨默塞特宫皇家美术学院拥挤的房间里那样，与他的竞争对手的作品一起争夺观众的注意。虽然来观看这些作品的人远比到皇家美术学院参观的人少，但在那时，透纳已颇负盛名，顾客众多。他邀请潜在买家、同事及约翰·兰西尔等支持他的作家前来参观。1803 年，透纳入选皇家美术学院委员会，他敏锐地意识到激烈的争论和内讧正在破坏这个机构，已经到了许多人都担心它的未来的程度。在这种情况下，建立他自己的美术馆是一个防患于未然的万全之策。

预感在未来的一段时间里他将不能到国外旅行，透纳转而开始研究离家很近的风景——泰晤士河及其支流韦河的沿岸风光。1804 年年底，他租了艾尔沃思的锡恩渡轮渡口，租期为 18 个月。在接下来的一年里，透纳开始在河上探险，有时是在泰晤士河的岸边，但通常是乘船。在他用的 5 本速写本和他在桃心花木薄板或帆布上做的一系列油画试作中能看到他短途旅行的成果（图 45）。由于管装颜料在那时还没被发明出来，因此在户外用油画颜料作画非常令人尴尬。透纳和他的同事们不得不使用皮囊装的混合好的颜料，需要的时候，装颜料的皮囊上还别有别针。只要天气保持晴好，便可以在木板上创作较小的油画速写，但透纳也在大型、未经拉伸的帆布上作画，如《从泰晤士河看汉普顿宫》（图 46），

图42
《维纳斯和阿多尼斯》
约创作于1804年
布面油画
149.9厘米×119.4厘米
私人收藏品

图43
提香《殉道者圣彼得之死》的匿名复制品
17世纪
布面油画
141厘米×94厘米
私人收藏品

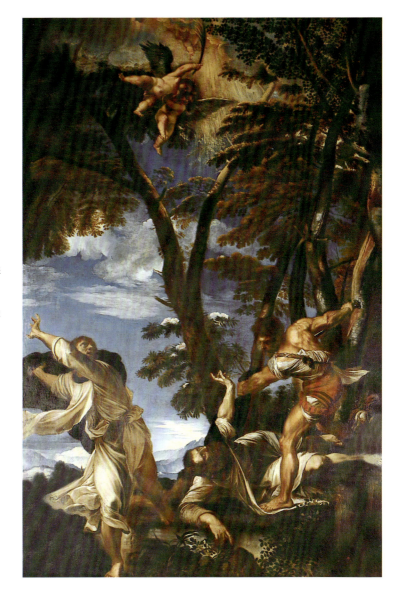

这幅画不仅尺寸大，而且很复杂，这对透纳来说是一项真正的挑战。在 19 世纪早期，许多英国艺术家都使用油画颜料在户外画素描，透纳便是其中一员。事实上，在这方面他不像他的许多同事那样刻苦，尤其比不上康斯太布尔，他将油画速写视为艺术实践的基础。而对透纳来说，农业景观则只是他作品的一个部分，二人在这一点上是截然不同的，康斯太布尔致力于忠实地再现不起眼的国内风景。

康斯太布尔认为很难将油画速写的绚丽与清新同时展现在一

幅画作中，如他的参展作品《东贝霍尔特区》（图 47）等。多年来，他一直尝试尽可能地在户外完成他的作品。不幸的是，这限制了他的画布的尺寸，继而使他很难在皇家美术学院脱颖而出。当透纳直接在大自然中作画时，他常常用铅笔飞快地画素描。由于他的视觉记忆非常敏锐，因此，即便是最粗略的素描也能帮他回忆起他在自然景观前所获得的最初印象。他似乎只在特殊的情况下才用油画颜料在户外作画。在 18、19 世纪之交，透纳创作了肯特诺克霍特公园和志奋领公园的 10 幅素描，这些作品很可能是他在他的挚

友——画家威廉·弗雷德里克·威尔斯（1762—1836年）家里做客的时候创作的。后来，在1813年，在透纳第二次去德文郡游览时，在朋友和同伴们的劝说下，他在泰晤士河上创作了他最大的，也是唯一的一组户外试作和用油画颜料画的速写。这些作品与康斯太布尔在风景画方面的理念有许多相似之处，标志着透纳开始画河流及其周围的景致，后来，透纳在战争年代的一些重要的绘画作品都源于此。

　　战争仍在继续，后来发展到了一个新阶段：拿破仑准备进攻英国，在这个焦虑与日俱增的时期，透纳开始了对泰晤士河的初次尝试。拿破仑在布伦召集了80000人的部队和由几百艘驳船组成的舰队，在那里，他们被法国海军护送着穿过英吉利海峡。虽然多年来，人们一直担心法国侵略军登陆英国海岸，但这种担心渐渐显得多余了，1805年8月英国海军的明显优势使拿破仑改变了策略。

他命令他的参谋长贝尔蒂埃来重新部署中欧的"英国部队"。尽管事实上他已经启动了清除英吉利海峡的英国战舰这一野心勃勃的计划,这使得英国的南海岸很容易受到攻击。拿破仑的海军战略是为了诱骗纳尔逊的地中海舰队撤到加勒比海,但这个计划却失败了。1805年10月21日,纳尔逊与他的法国对手维尔纳夫在特拉法加角西班牙海岸附近交战。在两军交战中,纳尔逊虽受了致命的重伤,却对法国舰队和其西班牙盟军造成了重创,这使得拿破仑进攻英国的奢望变得比任何时候都更加渺茫。

纳尔逊的死引发了公众的悲痛,使酣畅淋漓的胜利黯然失色。诗人塞缪尔·泰勒·柯尔律治悲痛地描绘了整个英国此刻的心情,他写道"似乎所有人都互相认识:因为在共同的痛苦面前,所有人都结识了"。战斗结束后,纳尔逊的尸体被保存在一个铅制的满是白兰地的棺材里,由他的旗舰"胜利号"运回英国。透纳专程去看它驶进麦德威河,当"胜利号"在离希尔内斯不远处抛锚时,他画了很多关于战舰及其他参与战斗的船只的铅笔画习作。他甚至还向一些战士提问,匆匆记下他们的名字并做好关于他们的制服的记录。与许多其他艺术家——如皇家美术学院的第二任院长本杰明·韦斯特等——一样,透纳决定纪念纳尔逊指挥的最后一次也是

最光荣的一次战役。甚至连康斯太布尔也被吸引了，他暂停了萨福克风景画的创作，画了关于这一主题的一幅水彩画。早在纳尔逊逝世之前，围绕着他的名字和丰功伟绩的行当就已经兴起，大家纷纷创作各种各样的图像和纪念品——从版画、油画到被装饰的陶器和鼻烟壶等。透纳最初是在 1799 年开始参与进来的，他在皇家美术学院展出了一幅关于纳尔逊的第一次伟大胜利的作品——《尼罗河之战》（现已失传），这是他最早展出的关于当时发生的重大事件的作品。如果透纳认为这种热门话题能提高他的声誉的话，那么他就大错特错了。那年，透纳的画是皇家美术学院展出的 5 件同主题的作品之一，与他竞争的艺术家有尼古拉斯·波科克（1741—1821 年）和罗伯特·克利夫利（1747—1809 年）等，他们都是专门画船只和海战的。

英国对皇家海军和商船队的依赖促进了海景画的繁荣。海景画的历史可追溯到（大小）威廉·凡·德·费尔德在 1672—1673 年爆发的第三次荷兰战争期间的作品。从那时起，英国在海上的每一次胜利都被记录下来，到拿破仑战争爆发时，海战画已成为绘画的一个繁荣的亚流派。然而，由于海景画强调历史或航海细节的准确性，因此在某种程度上来说，它还是一种保守的形式，可德·卢戴尔布格却不这么认为。

海景画为许多行家增添了生趣，包括波科克在内的专家们花费了大量的时间在海上，在此期间，一艘船外观上的细节（尤其是其索具）成为第二性征。若以评价海景画的严苛标准来说，透纳对战舰或海战的描绘有时是不够资格的。他画的《特拉法加海战》（图48）之所以没有得到媒体的广泛关注，主要是因为该画是在透纳自己的画廊里而不是在皇家美术学院展出的。然而，看到这幅画的法林顿于 1806 年 6 月 3 日在他的日记中写道：该画是“一个非常粗糙的、未完成的艺术表现，人物画得极差”。最初，透纳很可能在纳尔逊葬礼之后的几个月里就匆匆完成了该画，因为当时整个国家还处在失去纳尔逊的悲痛之中。后来，在 1808 年，由于之前对这幅画的反应不是很热烈，透纳觉得必须重画。约翰·兰西尔看过透纳改前和改后的作品后，他宣称该画"进行了大幅度的修改"，并称该画是"一幅英国史诗级的作品"，在画中：

> 透纳先生……详细地描绘了他的英雄的死，与此同时，他还暗示整个海战的胜利。我们认为这是迄今为止在单幅作品中描绘得最成功的一次海战。

这是一条颇有见地的评论，因为大多数描绘特拉法加海战的艺术家要么将注意力集中于纳尔逊之死，要么从更宏观的视角出发，描绘正在进行的战斗。透纳通过占据"胜利号"右舷一侧略微有点高的有利位置，将二者完美地结合在一起。尽管这是一个新颖的解决办法，但在描绘特拉法加海战时，与创新性相比，人们更重视清晰和准确，可透纳依旧我行我素，大胆地尝试新的画法。当与后来丹尼斯·戴顿（1792 —1827 年）画的类似的构图（图 49）放在一起欣赏时，该画的优势才明显显现出来。1815 年，丹尼斯·戴顿成为摄政王的军事绘图员。与透纳的画截然不同，戴顿的画几乎没有体现近距离战斗的船只的嘈杂感和混乱感。

在 19 世纪后期，当透纳作为一名伟大的英国画家的地位不容置疑时，他的特拉法加海战场景本身成为爱德华·理查德·泰勒（1838 —1911 年）《这是场著名的胜利》（图 50）的表现对象，画中展现了一名退休的海员用透纳的画来给两名年轻的海员上历史课的情景，这暗示透纳的作品既是对历史事件所做的必要的忠实记录，又有助于增强民族的自我身份意识。

透纳在这一时期的其他作品也深受战争的影响，虽然这种影响不是十分明显。1807 年，透纳在皇家美术学院展出了他的第一件风俗画（或日常生活题材的）作品。他为该作品起了个长而具体的

图48
《特拉法加海战》
创作于1806—1808年
布面油画
171厘米×239厘米
英国泰特美术馆
伦敦

图49
丹尼斯·戴顿
《特拉法加海战》
1811年之后
布面油画
76厘米×106.5厘米
英国国家海事博物馆
格林威治

名字——《乡村铁匠为蹄铁的价格而争吵，屠夫为小马钉铁蹄的价格而争吵》（图51，以下简称《乡村铁匠》）。画中涉及的争吵是由于政府在1806年对生铁征税以用来支付战争的费用而引发了争议。毫无疑问，透纳画这幅画是为了与大卫·威尔基（1785—1841年）一较高下。1805年，大卫·威尔基从苏格兰来到英国，在接下来的一年里，他因《乡村政客》而获得了巨大成功。显然，《乡村政客》描绘的场景是乡村工人在啤酒屋为国家大事而争论。

图50
爱德华·理查德·泰勒
《这是场著名的胜利》
创作于1883年
布面油画
79.3厘米×121.8厘米
伯明翰博物馆与美术馆

1807年，透纳的《乡村铁匠》就被挂在萨默赛特宫威尔基的《盲人小提琴手》（图52）旁边，因而，两幅作品之间的比较不可避免。一些评论家赞赏透纳的作品，而另一些评论家则认为他忌妒威尔基的名声，并做了一个错误的尝试要把威尔基比下去。从那时起，《乡村铁匠》常被当作透纳心胸狭隘的标志。

透纳和威尔基后来的关系有所缓和，但在早期，他们的关系却充满了竞争，而乔治·博蒙特爵士则使他们的关系更加恶化了。乔治·博蒙特爵士拥有《盲人小提琴手》这幅画，并且很喜欢这种风格，他自己也用这种风格创作，因此，他支持威尔基并诋毁透纳。由于透纳不喜欢威尔基的风格，因此透纳的《乡村铁匠》体现出的不仅是反感和妒忌，他认为，与法国人一样，威尔基犯了一个严重的错误：他放弃了典型的英国式的对画面雄浑效果的处理，而过分注重细节。透纳并没有模仿威尔基，而是通过采用比年轻的苏格兰人更粗犷、更自由的技巧来画《乡村铁匠》，这使得两幅画在风格上形成了鲜明的对比，而威尔基是绝对不会采用透纳的这种画法的。如果是威尔基画人物，会把他们画得很清晰，而透纳却将他们画得很概括。与在《盲人小提琴手》中所起的作用不同，《乡村铁匠》中的人物及其面部表情对整幅画的影响比较小。与在《维纳斯和阿多尼斯》（图 42）中一样，在《乡村铁匠》中，透纳可能是在心甘情愿地做非做不可的事，这种处理方式掩盖了他不擅长画人脸的弱点。

对透纳而言，这段插曲的罪魁祸首不是威尔基，而是其赞助人博蒙特。博蒙特是一名业余画家，还是皇家美术学院的荣誉参展人，尽管他最出名的地方在于他是一名非常富有的艺术鉴赏家，最后将他的收藏品都遗赠给英国国家博物馆。不幸的是，他不仅仅满足于做一名艺术赞助人，还将自己视为正确品位的仲裁者。他以这样的身份多次诋毁透纳、透纳的朋友及透纳的崇拜者奥古斯塔斯·沃尔·考尔科特（1799—1844 年）的声誉。尽管博蒙特的嘲讽并没有出现在出版物上，但它们却经常能被人们提起并流传开来，以致发展成一场诽谤运动，这使得考尔科特在 1813 年抱怨道，他已经连续三年没有卖出一幅画了。就连为博蒙特画肖像画（图53）的约翰·霍普纳（1758—1810 年）也承认："乔治爵士对艺术造成了很大的危害。"

透纳将博蒙特视为爱摆布人的鉴赏家的典型，这不足为奇，因为博蒙特并不是出于对艺术的热爱，而是出于"虚荣和永不停息的欲望，他希望在人们心中自己是极有品位的人"。透纳愤怒地断

图51
《乡村铁匠为蹄铁的价格而争吵，屠夫为小马钉铁蹄的价格而争吵》
创作于1807年
在木板上用油画颜料创作的作品
55厘米×78厘米
英国泰特美术馆
伦敦

图52
大卫·威尔基
《盲人小提琴手》
创作于1806年
在木板上用油画颜料创作的作品
57.8厘米×79.4厘米
英国泰特美术馆
伦敦

图53
约翰·霍普纳
《乔治·博蒙特爵士》
约创作于1806年
布面油画
77.5厘米×63.9厘米
英国国家美术馆
伦敦

言，这种人除了他自己的收藏品之外对艺术知之甚少，对大自然更是一无所知。他们轻率的批评抑制了艺术的发展，而他们冥顽不灵的错误建议是很危险的。他们把像威尔基这样没有经验的画家引入歧途：使其只关注早期绘画大师而脱离对眼前的大千世界的直接观察。透纳认为，应当找到一种两全其美的方法：年轻的艺术家有必要跟他们的前辈学习重要的经验，但如果他们没有与大自然保持一种终身对话的话，那么他们的作品将会是矫揉造作和缺乏创意的。

　　不管这是不是真的，透纳确信，博蒙特通过鼓励威尔基模仿佛兰德画家小大卫·特尼尔斯（1610—1690年）而耽误了威尔基的天赋。他担心如果艺术家不抵制博蒙特这样的人的影响的话，那么英国画派将被扼杀。

透纳和博蒙特之间的个人纷争并不算什么，他们的相互敌对象征着英国艺术的发展，尤其是 1805 年英国美术促进会的建立。这是一个由赞助人牵头的机构，其目标是"鼓励和奖励英国的艺术天才"，但人们却普遍认为它是由艺术家们发起的对皇家美术学院的挑衅，通过在蓓尔美尔街的画廊里展出艺术家的作品，并为其提供奖赏和额外场地，该机构赢得了许多艺术家的支持。1806 年，该机构还建立了一所学校，业余画家和学徒画家可以研究该机构的主管借给学校的早期绘画大师的作品，机构主管都是像博蒙特那样的收藏家和艺术鉴赏家，他们当中的一些人不满于在皇家美术学院的事务中缺乏直接影响力。画家托马斯·厄文斯（1782 — 1857 年）公开指责这个新的机构，将其描述为"由自行组建的鉴赏家团队发起的卑劣暴政"。透纳并没有很激烈地表达意见，他只是在适合他的场合展出作品，但他常常怀疑该机构的动机，不赞成其艺术教育的方式。

在写到"绘画天才别无选择，赞助人提供的选择却是束缚天才的镣铐"时，透纳脑海中浮现的是博蒙特那样傲慢自大的人。这一评论与他自己的客户变化大致吻合，他的早期支持者，如爱德华·拉塞尔斯和埃塞克斯伯爵等被约翰·莱斯特爵士（他买下了《乡村铁匠》）、乔治·温德姆、埃格雷蒙特伯爵三世，尤其是约克郡的土地拥有者——法恩利宅邸的沃尔特·福克斯（图54）等人所取代。多年以后，即 1818 年，《审查员》的编辑罗伯特·亨特发表了一篇文章来赞美约翰·莱斯特爵士的赞助，也同样赞美了埃格雷蒙特和福克斯。亨特评论道，除了钱之外，莱斯特等人给予的是"更应得的、更值得回报的尊重"。透纳和他的同行们——如托马斯·尤温斯——都不想在他们的赞助人面前贬低自己，他们需要尊重。1809 年，透纳以一种激烈的独立精神写道：

即便是一名乞丐，我也应该是独一无二的，

这只手是我自己的，而且它将永远属于我自己。

在他的眼中，埃格雷蒙特、福克斯和莱斯特代表的是与众不同的赞助人——他们通过尊重天才并让天才按自己的方式发展来培养

图54
无名
《沃尔特·福克斯》
约创作于1815年
彩粉画
78厘米×61厘米
私人收藏品

天才。福克斯对透纳来说尤为重要，因为尽管开始时他只是透纳的一名顾客，之前买下了《瑞士哈斯里山谷的赖兴巴赫瀑布》（图44）等作品，但后来，他成为透纳的密友。从1808年开始到福克斯1825年逝世期间，透纳几乎每年都与福克斯一家一起住上一个月左右的时间，在福克斯逝世时，已经拥有了6幅透纳的油画作品

和大约 250 幅水彩画作品。

透纳宁愿成为一名乞丐，也不愿成为他的赞助人的奴隶，尽管透纳在创作两行诗时穷困潦倒，但如此桀骜不驯的宣言绝不仅仅是逞强。他早在 1798 年便开始对他赚的钱进行投资，先是投在政府债券上，后来又投在地产上。到了 1810 年，他估算自己的身价是 11350 英镑，这其中，福克斯欠他的大约就有 1000 英镑，可想而知，在他们关系的初期阶段，福克斯的赞助对透纳来说有多么重要。通过这种资金积累的方式，透纳得以缓和公众品位的喜怒无常给自己带来的冲击，也获得了一定的自由，使他可以追寻自己的梦想，而不用忌惮别人的评论。在他用来描绘其创作过程的惊人的"气象图"中，可以很清楚地看到他这样做的决心。他写道：

画家从思维素材中提炼出自我发现的知识，这种知识就像是聚集在一起的水滴，不知不觉地吸取周围大气中的研究对象以聚集成波涛澎湃的溪流，为自己开拓航道。

正如水蒸气会凝结成小水滴，艺术家的思维反映了他所积累的知识和经验；正如雨滴会聚成溪流，这种提取来的知识精华成为他的艺术素材。艺术，就像溪流一样，寻找到它自己的方向。

这个明喻概括了透纳所深信的两条理论：他所见到的，所读过的，所做的任何事都能合情合理地出现在他的作品中；画家必须自己思考、判断与他的艺术相关的任何事情。这些信条不但解释了他的成就的多样性，还解释了为什么透纳的一部分观众逐渐疏远了他的作品。

透纳认为：肩负教育年轻艺术家责任的是艺术实践者而不是赞助人。这也许是他把他的名字列入皇家美术学院透视法教授职位的一个原因之一，他也同样知道这个头衔将给他在皇家美术学院的地位带来什么样的影响。激励他申请透视法教授职位的并不是对透视法的热爱，因为众所周知，透视法是一门很难为其注入活力的枯燥学科。这很可能解释了为什么没有其他求职者，而在 1807 年 12 月 10 日，透纳在选举中自动当选。1811 年，当他经过三年的准备，最终在第一堂课上做讲演时，他从警告他的观众开始，"尽管这门学科很艰巨，很令人抑郁，很陈腐，但我们必须开始这个任务"，这显然不是一个令人鼓舞的开端。

结果，来听透纳讲座的人五花八门。讲座主要是为皇家美术学院的学生们设计的，但记者等圈外人也可以轻而易举地得到票，他们还偶尔在新闻报道中发表评论。如今看来，透纳讲授的透视法课程的有些部分让人觉得很别扭、很呆板，但其他部分，例如，当透纳在处理透视对建筑形式的影响的时候，则充满自信，甚至让人感觉很权威，因为他的早期工作使他能得心应手地应付这一主题。为了能讲清楚很枯燥的内容，透纳用水彩创作了一系列图解，如《帕埃斯图姆海神庙》（图 55）等。正是因为如此，画家托马斯·斯托撒德才经常参加透纳的讲座，尽管他聋得厉害，听不清透纳都讲了什么。有人说斯托撒德并没有漏掉什么，因为透纳不适合在公众场合演讲，人们常批评透纳，说他总是喃喃自语，发音不清，经常"令人不快地停顿"，并且总是匆匆结束后半部分讲座以尽早结束上课的折磨。1814 年，有一次，透纳将他的手稿落在了乘坐的马车的后座上，绘画教授亨利·福塞利同意替他上课而挽救了局面。

透纳的呆板表现无法跟解剖学教授安东尼·卡莱尔爵士相媲美，卡莱尔是一个天生善于戏剧性表演的人，他曾在礼堂让听众传阅人的心脏和脑袋的标本，通过这种方式来刺激听众。

卡莱尔的演讲非常火爆，偶尔还差点陷入一片混乱之中，渐渐地，透纳的听众离弃了他。尽管他应该每年都做一次讲座，但在 1811 —1828 年期间，他一共做了 12 次演讲。1828 年以后，他完全停止了讲课，但在 1837 年之前却一直保留着他的职位。1837

图55
《帕埃斯图姆海神庙》
约创作于1810年
用铅笔和水彩颜料创作的作品
47.9厘米×62.1厘米
英国泰特美术馆
伦敦

年，当议会选举的委员会调查皇家美术学院事件时，对他的玩忽职守感到震惊。

这类事件及此类批评强化了这样的观点：作为一名结结巴巴的、很大程度上凭直觉的艺术家，透纳的讲座和著作对研究他的艺术来说没有什么价值，但并非如此。事实上，在他的讲座和著作中到处都是真知灼见。人们普遍认为直线透视是一套规则，可透纳却不这么认为，他十分怀疑这一观点的正确性，这使他的处境很尴尬。透纳对规则的厌恶在他的第五场讲座中体现得最为明显，他背离了官方课程来讨论反射，在这一领域中，艺术家的技能和受过训练的想象决定了一切，而规则并没有多大的用处。

由于知道这个话题对最能言善辩的演讲家的描述能力来说都是个很大的考验，透纳在很大程度上依赖于他绘制的课堂上使用的图解，希望这些图解能引导学生们自己弄明白讲座的内容。公平地

说，这些图解很著名，部分原因在于它们的美，另一部分原因在于它们的探索性。他的试作《两个玻璃球，一个部分充满水》（图56）是探索性的作品，记录了他竭力解决难以捉摸的光学效果的努力。他写道："表现光影对透明物等变化着的表面的影响力就如同用沙来再现时间。"这正是他的表述方式，这个工作需要极大的耐心。

透纳关于反射的讲座表明，透视学作为一门学科的局限性让他感觉有多么受拘束。他在1811年的最后一次演讲中离题更远，他讲座的标题为"背景，建筑与风景画简介"。后来，他将该讲座从这一系列中删掉，正如他的朋友约翰·索恩尖刻地评论的那样，很可能是因为他是在他人的领地偷猎，因为这属于绘画和建筑学教授该讲的内容。透纳告诉作家兼雕刻师约翰·兰西尔：他真正的抱负是要成为一名风景画教授，但却没有这样的职位，并且皇家美术学院固执地拒绝设立这样的职位，大概是因为风景画会威胁历史画的地位。

在"背景，建筑与风景画简介"讲座中，透纳试图推翻各学科的学术等级，他争论道，风景意象在早期绘画大师的作品中起着至关重要的作用。他的文本涉及艺术史的很多方面，但其最核心的部分是赞美提香的颂歌，尤其是《殉道者圣彼得之死》（图43），1802年，在巴黎，该画给透纳留下了深刻的印象。

这次讲座是透纳对风景画绘画理论最突出的贡献，风景画是美学的一个分支，在18世纪晚期到19世纪早期发展迅速。光是相关著作的卷数就反映了这一艺术类型的重要性与日俱增，许多文本高度复杂，而且，从哲学的角度来说也很严谨。历史画的捍卫者和支持者往往重复陈腐的学术教条，而风景画理论家则开始从各个角度来探索他们的主题，并不被官方思想所左右。一些理论家介绍并提炼了自然美等新的美学范畴；而另一些理论家，如埃德蒙·伯克等，则用当时的心理学理论来研究观众的作用和反应。

从传统意义上来说，透纳并不是一名理论家，他并没有留下系统的著作。比起抽象思维，他更重视实践，他深信，想象力是画家获得知识的主要方式。同时，他也知道想法有多么重要。在准备他的讲座时，他广泛阅读，但只接受那些与他在职业生涯中获得的实践智慧不相矛盾的理论。他的许多研究都吸取了英国和欧洲透视法专著的精华，其高度专业的内容构成了透纳绘画题材的基础。他还阅读其他由他生活的那个时代和在他之前的时代里主要理论家撰写的关于艺术和美学的书籍。他在他的速写本里记笔记，并摘录下他看的这些书中的文字。

有时，透纳还在约翰·奥佩的《关于艺术的讲座》和马丁·阿齐尔·希的《艺术元素》等书的空白处或扉页上潦草地记下他的心得。这些私人的注释代表了他最深层次的坚定信念，在皇家美术学院身为教授的他也不能像这样更坦诚率直地表露心迹。相比较而言，他的广博学识并没有体现在他的讲座中，却有助于造就他对绘画实践的总体看法，尤其是对风景画的看法。

他的笔记简单提及了许多对观念的联想，非常诱人。这些笔记的简洁性表明，他认为这些原则是理所当然的，并且他已经运用了这些原则，将意义注入到他的作品之中了。早在18世纪，最有影响力的思想家大卫·哈特莱就曾用这些原则来解释人类思维的运作方式。从哲学的角度来说，哈特莱是一名经验主义者，他认为，人类的大脑天生是没有想法的，所有的知识都源自通过感官而获得的印象。然后，这些感官印象与具体的感觉和思想连接在一起，正是通过这一联想的过程，大脑开始对内容进行组织。哈特莱对人类知识的解释被阿奇博尔德·艾莉森和理查德·佩恩·奈特等作家引用，来解释美学体验，或正如他们所说的"趣味"。奈特是透纳的赞助人之一，透纳了解他的《对趣味原理的分析调查》（创作于1805年）。这虽是一部对读者要求很高的作品，却被广泛阅读并经常再版。奈特及艾莉森的理念严重削弱了皇家美术学院的两条基本信条：对理想美的信念和对学科的等级制度的信念。所有欧洲美术学院都这样教授：尽管美是可见世界中的物体的一种客观属性，我们所体验的自然常常缺乏在古希腊雕塑中可以找到的理想形式，而只是对固定的、普遍的、一成不变的"完美的美"的标准的补充。

艾莉森和奈特反驳了皇家美术学院，他们强调，美并不是物体所拥有的一种属性，而是通过观众大脑中的一系列复杂的联想而产生的。因此，谈论美的绝对标准是毫无意义的，因为在不同的地点，不同的时代，联想变幻莫测。这些争论给透纳及与他同时代的艺术家的艺术作品带来了重要影响。他们削弱了皇家美术学院所谓以克洛德和普桑为代表的"较高层次"的理想主义风景画和以荷兰艺术为特征的"卑微的"自然主义的区分。所有形式的风景画，甚至是地貌学水彩画，都充满了联想。艾莉森和奈特认为，这种联想的数量和丰富性决定了一个人美学趣味的强度。如果他们是正确的，那么风景画作为一个整体，尤其是地貌学，值得拥有比皇家美术学院所承认的更高的地位。透纳不同意奈特的一些观点——例如，理想美的理念仍在他的思想中发挥着重要的作用（见第3章）。然而，他理解他的赞助人理论的含义，并在他自己的作品中反复使用观念的联想。

透纳创作于1808年的《特威克南的教皇别墅》（图57）例证了艾莉森和奈特所追求的联想的丰富性。评论家约翰·兰西尔对它的反应证明了与透纳同时代的更具洞察力的人已经做好了接受它们的准备。兰西尔知道这幅画的诞生是拜男爵夫人一个臭名昭著的决定所赐，她打算毁掉诗人亚历山大·蒲柏的别墅并用一座新房子取而代之。以此作为起点，兰西尔追寻着透纳的图像所激发的一系列联想，从地形上的细节开始，继而观察当天的时间及其所唤起的情绪，然后他凝视前景的人物，"通过最简单的观念联想"，将他们看作拆房子的工匠，正干完活儿回家。最后，他总结道，各个要素结合在一起体现了时间的流逝，以及诗人声誉的衰落：

在宁静的小溪边，最受人爱戴的诗人的宅第年久失修，在经历它的最后一段行程，从此，它将永远消失：一棵被毁掉的树横躺在前景之中；所再现的时间是一年中万物衰败的季节的黄昏时分。

兰西尔解释道，通过创造压倒一切的宁静效果，透纳在观众心中孕育了悲伤、忧郁的意趣，引导"大脑……将大自然的永恒与时尚的波动相比较"。这条敏锐的评论为联想过程的运作方式提供了教科书般的解释，一系列被联系在一起的观念烘托了一种流行的强烈情感，并不是只有兰西尔能从透纳的画中解读出这些东西——任何知识渊博，受过良好教育的观众都会这样诠释。

透纳深信视觉知识优于抽象推理，这对他的重大决定起着至关重要的作用，他下定决心将大量的时间和精力都用于创作被他称为《钻研之书》的铜版画系列作品，《钻研之书》常常被描述为风景画的视觉宣言。该计划成型于1806年，当透纳在肯特郡诺克霍特与

图57
《特威克南的教皇别墅》
创作于1808年
布面油画
91.5厘米×120.6厘米
休德利城堡
格洛斯特郡

他的朋友威廉·弗雷德里克·威尔斯在一起时，威尔斯力劝透纳要对模仿透纳作品的复制品加强监管，他担心在透纳死后，他的真迹会被未经授权的版画庸俗化——类似的厄运降临在克洛德的《真实之书》的精美绘画上，1777 年，理查德·厄勒姆（1743 — 1822年）笨拙地将其改为铜版雕刻。起初，透纳不愿意这么做，因为由于拿破仑战争，版画市场不是很景气。1807 年，透纳创作了伟大的作品《海难》，在此之后，他创作了一幅版画，订购这幅作品的人的名单令人印象深刻，这使透纳改变了原来的想法。受这一成功事例的鼓励，透纳为 100 幅版画和他设计的卷首插画整个系列制订计划。该系列将主要以蚀刻和铜版雕刻相结合的形式来进行创作并分 20 个部分发行。

结果证明，他的保留意见是有道理的，但这个计划并没有取得商业上的成功。透纳自己承担了出版它的任务，但他却以一种很随意的方式营销。该书在没有简介的情况下就被推出，并没有像预期的那样引起公众的广泛注意，尽管到了 1814 年，每部高质量的（或试印）印刷品能卖到相对较高的价格—— 2 几尼。也许是因为其支出的回报率很低，1819 年，在出版完第 71 幅版画之后，透纳停止了该书的出版，但他却没有终止整个系列，仍继续创作一些未出版的版画，一直坚持到 1825 年。

人们早就知道，这个项目对透纳来说十分重要，他希望以此来传递他的信念和风景画理念。然而，这被证明是难以实现的，因为与大部分带插图的出版物不同，《钻研之书》没有与图像相配的文本。显然，这种奇怪的省略完全符合他的观点，即在交流艺术理念方面，图像比文字更有效。透纳的书名与克洛德的《真实之书》类似，这使许多人认为克洛德与透纳在观点上有相似的地方，但实则不然，克洛德模仿现存的绘画作品以保护他的作品，防止其被伪造，而透纳的大部分设计都是原创的。1808 年，在参观透纳画廊期间，兰西尔收集到关于这个计划的一些信息，他在他的《对艺术出版物的评论》一书中写道，"他试图对风景画的各种风格进行分类，即历史景观、山岳景观、田园景观、海洋景观和建筑景观"。显然，兰西尔没有注意到，大约在 1807 年 6 月，透纳在第一版发行之后又添加了第六个类别。用字母"EP"标记，这两个字母常被用来代表"高贵的田园风光"，因此，雕刻的图像常常让人联想起克洛德。第六个类别为《钻研之书》的结构提供了基础，但要让这一项目拥有持久价值，它绝不能仅仅在分类上做文章。事实上，由于没有书面文本，因而，可以从各个角度对作品进行探讨。从某种意义上来说，它为风景画构图指明了方向；通过意象的多样性，它还用有说服力的例子证明了风景画这一类别的广泛性，当然，也证明了透纳在各个方面都具有出类拔萃的能力，而在当时，他的大多数同时代的艺术家都侧重于专攻某一个特定的方面。

在研究《钻研之书》时，吉莉安·福里斯特将其描述为"可移动的风景画历史"，在这里，既有对克洛德、普桑、萨尔瓦多·罗萨（1615 — 1673 年）和伦勃朗（1606 — 1669 年）等早期绘画大师的致敬，也有对许多英国艺术家的提及。福里斯特评论说，透纳试图证明他的同胞组成了一个卓越的画派，可以与欧洲大陆的任何竞争对手相媲美。鉴于战争年代高涨的爱国主义，这是一个很吸引人的论题。除了介绍托马斯·庚斯博罗（1727 — 1788 年）和威尔逊等著名的已逝艺术家，透纳还介绍了德·卢戴尔布格、赖特·德比，甚至是他的朋友奥古斯塔斯·沃尔·考尔科特等人的场景。透纳不只是简单地临摹或借鉴这些艺术家的作品，因为模仿他人而不遵循自然是透纳所厌恶的事，他准备好用一种特殊的思维模式来与自然打交道。透纳先是在 1801 年去苏格兰观光时画了《丹伯兰修道院》的素描，后来又在此基础上进行了调整（图 58），以雕刻在《钻研之书》上。虽然是基于透纳自己的观察创作的作品，但它却丝毫不亚于威尔逊的《蒂沃利风光》，该画归透纳的赞助人门罗所有。

透纳是非常杰出的风景画画家之一。从某种意义上来说，透纳通过广泛利用在游览中搜集到的材料，偶尔再现他的早期作品以及暗指那些影响他事业发展的艺术家。《钻研之书》是对迄今为止透纳的职业生涯的一个总结。透纳还创作了与其他艺术家的作品稍微有点相似的图像，如《索维莫斯战役》（图59）等。这幅朴实无华、被暴风雨吞噬的苏格兰风景画充分挖掘了铜版画的潜力，创造出强光深影的绝妙效果。

透纳聘请了许多不同的雕刻家来完成他的《钻研之书》。由于筹备《索维莫斯战役》雕版的托马斯·拉普敦（1791—1873年）之前没有铜版雕刻的经验，透纳便对他进行了严格的监督。拉普敦后来说道，整个过程是从透纳的"轻微的素描"开始的，他先按图蚀刻，然后再交给透纳修改。然后，拉普敦用铜版雕刻，在随后的每个阶段，他都要印一个校样（或试验）印记，在此基础上，透纳会对雕版进行修改，直到他得到了想要的效果为止。回顾往事，拉普敦将这次工作经历看作一次受教育的经历，通常，透纳都用严苛的要求和很低的报酬来疏远雕刻家。

除了有爱国心和自传色彩，从《钻研之书》中还能推断出很多东西。例如，透纳按主题来分类，通过使用这一中性的分类系统，透纳机敏地避开了他那个时代的美学范畴，尤其是如画。到了19世纪30年代，这一术语被广泛地任意使用，尤其是出版商（包括透纳自己的出版商），以致它几乎失去了其真正意义。然而，在世纪之交，它成为一个被激烈讨论的话题。与伯克论崇高的著作一样，关于如画的各种理论有助于将风景画发展成严肃审美趣味的对象。然而，根据透纳未发表的评论来看，透纳并不觉得它们中的任何一个足够吸引人。其中两名较有影响力的争论者是威廉·吉尔平牧师和尤维达尔·普赖斯爵士，前者是一名英国牧师兼业余画家；后者是一名土地所有者兼辉格党议员，他将其在赫里福德郡的庄园按如画风格布置。

尽管两人的观点不同（常常是大相径庭），但他们却试图证实如画和优美是有区别的，埃德蒙·伯克认为优美的效果可归结于流畅和整齐等特征。伯克的定义排除了那些在艺术和自然中令人愉悦的东西，似乎在暗示，在优美和崇高之间存在着一种美学体验——如画。其特征是粗糙、不规则、错综复杂和多样化，这一清单非常适合盖恩斯伯勒的艺术，普赖斯很欣赏盖恩斯伯勒，因此是他的赞助人。普赖斯是两位作家中比较严谨，但却不易相处的一位。

吉尔平则更具影响力，通过他自 1782 年起发表的关于旅行的各种描述，他开始了对如画景色的寻找。对无数业余画家和旅行者

图 58
《丹伯兰修道院》
约创作于1806 —
1807年
用铅笔和水彩颜料创作的作品
18.4厘米×26厘米
英国泰特美术馆
伦敦

来说，他所推荐的地方，以及他画的关于这些地方的黑白插图（图 60）成了如画的蓝图。

透纳十分熟悉这两个人的观点。他在 13 岁时就已经临摹吉尔平在游览坎伯兰郡和威斯特摩兰郡时所画的图像了。18 世纪 90 年代，在透纳的作品中，吉尔平和普赖斯所认为的如画的特征足够丰富，但到了 1809 年，透纳开始怀疑这个概念。如画是一个概念这一事实解释了他的不安，这是因为抽象的概念会使艺术家远离自然。这在吉尔平自己的素描中就有所体现，他并没有对风景进行忠实地再现。作家威廉·梅森甚至称，一名游客在瓦伊河游玩时所见

图 59
《索维莫斯战役》
创作于1816年
透纳蚀刻
托马斯·拉普敦雕刻
蚀刻版画与铜版雕刻
17.6厘米×25.7厘米

图60
威廉·吉尔平
《瓦伊河观察》雕版
创作于1782年

的风景竟然没有一处与吉尔平在旅行插图中所描绘的风景相一致的。这名游客很可能就是透纳，当他在被吉尔平称为"非如画"的珀斯菲尔德公园俯瞰《塞汶河与瓦伊河交汇处》（图61）时，大概对吉尔平的理论嗤之以鼻。

吉尔平在珀斯菲尔德公园所反对的高视角和缺乏多样性都成为透纳作品中积极的一面。的确，吉尔平会认为其宽阔的构图和对水平线的强调是非如画的，但随着瓦伊河蜿蜒前行，在远方与塞汶河相汇，这种构图和这些水平线为人们提供了瓦伊河畅通无阻的视图。

针对普赖斯更为复杂深奥的著作，透纳回应道，所有所谓的如画特征，如"不均匀、支离破碎和起伏的线条……都能在普通的田园风光中找到"，因而也能在《苏塞克斯的温奇尔西》（图62）等图像中找到。透纳并没有表明《钻研之书》的田园风光这一类别只不过是如画的另一个名字，但他却暗示，如画是多余的，因为他的"田园风光"版本接纳了令人印象深刻的"非如画"的作品《索维莫斯战役》和《苏塞克斯比温奇尔西》。因此，它能够表达远远超越如画理论的狭小天地的许多情感。

透纳对术语"田园风光"的使用是非传统的。通常，它指一个理想化的风景，可透纳则用它来再现平凡的自然。被他人随意描绘为"田园"的景色符合透纳"高贵的田园风光"的范畴。透纳使用"高贵的"这个术语似乎是在暗示它是较高类别的意象，但事实未必如此。虽然《苏塞克斯的温奇尔西》的"田园风光"与《塞汶河与瓦伊河交汇处》的"高贵的田园风光"都描绘了英国的风景，却采用了不同的处理方式，因此，每幅作品都体现了透纳的独特情怀。透纳曾写道，在伟大画家的笔下，最平凡的景色都会变得非常有感染力，如果它再多些联想力的话，那画面就更美了。在战争年代，被他归为"田园风光"的景色在他的作品中发挥了极其重要的作用。虽然田园风光在艺术类型的学术等级上地位低下，但几乎没有证据表明他将"田园风光"置于"高贵的田园风光"之下。

在 1805—1815 年的 10 年里，农业景观总的来说比在 19 世纪晚期更受人推崇，相对来说，19 世纪晚期，很少有油画作品来描绘某地的农业场景。这在一定程度上是因为如画的流行使这一题材显得陈旧过时。然而，1805 年之后，这一题材出现在康斯太布尔、G.R. 路易斯（1782—1871 年）、彼得·德·温特（1784—1849 年）、威廉·德拉莫特（1780—1863 年），当然还有透纳自己的作品中。原因可能有很多。联想主义批评想让各种形式的风景画公平竞争，这种倾向已被提及。除此之外，自然主义风格的荷兰和佛兰德风景画也涌入伦敦拍卖行，因为拥有这些画的欧洲人担心在战争期间这些画会被偷走或抢走。但最重要的原因是对英国风景和海岸线所代表的事物的一个透彻的重新评价，这要归功于拿破仑战争策略的重大变化。

在 1805—1807 年，拿破仑取得了一系列令人印象深刻的胜利，使他控制了西欧的大部分地区，而英国召集来的军队都驻守在英国南部，并继续筑建沿海防御系统以打败法国。这些情况出现在透纳的作品中也是不足为奇的，例如，《苏塞克斯的温奇尔西》画的是驻

图61
《塞汶河与瓦伊河交汇处》
创作于1811年
透纳蚀刻并雕刻
蚀刻版画
凹版腐蚀制版法铜版雕刻
18.2厘米×26.2厘米

图62
《苏塞克斯的温奇尔西》
创作于1812年
透纳蚀刻
J.C. 伊斯林雕刻
蚀刻版画与铜版雕刻
18.1厘米×26.2厘米

防城市的士兵，《苏塞克斯贝克斯希尔附近的玛尔泰洛塔》（图 63）画的是更明确的意象，两幅画都是《钻研之书》的一部分。玛尔泰洛塔是于 1796 — 1812 年间建成的 74 个驻防炮台，它们位于英国的南部海岸和东海岸的战略要地。玛尔泰洛塔是仿照拿破仑的出生地——科西嘉岛上几乎牢不可摧的瞭望塔——马泰塔修建的，并因此而得名，这个具有讽刺意味的细节大概吸引了透纳。在他的画中，玛尔泰洛塔成为体现全民抵抗的最有力的一个意象，它矗立在苏塞克斯的用粉笔画的悬崖和由拿破仑带来的威胁之间，在这儿，透纳用即将登陆的风暴来象征拿破仑的威胁。

事实上，拿破仑知道，在传统战役中他不可能打败英国皇家海军，因此，他决定发动一场经济战。他的新政策被称为"大陆封锁政策"，1806 年，他颁布了柏林敕令，用该敕令实施"经济封锁"，因而，一切与英国及其殖民地的贸易都是非法的。任何无视敕令的船只及船载货物都将被拦截并扣押。从理论上来说，削减英国对欧洲大陆市场的出口并断绝其对原材料和欧洲小麦的进口，这些措施会迫使英国投降。结果，拿破仑并没有持之以恒地严格执行经济封锁的敕令，即便是他努力尝试了，也会遇到重重困难，这是因为英国海军拥有绝对优势，使英国能实行反封锁。在 1808 年的前 6 个月里，英国的出口率下降了 25%——这足以引发经济萧条，但却不足以让英国屈膝投降。英国不得不通过自给自足的方式来弥补进口食品的短缺，国内各行业不得不满足武装部队的需要，鼓励土地所有者种植，好为造新船提供木材。与此同时，商船也随机应变，在南美和近东地区寻求其他贸易伙伴。1811 年，在经济封锁最严峻的时候，透纳创作了描绘这些事件的诗行，作为一首比较长的诗的一部分，他希望他写的这些诗能被用作《南部海岸的如画风光》的正文（或随附文本），《南部海岸的如画风光》是乔治和威廉·伯纳德·库克兄弟出版的一系列版画作品，模仿了透纳和其他艺术家的水彩画。

图63
《苏塞克斯贝克斯希尔附近的玛尔泰洛塔》
创作于1811年
透纳蚀刻
威廉·塞伊雕刻
铜版雕刻
18厘米×26厘米

将种子而不是黄金栽种在土壤中

用农业技术来加快对贫瘠的大片土地的开发

英国，英国，英国的画布上画满了

无经济支持的孤军奋战

以她自己的方式来对抗来自法国大陆的可怕仇恨

这种仇恨被称为经济封锁

尽管库克兄弟拒绝采用透纳的诗，认为它们晦涩难懂，但透纳的这些诗却体现了经济封锁对人们心理状态的影响。诗歌淋漓尽致地描绘出英国孤立无援的境况，农业、林业等各个行业以及通商航行都成为反抗拿破仑的战场，其史诗般恢宏的气势烘托出战争的激烈。当在一幅画或版画中被再现时，显示出强烈的爱国主义内涵。透纳描绘萨里郡、伯克郡和米德尔塞克斯的泰晤士河周围景致的那些作品尤其如此。在这些作品中，泰晤士河本身所激发的强大联想增强了附加在这块极好的农业用地上的意义。泰晤士河作为英国主要商业动脉的地位使历史画画家詹姆斯·巴里（1741—1806年）用它来作为他著名的、却构思拙劣的壁画《贸易或泰晤士河的胜利》（创作于1777—1784年）（图64）的主要部分。除了其他方面，巴里的画还因为画了音乐家查尔斯·伯尼一边踩水一边弹竖琴的情景而被嘲笑。

图64
詹姆斯·巴里
《贸易或泰晤士河的胜利》
创作于1777—1784年
布面油画
142厘米×182厘米
英国皇家美术学会
伦敦

在泰晤士河沿岸有许多具有深厚历史内涵的遗址，如汉普顿宫（图46）和英国君主立宪制的象征——温莎城堡等。在透纳欣赏的诗歌里，泰晤士河也占据了显著的位置。詹姆斯·汤姆逊就住在泰晤士河畔的里士满并葬在那里。他的诗歌《四季》和《自由》为透纳提供了许多富有诗意的标题和联想。亚历山大·蒲柏不仅住在透纳曾画过的特威克南的教皇别墅（图57）里，而且还在他创作于1713年的诗歌《温莎森林》中，使用了泰晤士河

和其周围的风景来赞美英国的强大、影响和繁荣。最后，在视觉艺术方面，威尔逊画了特威克南（图 65）、温莎和里士满等地的迷人风光，这些地方的美深深吸引了威尔逊，他先是在附近买了幢房子，然后又一反常态地尝试画风景画。所有这些联想很好地解释了为什么在透纳这段时期的艺术中泰晤士河占据着如此重要的地位，也解释了为什么他决定在特威克南设计并建造自己的房子，起初，透纳给房子起名为索吕，后来改名为桑迪克姆小屋（图 66）。

与巴里不同，透纳及其同侪在画泰晤士河及其周围的风景时，觉得没有必要借助于荒唐可笑的象征主义。像《耕作萝卜，斯劳附近》（图 67）这样的作品充满了战时的共鸣。它证明了通过对某个具体地点的自然而真挚的描绘所取得的效果，要比巴里用空虚的象征主义所取得的效果好得多。画的背景是被薄雾笼罩着的温莎城堡，君主和农民这两种处于对立阶段的人也都出现在画面中，透纳旨在让观众理解，在对法国及其经济封锁的抵抗中，这两个对立的阶级是紧密地团结在一起的：一方面，工人们通过他们的辛勤劳作来反抗法国；另一方面，被称为"农夫乔治"的乔治三世大力发展农业，仁政治国。透纳选择萝卜丰收作为绘画题材并不像看上去那么古怪，因为萝卜被种在谷类作物中间以增加土壤的肥力，而不必让它休耕一年，同时萝卜还是牲畜饲料的重要来源。由于没有浪费土地，产量也没有减少，整幅画描绘了农业生产力。1810 年，透纳在《多尔切斯特米德》（图 68）中描绘了泰晤士河的上游，该画被放在他自己的画廊里展出。他间接地提到了林业和木材贸易，它们提供补给，在满足英国海军的需求方面发挥了重要的作用。牲畜们自己在水中洗澡解暑，工人们将长长的木头搬到被称为"驳船"的平底船上。《多尔切斯特米德》与《耕作萝卜，斯劳附近》两幅画的尺寸几乎一样，可能是被设计为姊妹作。它们再现了一天中的不同时段、不同的活动和泰晤士河的不同水域。通过对大气效应的

图65
理查德·威尔逊
《特威克南附近的泰晤士河》
约创作于1762年
布面油画
56厘米×88厘米
大理石山别墅
特威克南

图 66
W.B. 库克模仿威廉·哈弗尔
《桑迪克姆小屋，特威克南》
创作于1814年
雕刻
11厘米×20厘米

图 67
《耕作萝卜，斯劳附近》
创作于1809年
布面油画
102厘米×130厘米
英国泰特美术馆
伦敦

处理，透纳赋予它们诗意，在这一点上两幅画又是相似的。

广大公众可以理解这些画中主题的含义，但根据当时的流行观点，最没有价值的艺术形式却具有最广泛的吸引力。皇家美术学院的传统观念认为，像《多尔切斯特米德》这样的画是比较低级的，正是因为它们很容易被欣赏、被理解。相反，克洛德的风景画却地位较高，因为它们画的是一个理想的自然，很少有人能有足够的洞察力来欣赏它。这一信条认为"品位"仅限于悠闲的拥有土地的精英人士，暗示了只有他们才具有必要的独立性，能很超脱地评价一幅画是否真正综合了平凡自然最美丽的一面。甚至连反对理想美存在的联想主义作家佩恩·奈特和艾莉森都力图确保文化能保护享有特权并受过高等教育的少数人。他们深信，与社会地位较低的人相

图68
《多尔切斯特米德》
创作于1810年
布面油画
101.5厘米×130厘米
英国泰特美术馆
伦敦

比，这些精英人士具有强烈的审美体验，因为他们拥有从文学、艺术和历史汲取的较为丰富的联想。但在战争年代，他们的论点却没有什么影响力，因为当时英国人的头脑里全是将被外国征服的威胁，国家利益比审美上的高人一等更为紧迫。战争环境似乎支持了苏格兰哲学家杜格尔德·斯图尔特的观点，他主张普遍联想要比私人的或受束缚的联想要重要得多。透纳常将这种普遍联想发挥到他这一时期的作品中去，尤其是那些注定要被雕刻的作品中。然而，这并不是说理想的风景画或引经据典的其他作品在这一时期变得不那么重要了。透纳创作了许多此类作品，其中包括《特威克南的教皇别墅》（图57）和创作于1809年的《汤姆逊的风弦琴》，后者是对泰晤士河里士满河段的模仿古典风格的描绘，画面上有很多仙女的意象，与诗人汤姆逊坟墓上起装饰作用的仙女形象一致。只能说，描绘英国国内风景的自然主义油画在战争期间比在其后来的职业生涯中，对透纳的影响更大。

1811年夏，透纳前往多塞特郡、德文郡和康沃尔郡旅行，为创作收录在库克兄弟的《南部海岸的如画风光》中的作品搜集材料。1813—1826年，透纳共创作了40部作品，一些作品还暗指使战争得以继续的行业。例如，在他的水彩画《普尔，多塞特郡科夫城堡远景》（图69）中，最突出的物体是一辆四轮运货马车，满载着沉甸甸的巨大木头，正在去普尔的路上，船的桅杆在海港里清晰可见。这个城镇不仅是与纽芬兰进行广泛贸易往来的一个主要港口，还是一个重要的造船中心。透纳的观众都十分清楚，建造新的船只需要大量木材，要造一艘能容纳74名战士的战舰大约需要2000棵树。四轮马车及它所装载的货物与一架大炮并非只是偶然地相似，这很可能是透纳故意设计的视觉上的相关语，旨在增强军事联想。

图69
《普尔，多塞特郡科夫
城堡远景》
约创作于1811年
水彩画
13.9厘米×21.9厘米
私人收藏品

图70
《雾晨》（图74
细部）

之前的一章描绘了这样的情形，在 1802 —1811 年这段时期，透纳常用风景画来表现英国，将其描绘为一个稳定的社会，整个英国都紧密地团结在一起反对拿破仑一世的暴政。到了 19 世纪初，要继续维持这样的情境似乎变得困难了。国王乔治三世得了精神疾病，这种病症是由卟啉症引起的，1811 年，他的长子代替他成为摄政王。乔治三世最后被关在温莎城堡中，透纳曾在《耕作萝卜，斯劳附近》（图 67）中用温莎城堡来象征他的德政。1812 年 5 月，一名激进的商人刺杀了首相斯宾塞·珀西瓦尔。而另一个社会极端是，激进主义和动荡越演越烈。各种各样的状况层出不穷：1810 —1813 年，由食物短缺和物价飞涨而引发的暴乱与被称为卢德运动（该运动是以传说中的人物内德·卢德的名字命名的）的捣毁机器事件同时发生。这些事件发生在诺丁汉郡、兰开夏郡和约克郡工业县，在这些地方，与日俱增的机械化带来了失业的威胁。例如，一名厂主被一名暴民所谋杀。在 1815 年的滑铁卢战役之后，民众骚乱与日俱增，在这一时期，30 多万被遣散了的士兵发现他们迫切地需要在经济大萧条期间找到工作。暴乱之所以加剧是因为参与者们曾受过军事训练。之前的正规军成员和民防自愿兵开始要求分享更多他们曾捍卫的英国人的特权和自由。1815 年，50 个人里面至多有一个人有选举权，对成人男性选举权的呼吁变得越来越高涨，尤其是透纳的朋友兼赞助人沃尔特·福克斯。

1812 年，福克斯向激进的群众发表了一段振奋人心的演讲，呼吁创建由"真正由人民自己公平而诚实地选举出来的人"构成的下议院。

福克斯的改良政治是他生活的重要组成部分，如果透纳没有在某种程度上支持福克斯的观点的话，他们俩是否还能成为好朋友将是难以预料的。尽管他们俩无疑都是坚定的爱国主义者，但这并不意味着他们会对国家的问题视而不见。作为一名富有而独立的

人，福克斯可以自由地发表他的看法，但如果透纳想要分享他的朋友的观点，就得格外小心，因为这可能会有损于他的职业抱负。在 1811—1819 年这段时期，透纳关心的首要问题是提高其作为画家和演讲者的声誉和地位，很可能是希望能仿效他仰慕的雷诺兹，成为皇家美术学院院长威廉·透纳爵士。要想实现这些远大的抱负，就最好避免引发争议，但有时，透纳会很想创作具有争议的作品，如《滑铁卢战场》（图 87）等，这件作品显然不大可能会为

透纳赢得朋友。但在这一点上透纳并不孤单；1815年，非激进分子大卫·威尔基展出了一幅名为《扣押财产以抵偿租金》的画（图71），该画反对对穷苦佃农的不公平的驱逐，在经济萧条期，这些佃农们变得穷困潦倒。通过对收租人紧握棍棒的描绘，威尔基暗示了那些被剥夺财产的人的愤怒。然而，透纳即便是在直言不讳时，也仍旧主要关心如何才能扩大风景画的潜力。在这一时期，他还继续探讨了早期在他的艺术中出现的问题，最为迫切的问题是显而易见的现实和理想美的概念之间的冲突。最终，敌对状态的结束使他再次前往国外旅行，在1817年，他先后去了荷兰、比利时和莱茵河；在之后的两年里，他去了意大利，这是他期待已久的一次游历（见第4章）。

在这段时期，早有迹象表明透纳能到达他事业的巅峰。1811年，皇家美术学院展展出了透纳创作的神话景观《墨丘利和赫泽》，摄政王高度赞美了这幅画，认为即使是克洛德也会欣赏这部作品的。该画拥有经典的主题、克洛德式的构图、温暖的光线和柔和的色彩，是透纳在这一时期展出的较为传统的作品之一。第二年，透纳创作了高度突破传统的《暴风雪：汉尼拔和他的军队越过阿尔卑斯山》（图72，以下简称《汉尼拔》），获得了更大的成功，轰动一时。据画家C.R.莱斯利（1794—1859年）称，这幅画几乎被周围震惊的人群完全遮住，看都看不清了。人们震惊于透纳极具创意的旋涡构图，康斯太布尔敏锐地将这种构图描绘为"太过模糊以致很难理解画的某些部分（甚至是主要的部分），然而，作为一个整体，整幅画却很新颖、感人"。重要的是，致力于尽可能忠实地渲染不起眼的场景的康斯太布尔能够承认该画所体现出的力量与他自己的作品完全不同。美国画家华盛顿·奥尔斯顿（1779—1843年）的评论更加深入，他将《汉尼拔》描绘为"一幅非常好的画"，将透纳描绘为"克洛德时代最伟大的画家"。在《埃及的第五次灾难》（图30）或《加来码头》（图35）等早期作品中，透

图71
大卫·威尔基
《扣押财产以抵偿租金》
创作于1815年
在油画板上用油画颜料创作的作品
81.3厘米×123厘米
苏格兰国家美术馆
爱丁堡

图72
《暴风雪：汉尼拔和
他的军队越过阿尔卑
斯山》
创作于1812年
布面油画
146厘米×237.5厘米
英国泰特美术馆
伦敦

纳便开始围绕着旋涡形式来建构他的意象，但在《汉尼拔》中，一切事物，甚至是经过仔细甄选的小细节，都让位于旋涡本身。在萨默塞特宫，按照常规，巨幅绘画作品都是被挂在高于观众头部的位置，但由于透纳的《汉尼拔》特别长，因此被挂在相对低的位置上。透纳如此固执的原因很明显，他想让他的画在这样的高度被观众近距离地欣赏。他所描绘的细节非常之小，不足以影响整幅画的构图，而且也没有任何强烈的视觉聚焦可以依附，但观众却被风暴巨大的旋涡所吞噬。在之后的作品中，如《暴风雪——汽船驶离港口，在浅水处发出信号并听从指挥继续前进。在"精灵号"离开哈里奇港的那个晚上作者正处于这场风暴之中》（图 160，以下简称《暴风雪——汽船驶离港口》）等，透纳继续采用这一手法。多年以后，即 1846 年，《汉尼拔》的灾难性效果使作家伊丽莎白·里格比误以为该画描绘的是世界末日的景象。然而，在那时，由于被约翰·马丁所抄袭，透纳的旋涡几乎已经变得老套了，约翰·马丁专攻世界末日的主题,如《他们愤怒的大日》(图73)等。

《汉尼拔》虽代表了经典历史中的一个片段,但由于雅克-路易·大卫等艺术家之前将波拿巴的成就与他的迦太基前辈——汉尼拔的成就进行了比较,因此,使《汉尼拔》也影射了拿破仑一世。在其伟大的骑马肖像画(图37)中,大卫这位法国艺术家在前景的一块岩石上显著地镌刻上两位将军的名字。透纳第一次从自己不完整的诗作《希望的谬误》中引用诗行,附在皇家美术学院的展览目录上。尽管他诗意的努力经常被人嘲笑,但他的诗行在增强画作的意义方面却总是起到不可或缺的作用。通过自己创作诗句,而不是从其他作者那里借用诗句,透纳可以调整他自己的诗,使其适应主题。在这里,透纳描绘了汉尼拔的部队在公元前218年穿越阿尔卑斯山时所遭受的苦难,他们被当地各部落的人袭击,也遭受恶劣天气的袭击,直到前进的道路变得"血流成河,尸横遍野","低垂、辽阔而苍白"的太阳是苦难结束的希望,但最后的诗行却包括短语"小心卡普阿的欢乐呀!",这个短语暗示,他们一到意大利,奢靡生活令人委顿的危害和战争的破坏将削弱军事上的英勇。汉尼拔的雄心壮志从一开始就注定是失败的,失败的原因并不是大自然的残酷,也不是敌人的抵抗,而是人性固有的弱点。如果没有透纳的诗句,画作本身无法传达这种悲观而富有煽动性的结论,因此,到皇家美术学院来参观的观众人数增加了,这是因为该画预示了拿破仑帝国计划的失败。

在战争的后几年,透纳继续在夏季旅行,但在1812年《汉尼拔》取得了巨大成功之后,透纳留在特威克南附近来监督他的新房子——桑迪克姆小屋的建造(图66)。他的一位近邻是路易-菲利普,他是未来的法国国王(大约于1830—1848年统治法国),那时他正过着流亡的生活。两人之间的关系很密切,这种关系一直持续到透纳1845年的最后一次大陆之行。1813年,透纳只将一幅油画作品呈交给皇家美术学院——这幅画描绘的是一个名为《雾

图73
约翰·马丁
《他们愤怒的大日》
创作于1851—1853年
布面油画
196.5厘米×303.2厘米
英国泰特美术馆
伦敦

晨》的冬天场景（图74）。

《雾晨》给康斯太布尔最亲密的朋友约翰·费舍尔牧师留下了深刻的印象。在赞美了康斯太布尔在那一年的主要展览——《风景画，男孩钓鱼》之后，他承认："我只是更喜欢那幅画中之画——即透纳的《雾晨》。到那时，你无须抱怨我的这个决定；你是一名像波拿巴那样的伟人，只能被霜冻所打败。"费舍尔是在影射1812年拿破仑灾难性的俄国战役，在这场战役期间，疾病、战争伤亡和冬季的严寒使拿破仑军队的人数从650000人锐减到93000人。费舍尔的双关语暗示了拿破仑对透纳和与他同时代的人在思想上的影响，因为这样一幅不太可能被创作出来的作品让人们产生了军事上的联想。

透纳的朋友亨利·斯科特·特里默所提供的证据表明，这一场景是以一幅速写为基础的，透纳在赶往约克郡的沃尔特·福克斯家做客的途中完成了速写。他把年轻女孩看作艺术家的女儿埃维莉娜，把那匹马看作他的那匹"带有耳印的枣色大马"。据说，这幅画是透纳最喜欢的一幅画，人们常常认为他之所以珍惜这幅画，是因为这幅画能让他想起福克斯和法恩利邸宅，但这种解释太令人忧伤。《雾晨》很容易欣赏，正如费舍尔所做的那样，它出色地描绘了在残留下来的晚秋薄雾或冬季薄雾的笼罩下半冻的土地和黎明的曙光。但似乎越是离近细看，越令人感到不安。正如《旁观者》的评论家在后来所描绘的，从某种程度上来说，"沉闷的凄凉"气氛源自季节和毫无特色的景致所带来的凄清荒凉，在画面左侧，远远隐现的马车更增强了这种凄凉的气氛，因为它暗示着启程告别。并且，人物的态度和活动本身也让人费解。尽管有可能是季末被雇来做挖沟等工作的，但两名工人的任务却十分不明确。如果真的是这样的话，与画中的其他人一样，他们似乎是静止不动的，这非常奇怪。画中的所有人都面朝不同的方向，看起来都只专注于自己的事情，他们沉默寡言，使这一时刻显得忧郁而又充满

图74
《雾晨》
创作于1813年
布面油画
113.5厘米×174.5厘米
英国泰特美术馆
伦敦

仪式感。

正如特里默所说的，该画的背景虽是约克郡，但无论是《雾晨》的标题还是地貌，没有任何一样东西能够让人认出画的是约克郡。虽然活动的领域强烈地暗示了一个叙事，然而观众却没有看到任何上下文，因此，这幅画在引发猜想的同时，也抑制了给出令人满意的解释的可能性。但确信无疑的是，这幅画与透纳早期的作品《耕作萝卜，斯劳附近》（图67）和《多尔切斯特米德》（图68）截然不同，因为这幅画是通过再现具体的地点和可识别的活动，而他早期的作品体现的则是农村生活和农村工作积极向上的爱国主义情感。作为一个乡村意象和他关于农业景观的最后一幅主要油画作品，《雾晨》是泛化的、令人费解的，似乎象征着莫名的不安，然而却很难断言它是否与这一时期糟糕的国家状况以及透纳欠佳的健康状况有关。

1813年夏，当透纳第二次到访德文郡为创作"南部海岸"系列和库克的另一个有关德文郡河的项目而搜集材料时，他的心情是愉悦的，尽管他为库克兄弟所做的设计没有一幅被出版过。他与当地的两名艺术家——风景画画家安布罗斯·约翰斯（1776—1858年）和查尔斯·伊斯特莱克（1793—1865年）一起旅行，这两位画家当时都还年轻，后来他们分别成为皇家美术学院院长和国家美术馆馆长。当伊斯特莱克还是皇家美术学院的一名学生时，透纳对伊斯特莱克就像朋友一样，是伊斯特莱克的父亲于1811年首先将透纳介绍给约翰斯的。作为普利茅斯艺术圈的一名重要人物，约翰斯能够确保透纳的德文郡之行一切顺利。1813年，赛勒斯·雷丁加入了他们，赛勒斯·雷丁是一名观察力敏锐的记者，后来他记下了透纳他们的经历。约翰斯是一名狂热的户外素描家。在约翰斯的鼓励下，透纳继续一如既往地用油画来展现眼前的大自然。但是透纳在记录普利茅斯周围的景致时，并没有像他在泰晤士河上作画那样使用木制画板或巨大的未拉伸的油画布，而是使用小的被昏暗的背景所覆盖的厚纸（图75）。

约翰斯不仅为透纳提供作画用的纸张，还提供便携式绘画工具箱，这个工具箱里有透纳在快速素描时所需要的大部分材料，十分方便。由于有约翰斯帮忙照料工具箱及里面的用品，透纳不再像平时那样秘密地画素描了，他甚至还夸耀自己完成作品的速度——有一次，他称自己用了不到半个小时的时间就完成了一幅画。

1812年，透纳在他自己的画廊里展出了4幅描绘德文郡景色的油画作品。人们原以为他会将他的油画作品变为将于1814年在皇家美术学院参展的主要作品，但在那一年，透纳只将一幅油画《狄多和埃涅阿斯》送至萨默塞特宫，将他非常奇怪的作品之一《阿普利亚寻找阿普拉斯 - 韦迪·奥维德》（图76，以下简称《阿普利亚》）送至英国美术促进会，两个机构的负责人（包括乔治·博蒙特爵士在内）都为透纳的风景画颁奖，认为这是可以与克

洛德和普桑的作品相媲美的作品。这是为胸怀抱负的年轻艺术家设计的比赛，透纳参与比赛是另有所图的。多年来，他对英国美术促进会教育职能的不信任加剧了，而且他深信，绘画理念最好能通过媒介本身来进行交流。

他的《阿普利亚》意在攻击促进会鼓励新崛起的一代模仿前人作品的政策。之前，在《梅肯葡萄酒节开幕》（图39）中，透纳曾改编了克洛德的《有雅各、拉班及他的女儿们的风景画》（图40），这一次，他采取了完全剽窃的策略。剽窃是故意的，颇具讽刺意味的，因为他的主题随意地改编自古罗马诗人奥维德的故事，警示人们模仿是很危险的。牧羊人阿普利亚因粗俗地模仿一群跳舞的仙女而被变成了一棵橄榄树。不难将《阿普利亚》想象为特洛伊木马，用英国美术促进会备受瞩目的奖励去颠覆它自己的原则。这虽是一个有趣的想法，但作品本身可能太晦涩了，以致它没能有力地打击他的既定目标，尽管如此，透纳的赞助人埃格雷蒙特伯爵还是看出了透纳的用意。他不仅是英国美术促进会的一名负责人，还拥有透纳剽窃的克洛德的画，这个小插曲似乎让两人的感情出现了持续10多年的裂痕。

在那些年里，不止透纳一个人对英国美术促进会怀有敌意。在通过展出当时英国画家的作品而赢得了许多艺术家的支持之后，英国美术促进会一再地给早期绘画大师的作品以优先权。一些更为激进的学者，如托马斯·厄文斯等，一直将英国美术促进会看作是有钱的特权阶层为了扩大其对视觉艺术的影响而耍的阴谋，他们阻止艺术家管理他们自己的事情。在19世纪初，与更广泛的国家政治相并列的，是沃尔特·福克斯等议会改革的支持者们挑战为数不多的不具代表性的精英们的既定利益。对英国美术促进会最成功的攻击是两种匿名的小宣传册子，其中之一即众所周知的在1815—1816年广为流传的《推理目录》。从语言和态度上来看，人们普遍认为作者们持激进的观点，这些观点被认为出自许多学者之手，甚至被怀疑出自沃尔特·福克斯之手。虽然透纳的名字并没有被提及，但他们却暗含对了透纳声誉的维护。同时，他们猛烈地攻击了乔治·博蒙特爵士，据据法林顿称，乔治·博蒙特爵士被批得体无完肤。

在1814年，透纳很可能再次回到了德文郡。在第二年，他将自己的经历提炼为一幅重要的油画作品《渡溪》（图77），在皇家美术学院受到了赞誉。与《阿普利亚》一样，《渡溪》的构图是以完美的克洛德风景画为基础的，两侧是树木，不远处是小桥和流水，但是两幅画的相似之处仅此而已。《阿普利亚》画的是紧紧地依托于克洛德原型的神话主题，而《渡溪》则是所观察到的事物和理想之物的综合体。而且，尽管透纳从他的伟大的前辈那儿借用来的作品框架令他的画含有永恒和连贯之意，但画的细节却体现了19世纪20年代英国的独特风光。在同一幅画中将这些矛盾的方面融合在一起是很难的，这也许解释了为什么透纳会选择德文郡的主题。他告诉与他一起旅行的同伴赛勒斯·雷丁说，他在普利茅斯附近看到了很多自然美景，他从未在如此有限的乡村之域见过如此多的自然美景。

　　透纳还补充说，"一些景致似乎根本就不属于这个岛屿"。透纳明显地感觉到德文郡的乡村风光是可以与意大利的景色相媲美的（克洛德的画就是以意大利的景色为基础的），因此，他能够改编普利茅斯周围的风景，使其适应克洛德的风格，而无须过分地伪造。伊斯特莱克对这一带十分熟悉，他坚称，透纳的画"十分忠实于"塔马谷的地貌，他还观察到透纳甚至还画了不远处的采矿景象，从而更加证实了他的观点。在这一点上，《渡溪》让人联想起透纳早期创作的《梅肯葡萄酒节开幕》（图 39），因为尽管乍一看两幅作品似乎都是理想化的，但若仔细观察，人们便会发现现代工业的迹象——在描绘德文郡的作品中呈现的是铜矿，而在《梅肯葡萄酒节开幕》中，很明显，满载的驳船正在疏浚河流。

　　《渡溪》和《梅肯葡萄酒节开幕》都表明透纳十分重视对两个密切相关的概念的重新定义，这两个概念在之前的章节中被介绍过——"田园景色"和"理想景色"。"田园景色"这个术语让人联想起消逝的黄金时代的乐趣，那时，被称为"阿卡迪亚"的神话般的乡村乐园里的居民们过着简单而和谐的生活，慷慨的大自然供养着他们。正如学者约翰·巴雷尔所写的，田园景色并不是看风景的方式，而是不看风景的方式，而在现实中，英国乡村自 18 世纪以来就已经被改变了，部分原因是新的农业机械的引进，部分原因是公用土地被围起来用于私人耕作，剥夺了工人和小佃农放牧和拾柴火的权利。在透纳生活的时代，这些变化不容忽视，因为它们给乡村的穷人们带来了巨大的贫困，传统的田园景色也渐渐失去了可信性。一些透纳钦佩的 18 世纪的诗人，如詹姆斯·汤姆逊、约翰·戴尔和马克·阿肯赛德等，试图将以前的田园形式与农业在现代英国经济生活中所起的作用相协调。

图77
《渡溪》
创作于1815年
布面油画
193厘米×165厘米
英国泰特美术馆
伦敦

图78
《狄多建设迦太基》
（又名《迦太基帝国的
崛起》）
创作于1815年
布面油画
155.5厘米×232厘米
英国国家美术馆
伦敦

在《渡溪》中，透纳也做了类似的尝试。《渡溪》非常适合《钻研之书》"高贵的田园风光"的范畴，它既包括比较传统的、普通的"阿卡迪亚"式景色，也包括英国景观，在透纳的笔下，这些景观既保留了理想美的外观，又不乏牺牲观察到的现实。

雷诺兹的《演讲录》令透纳终身确信，理想之物是非常重要的，但原来的院长呈现这一概念的方式是有问题的。正如之前解释过的，雷诺兹用自然形式来描绘正常的变化，并将"畸形"和"偶然"描绘为气候条件，但这些事物都是风景画的核心。透纳将这一特征从对普通大自然的再现中清除出去，他坚称，外部世界的形式"都因其多样性而美得自然"。因此，他的理想之物并不是像雷诺兹所深信的那样消除畸形，而是综合"着装朴素的大自然"的日常之美。事实上，正如透纳在对奥佩的《关于绘画的演讲》的评注中所描绘的那样，真正的艺术家将毕生的精力都用在积累经验上，因为这个有形的世界为艺术家们提供的经验是如此丰富，他们不仅关注事物的表面现象，还关注"事物的特征和原因"。密切关注的习惯让画家得以再现本质美和罗斯金后来所强调的深层的自然过程。《渡溪》在没有丢失场所感的情况下就实现了这一目标。

这件作品赢得了高度的赞誉，却没有被出售，可能是因为乔治·博蒙特爵士的缘故，他对透纳的敌意在 1815 年达到了巅峰。透纳为《狄多建设迦太基》（又名《迦太基帝国的崛起》）（图 78）做了最坏的打算，因为这件作品也是以克洛德格式为基础的，但这一次是取自他的海港。博蒙特抱怨道，尽管透纳借用了克洛德的构图，但克洛德微妙的着色在透纳形成强烈对比的暖黄和冷绿中被忘得一干二净。

但透纳后来保证，他的画与克洛德的画之间的对比是不可避免的，他在他的遗嘱中声明，《狄多建设迦太基》可以被展出在英国国家美术馆，但前提条件是必须将它挂在克洛德的《示巴女王登船的海港》（图 25）旁。《狄多建设迦太基》是描绘迦太基历史的系列作品中的一部，这一系列的作品开始于 1812 年的《汉尼拔》（图 72）并结束于透纳于 1850 年创作的展出于皇家美术学院的最后的油画作品（图 179）。《狄多建设迦太基》左侧画的是女王狄多，她主持了城市的创建，在从《钻研之书》名为《海洋爱好者》的题材中抄袭来的一个细部里，小男孩们在港口启动玩具船（见卷首插图），这暗示了航海技术将使迦太基成为伟大的贸易帝国的核心。

　　1815 年 6 月 18 日，当《狄多建设迦太基》和《渡溪》在皇家美术学院展览时，拿破仑最终在滑铁卢战役中被由威灵顿统领的英国军队和布吕歇尔将军统领的普鲁士人所击败。拿破仑被流放到离大西洋约 8000 千米远的圣赫勒拿岛，反法同盟首先聚集在维也纳，之后又挥师巴黎，他们重新绘制了欧洲的版图，并恢复了旧的统治王朝。在英国国内，由威灵顿带来的胜利欢愉是短暂的，因为国家被长达 8 年之久的不断斗争消耗得筋疲力尽。伴随和平而至的是普遍的经济衰退，这是因为战争对英国经济的强大刺激作用消失了。国家放宽了对国外旅游的限制，一些艺术家，如伊斯特莱克等迅速利用这种新的自由，但透纳在此时仍继续画国内风景，因为他要先完成许多别人委托他画的画。

　　在这些年里，对透纳来说比较重要的一名雇主是托马斯·邓纳姆·惠特克牧师，他是一名神职人员兼古文物研究者，他出版了几部关于兰开夏郡和约克郡的风景和历史的书。透纳的水彩画《里兹》（图 79）绘于 1816 年，是为例证惠特克关于里兹及其周围地区的历史著作所画的插图，它仍旧包含着对战时环境的隐喻。里兹市是英国最重要的亚麻纺线中心，它所生产的线被转变成海军用的绳子和帆布。大封锁切断了英国布匹的国外市场，但在战争结束后，这些市场又重新开放了，透纳所描绘的这座城镇是蓬勃发展的工业扩张之地。福克斯是里兹市议会中主要的辉格党议员，透纳对该地区和支撑该地区的工业了如指掌，这在他画里仔细挑选出的事

图79
《里兹》
创作于1816年
水彩画
29厘米×42.5厘米
耶鲁大学英国艺术中心
保罗·梅隆收藏馆
纽黑文市

件中可见一斑。工人们正将新布拉长，放在张布架上晾干，其他工人则从山下的车间往外扛布卷。在远处，一阵强风将工厂烟囱里冒出的烟吹走，使工厂的烟囱看起来像是在与教堂的尖顶相竞争，以赢得人们的注意。这幅画从未被雕刻过，大概是因为透纳对里兹工业繁荣的描绘与惠特克的观点相抵触，惠特克认为工厂正在毁坏这个国家。1811年，只有25%的英国人住在城镇或城市，但包括布莱克和华兹华斯在内的许多艺术家和知识分子都有着与惠特克一样的担心。在创作于1814年的诗歌《远足》中，华兹华斯描绘了在"一些贫穷的城镇的胚芽"中发展起来的城镇，然后，他评论了对外贸易和工业生产的扩张——那时，英国的对外贸易和工业生产额每年约增长3%，最后他总结道：

……当看到这一巨变较为消极的一面时，

当看到大自然被施以如此的暴行时，

我悲痛万分……

透纳似乎有时会对英国迅速发展的工业持矛盾态度，如在《达德利，乌斯特郡》（图 126）中所体现的那样，但总的来说，他并不像华兹华斯那样厌恶迅速发展的工业。

1816 年，朗文出版社同意付给透纳 3000 几尼，让他来为惠特克提议的 7 卷介绍约克郡历史的书绘制 120 幅插图。这个项目被证明是无盈利的，最终，只出版了《里奇蒙德郡的历史》这一卷。然而，在透纳创作的图像中有一幅水彩画，画的其实是兰开夏郡的景色，这幅画是《蜿蜒的卢内河，望向霍恩比城堡》（图 80）。这幅画例证了他的关注点，不仅要捕捉一个地点的外观，还要再现形成这一景观的过程。从一个高高的有利于观察的地方向下看去，观者能俯视大地并追随蜿蜒的卢内河，直到它消失在远方。透纳通过给小块水域刮白的方式来增强视觉效果。这幅画还暗示了河的运动轨迹，卢内河蜿蜒前行，周围的地带都被它侵蚀，通过这样的方式，它持续改变着该地的地貌，透纳的画正体现了这种

力量。

　　由于目睹了拿破仑的统治在一代的时间里发展壮大并最终瓦解的情景，透纳似乎信服，所有帝国和所有文明，都经历过兴衰，尽管这通常需要较长的时间。这是人们普遍深信不疑的观点，这种观点常常会渗入到当代旅游指南中，如 J.C. 尤斯塔斯的《穿越意大利的旅行》（创作于 1813 年）等，透纳在第一次计划访问意大利时查阅了这本书。尽管这一想法很普通，但它却成为透纳油画作品中经常出现的主题。它最先出现在透纳 1816 年创作的两幅画中，画的是埃伊纳岛上的朱庇特寺庙，其中的一幅画画的是寺庙在现代的荒废状态，而另一幅画则画的是原始状态的寺庙是何等辉煌。透纳创作的图像将希腊辉煌的过去和令人遗憾的现在进行了对比，在此之后，他于 1817 年在《迦太基帝国的衰落》（图81）中重新演绎了迦太基的历史。这幅画的全名很长，含有 52 个单词，借鉴了奥利弗·哥德史密斯的《罗马历史》（创作于 1786年）来解释在与古罗马进行和平谈判期间，迦太基人是怎样宁愿将 300 个孩子作为人质，也不愿意开战的。他们之所以这样做是试图保护他们的财富和奢侈品，但这种尝试却无济于事，因为战争终归爆发了，他们无法保护自己。这部作品虽在绘画结构上与《狄多建设迦太基》（图 78）相类似，但在其他方面两部作品却不尽相同。相比之下，《狄多建设迦太基》更美，因为在这幅画中作者绘制了更多生机勃勃的绿色植被。在《迦太基帝国的衰落》中，建筑物占据主要的地位，反射出太阳一样耀眼的黄色光芒，产生了一种更压抑的效果。这些差异与细部一样，让透纳建构起关于兴衰的叙事。

　　评论家们一直怀疑透纳打算让他的观众将迦太基的命运与刚刚胜利的英国前景进行比较，因为尽管英国拥有庞大的海外帝国，宣称对地球上 1/5 的人拥有主权，但在英国国内却分歧不断，动荡不安。

图80
《蜻蜓的卢内河，望向霍恩比城堡》
约创作于1817年
用铅笔、水彩颜料、水粉颜料和刮白技法创作的作品
29.1厘米×42.1厘米
考陶尔德学院艺廊
伦敦

图81
《迦太基帝国的衰落》
创作于1817年
布面油画
170厘米×238.5厘米
英国泰特美术馆
伦敦

在同年的 8 — 9 月，透纳开始了自 1802 年以来的第一次欧洲大陆旅行，他的行程从比利时开始，沿莱茵河而上，从科隆直到美因茨，然后再从荷兰返回到英国。这个安排紧凑的日程表的核心是他探索莱茵河河谷的 10 天旅程。有些时候他是乘船而行的，但大多数时间他是徒步旅行的，走的是拿破仑在西河岸修建的道路。他高强度地工作，快速画铅笔素描，这些素描很快便被绘成由 50 幅画构成的精美的水彩画系列。一些画似乎是他在国外的时候就开始画了，整个系列很可能是他在旅行结束后在达拉谟郡的雷比城堡逗留期间完成的。与该系列的其他作品一样，《来自纳黑的宾根》（图 82）所描绘的风景是画在特大号白色书写纸上的，在用水彩和水粉的混合物来创作作品之前，透纳先在白色书写纸上涂上薄薄的一层灰色。

在本例中，透纳刮出强光部分，用以代表涟漪、桥上的人和墙上待洗的衣物。这种材料和技法的结合使他能够再现各种风光和气候效应。尤为值得一提的是，涂有薄薄的一层灰色的纸赋予整个场

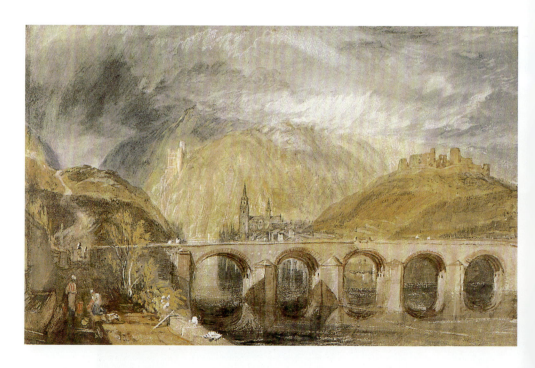

景以一致性，在未来，透纳将不断开拓这种画法。

　　1817 年 11 —12 月，从欧洲大陆回来以后，透纳暂住在法恩利邸宅，并以 500 英镑的价格将所有在莱茵河画的水彩画都卖给了福克斯。在这段时期，对于透纳来说，他与福克斯的友谊和他与他的赞助人之间的友谊一样重要。福克斯为艺术家透纳提供了既可以工作，又可以放松的环境，而对透纳来说，他在一系列亲密作品中记录下在法恩利邸宅的快乐生活，反映了在福克斯及其家人的陪伴下他所感到的快乐。透纳是射击聚会的积极参与者，他的《卡利厅》（图 83）（卡利厅是福克斯的财产，福克斯将其作为狩猎小屋）画的是一群人带回了一头被打死的雄鹿。透纳还为福克斯的 5 卷专辑《鸟类收藏》贡献了 20 幅水彩画，从而回应了他的朋友对不列颠群岛鸟类生活的专业知识。这些画中有一些是非常精美的，如《翠鸟》（图 84）等，在 19 世纪晚期，为了得到这些画，罗斯金甚至不惜花费任何代价。

　　如果说哪幅画能够代表透纳在法恩利邸宅所感到的安逸和随性的话，那一定是创作于 1818 年的《粮食备足的一等舰》（图 85）了。有一天吃早餐时，福克斯告诉透纳："我想请你画一张普通尺寸的画，借此让我对军舰的大小有些许了解。"透纳将这个随便的请求看作一个挑战，他绘制了航线上的一等舰，该舰带有 110 多个炮口，是英国海军最大的战舰。他通过夸大战舰的比例并采用从临近船只上低低的而又十分近的视角，使战舰看上去异常巨大。通常，透纳对他的绘画方法总是秘而不宣，但这一次，他却让福克斯的儿子看他的即兴创作，小伙子很开心。后来，霍克斯沃思·福克斯生动地描绘了透纳的创作过程：他狂乱地将颜料倒在纸上，擦刷、撕扯并在纸上乱画，直到"仿佛魔术一般，……可爱的船便出现在眼前了"。这是对工作中的艺术家最戏剧性的描述，但目击者却是一名年轻人，并不熟悉透纳的全部技法。除了倒颜料之外，还包括很多技法，如用防水的清漆掩饰或"涂盖"在纸上

图82
《来自纳黑的宾根》
创作于1817年
用水彩颜料、水粉颜料
和刮白技法创作的作品
19.5厘米×31.6厘米
英国博物馆
伦敦

图83
《卡利厅》
约创作于1818年
在磨光纸上使用水彩颜
料和水粉颜料创作的作品
29.9厘米×41.4厘米
苏格兰国立美术馆
爱丁堡

图84
《翠鸟》
约创作于1815—1820年
将水彩颜料涂在铅笔画
上创作的作品，带刮白
17.8厘米×16.4厘米
（整张）
里兹市美术馆

图85
《粮食备足的一等舰》
创作于1818年
用铅笔、水彩颜料及刮白
和涂盖技法创作的作品
28.6厘米×39.7厘米
赛瑟尔·希金斯美术馆
贝德福德

的部分区域，或用画笔、刀，或仿佛有魔力的拇指指甲尖端来刮出强光部分。用拇指指甲尖端来刮白的方法是透纳特意研究出来的。尽管这些方法并不是什么新方法，但透纳却将这些技法运用得十分精湛，以致霍克斯沃思·福克斯竟将伟大的技法与魔术相混淆。

在去莱茵河旅行之前，透纳曾参观过滑铁卢战役的战场。借助于最新出版的旅游指南并以补充有关当地情况的知识，他深入研究了滑铁卢战场，并在他的滑铁卢和莱茵河速写本中记录下在每一个地点死亡的人数。在霍高蒙特古堡宅邸的遗迹中，他写道，"被护卫队杀死的铁骑军横尸遍野，如今，曾发生过大屠杀的地方空空如也"。据威灵顿公爵称，正是由于该地的激烈守卫才使英国的胜利成为可能，在一幅水彩画中，丹尼斯·戴顿描绘了这一激烈守卫的场景（图86）。透纳也将此场景选为其非凡杰作《滑铁卢战场》（图87）的背景，再现了战争后的场景。总的说来，在1818年，这幅画在皇家美术学院并不受欢迎，并且，尽管透纳将其遗赠给国家，这幅画在20世纪80年代以前也一直被隐藏在人们的视野之外。虽备受忽视，但如今这幅画似乎是透纳重要的公开声明之一。

例如，1816年，透纳提交给皇家美术学院的一份建筑设计是一张"国家纪念碑的透视设计图……在结构上，整幅画将绘画艺术、雕塑艺术和建筑艺术融为一体，记录下战争的场景和我们勇敢的同胞的英勇行动。冠有月桂花环的，用大炮上的青铜制成的战利品位于画的上部，它的上方是威灵顿公爵的巨大雕像"。在战争结束三年以后，透纳创作了一幅与战后的索然无味、幻想破灭的气氛相一致的作品。《滑铁卢战场》是一幅巨画，其阴郁凄清使得它没有销路，因为它关注的是历史的伤亡——是受害者而不是胜利者。由于这幅画可能让透纳赚很少的钱或不赚钱，因此，透纳画这幅画似乎是要表达他对生命被浪费了的憎恶，反对将战争错误地再现为

图86
丹尼斯·戴顿
《在滑铁卢战役中，
冷溪卫队保卫霍蒙
特古堡》
约创作于1815年
水彩画
64.7厘米×100.3厘米
国家陆军博物馆
伦敦

图87
《滑铁卢战场》
创作于1818年
布面油画
147.5厘米×239厘米
英国泰特美术馆
伦敦

光荣的或高尚的。

通常，历史画将死亡与英勇的美德联系在一起，并将死亡呈现为道德上的提升，但在透纳的画中，死亡却是残忍的、令人厌恶的。他描绘了住在战场附近的兵舍里的普通士兵的妻子或情妇举着火把在混有法国人和英国人的死尸堆里搜寻她们的伴侣的情景。据说透纳是在阿姆斯特丹看到伦勃朗的《夜巡》后创作的《滑铁卢战场》，并在其作品中对《夜巡》中的明暗对照法进行了改编。然而，如果真是这样的话，透纳就颠覆了伦勃朗群像的意义，这是因为伦勃朗的群像是被用来颂扬阿姆斯特丹民兵连的爱国主义精神的，群像中所描绘的人很可能并没有真的参加过战争。

之前很少有人画这种反英雄主义战争场景。如果硬要说透纳从谁那里得到了什么暗示的话，那这个人便是拜伦勋爵，《恰尔德·哈罗德游记》诗中的诗句便与透纳的画一起出现在皇家美术学院的展览目录中。拜伦对"朋友与仇敌——一股脑儿埋葬在红沙战场！"的描绘与《滑铁卢战场》的核心图像很相似。尽管透纳没有意识到这些，但其他的欧洲艺术家，如弗朗西斯科·戈雅（1746—1828年）等已准备好探讨战争的残酷。他创作的由82幅蚀刻版画组成的系列作品被集体命名为《战争灾难》，描绘的是法国占领西班牙期间所犯下的滔天罪行。

就连拿破仑的御用画师之一安东尼·让·格罗，也在《在艾劳战场的拿破仑》（图88）中体现出对战争的一丝反感。格罗描绘了拿破仑军队与俄国人之间一次恐怖的、胜负不明的交战，这场战争于1807年2月爆发于波兰的土壤上。他笔下的被冻死的人的形象挥之不去，比透纳画的形象还要生动，但细节却削弱了其现实性，例如，画中的法国医生正在帮助受伤的敌人，而现实却是，医务人员极其匮乏，连法国人自己都无法救治。尽管格罗对战争中的死亡直言不讳，但他的画仍是官方的宣传品，而透纳则（像戈雅那样）描绘了被卷入战争的无法掌控的个人命运。

图88
安东尼·让·格罗
《在艾劳战场的拿破仑》
创作于1808年
布面油画
533厘米×800厘米
卢浮宫博物馆
巴黎

《滑铁卢战场》还暗示了英国不乐观的国内政治。它向到美术馆参观的大众提出了这样的问题：这些人牺牲了他们的生命，可换来的是什么呢？在战争中幸免于难的人也是被战后的经济大萧条打击得最重的人，这是因为许多人被流放到劳动力市场，而在那时，失业率已经增长，工资也在下降。并且，在1815年之后，面包的价格被人为地抬高，因为那时在利物浦勋爵领导下的政府颁布了《谷物法》，防止将便宜的外国谷物进口到英国。基于这种种原因，到了1817年，赈济穷人的花费翻了两番，战前，赈济费一直稳定在200万英镑。然而，即使是这样，赈济费也不足以防止大范围的粮食骚乱。军队、志愿军和地方民兵吸引了来自各阶层、各地区、各宗教教派和持不同政治观点的人，当局将他们视为愿意为国效忠的爱国主义者。在滑铁卢战役之后，对这些爱国主义者来说，《谷物法》令他们痛心，因为它提醒着他们，他们对英国政府的影

响是如此微乎其微。

在对《滑铁卢战场》进行最后的润色的同时，透纳还在为詹姆斯·黑克威尔的《风景如画的意大利之旅》中的版画创作水彩画系列。黑克威尔在 1816 —1817 年期间的旅行途中完成了许多细致的铅笔画，透纳从这些铅笔画开始入手，而完成这一委托也是透纳在为自己的意大利之行做准备。这次期待已久的旅行（见第 4 章）是透纳生命中重要的经历之一。毫无疑问，透纳与黑克威尔详细地讨论了意大利的情况，黑克威尔还给了透纳一个笔记本，里面记录了很多有用的信息。1819 年 8 月，在去意大利之前，透纳在皇家美术学院展出的最后一幅重要作品是《英格兰：里奇蒙山，亲王的生日》（图 89，以下简称《里奇蒙山》）。画的标题是经过慎重考虑的，通过将单词"英格兰"放在开头，透纳暗示该作品概括了在拿破仑战争的余波中英国的状况。由于高视角取自温莎城堡和特威克南，因此让人回想起他早年在莱茵河画的景色，充满了复杂的联想，包含了最棒的英国画和最美的英国诗，透纳也许是希望这幅巨作能使摄政王承认他对国家艺术所做的贡献，并希望得到皇室赞助作为奖励。

该画很可能是暗指卡迪根女士于 1817 年 8 月在里奇蒙庄园为摄政王举办的生日庆典，但由于画中的人物是从法国画家让·安东尼·华多（1684 —1721 年）那儿借鉴而来的，因此，该画颇具优雅的梦幻气息。这一意象暗示了在仁慈的摄政王的领导下统一起来的国家正享受着和平的恩赐，但这完全脱离了战后英国的现实。在皇家美术学院内，摄政王因其对艺术的兴趣而备受尊重，但从大的范围来说，他在英国却因奢侈挥霍、暴饮暴食和放荡淫逸而臭名昭著。1819 年 8 月 16 日，地方治安法官命令骑兵去镇压在曼彻斯特圣彼得广场举行的和平示威，至此，人们才知道《里奇蒙山》所描绘的情景与现实之间存在多么大的差异。在随后的大屠杀中，11 名示威者被杀害，400 名示威者受伤，这便是著名的"彼得卢

图89
《英格兰：里奇蒙山，
亲王的生日》
创作于1819年
布面油画
180厘米×334.5厘米
英国泰特美术馆
伦敦

大屠杀"，再现了与滑铁卢战役一样的令人毛骨悚然的场景。《里奇蒙山》是一部包含有许多绝美瞬间的作品，画中描绘的树木、天空和远处的风景都美不胜收。透纳画这幅画的部分原因也许是出于真正的爱国主义情感，但与他在《滑铁卢战场》中所体现的独立精神相比，这幅画看起来特别谄媚，像是在谋取私利。

无论透纳的动机如何，福克斯决定在 1819 年 5 —6 月对伦敦大众开放他在格罗夫纳广场的豪宅以展出他收藏的水彩画，这对透纳声誉的影响要比《里奇蒙山》大得多。尽管透纳是众多颇具特色的艺术家之一，然而，在展览中，他的 60 件作品无论是在数量上，还是在作品所体现出的才华上，都令同时代的其他画家的作品黯然失色。透纳尽情地享受着成功带给他的荣耀，有时他甚至还在格罗夫纳广场接待成批的崇拜者，被多得让人窒息的参观者们所簇拥。在令人愉悦的气氛中，透纳开始了他的第一次意大利之行。

图90
《雷古勒斯》（图117
局部）

在 1819 — 1829 年期间，透纳先后两次到意大利参观，这两次旅行都有助于透纳在题材范围和对颜色的使用上转变艺术风格。通过咨询好友或有见识的赞助人，如黑克威尔或柯尔特·霍尔等，透纳为他的第一次旅行做了详细的准备工作，与任何其他旅行者一样，他买了最新的旅游指南来帮助他计划旅程。在某段时间，他甚至还在笔记上草草记下意大利语的语法。然而，从某种意义上来说，透纳早在踏入皇家美术学院的那一刻起就已经开始为去意大利做准备了。透纳所受的学术训练、伟大的欧洲艺术经典的确都是以古典时期和文艺复兴全盛时期的作品，尤其是米开朗琪罗（1475 —1564 年）和拉斐尔（1483 —1520 年）的作品为基础的。尽管克洛德、普桑、威尔逊和科森斯等北方人一直在风景画领域举足轻重，然而即便是他们的艺术也深受古罗马和那不勒斯风景的影响。

透纳之前就对意大利的历史有自己的见解，读拜伦出版于1818 年的《恰尔德·哈罗德游记》的第 4 篇更强化了这一见解。诗人拜伦哀悼一种曾经伟大的文化的衰落，意大利的日渐没落使其成为法国侵略的牺牲品，在拿破仑战败之后，整个意大利半岛又恢复了反动政府的统治，意大利再次沦为反动政府的牺牲品。意大利北部的大部分地区，如托斯卡纳、伦巴第和威尼斯等地，在当时都被奥地利控制着；那不勒斯被波旁王朝所统治，教皇庇护七世于

1814年流亡归来，继续控制着古罗马和教皇国。与他之前的诗人汤姆逊一样，对于拜伦来说，意大利象征着自由的丧失，一面是古罗马曾经的辉煌过后剩下的废墟，一面是意大利绝美的风景，这一主题几乎让人黯然神伤到无法容忍的地步。

事实上，战后时期见证了复兴运动最初的萌生，复兴运动是一场统一和解放意大利的运动。拜伦自己参与了一个被称为烧炭党的激进的秘密社团，将他在拉文纳的住所作为储藏武器的场所。然而，意大利令人忧伤地衰落这一观念对拜伦的诗意想象非常有吸引力，在《恰尔德·哈罗德游记》中，拜伦将意大利英勇的过去描绘为"永远消失了"。透纳发现，拜伦的立场与他自己的信念不谋而合：文明遵循着兴盛与衰落的循环，这表明，意大利文化必将由盛转衰，继意大利之后，还会有新的民族崛起，取代意大利，尊享文化盛世。就像提起意大利，人们便能一下子联想起意大利曾经的辉煌一样。这是一个人们普遍认可的观点，因为来自法国和说德语的地区的艺术家们都深信，他们才是最适合的候选人，因此，古罗马成了一个竞技场，在这个竞技场中，他们展开了激烈的角逐。

在1793年与法国的战争爆发之前，各国的艺术家们大批大批地涌向意大利，尤其是古罗马。在战争期间，法国人和德国人仍留在意大利，但只有在战胜了拿破仑以后，英国画家在意大利的人数才回升到与战前一样的水平，在意大利深造再次成为艺术家专业身份的象征。透纳的朋友钱特里半开玩笑地说，他去意大利的主要原因是增加公众对他能力的信心。当透纳最终于1819年到达意大利时，他并没有向他自己的同胞们证明什么：透纳当时44岁，他正处于声望鼎盛的时期。

透纳第一次意大利之行始于1819年8月，持续了6个月的时间，其中包括从法国到瑞士的单程旅行和往返旅行。在意大利，他的日程表被排得满满的，如参观许多美丽的景点和城市等。透纳还将19个速写本填满了画和笔记，记录下他经历的方方面面。有时，如果他在一个城市待的时间比较长的话，例如，在威尼斯、罗马和那不勒斯，他便会利用晚上的时间在他的住处将挑选出来的几幅画发展成比较大的水彩作品（图91、图93和图94）

由于可看的东西很多，因此当场涂色是完全不可能的，正如在那不勒斯，他简短而无礼地跟想陪他一起旅行画素描的人解释，"别人画一幅水彩画"的工夫，他能"画15或16幅铅笔素描"。

透纳是从塞尼山关口进入的意大利，他有时会在移动的马车上

画素描，马车先后途经都灵、科摩、米兰和维罗那，最后到达威尼斯。自18世纪30年代起，透纳后期的作品便与这座城市紧密地联系在一起，以至于令人惊讶的是，透纳在第一次游览这座城市时竟只画了这么少的彩色图画。《科摩和威尼斯速写本》中有4页纸的画被涂上了底色，而且仅有另外4幅是用水彩颜料画的威尼斯的景色，水彩画以令人惊叹的简洁方式展现了城市在天空映衬下的轮廓和美丽的曙光（图91）。他从威尼斯开始旅行，途经博洛尼亚、

里米尼、安科纳和福利尼奥，最后大概在 9 月末到达罗马。

　　钱特里报料说，透纳在旅行期间行事低调，拒绝透露其在罗马的住处。因此，人们只能通过他的速写本来推断他的大部分活动，速写本让人觉得透纳在不停地工作，几乎没有时间涉足古罗马国际化的艺术圈。然而，他的确打算查实一下他在国外的竞争对手的实力，他在他的意大利速写本中记录下当时在这个城市工作的大陆风景画画家的名单。尽管后来他跟一个朋友吐露"古罗马的艺术正处

于最低潮"，但当伟大的雕塑家安东尼奥·卡诺瓦（1757 —1822 年）将透纳的名字与钱特里、托马斯·劳伦斯和约翰·杰克逊（1778 —1831 年）的名字一起提出时，古罗马艺术的衰落处境并没有阻止透纳接受成为久负盛名的罗马圣路加学院的荣誉会员的邀请。

　　由于他的朋友查尔斯·伊斯特莱克自 1816 年以来一直住在古罗马，而且还认识许多住在古罗马的外国艺术家，因此，透纳没有步入国际艺术圈这件事很令人惊讶。通过参加在美第奇庄园（法国

美术学院的分院）举办的周三晚会，伊斯特莱克结识了一些外国艺术家。伊斯特莱克还遇见了被称为拿撒勒画派的德国艺术团体的成员，并与其友好相处。该小团体的两名成员——画家恩斯特·弗里斯（1801—1833年）和建筑师约瑟夫·杜梅尔（1789—1833年）——共同创作了蚀刻版画《从朱庇特神庙看罗马东南部》（图92），该画描绘了透纳游览期间城市的面貌，给人留下了美好的印象。画家占据了朱庇特神庙高塔的有利位置进行创作，绘出的画既包含了许多重要的古罗马名胜，也突出了那时正在进行的考古发掘。透纳则从近距离研究古罗马名胜。伟大的作家约翰·沃尔夫冈·冯·歌德有他们作品的复制品，当他凝望这幅画所画的风景时，回想起 1788 年意大利之行的情形：

图92
恩斯特·弗里斯和约瑟夫·杜梅尔
《从朱庇特神庙看罗马东南部》
创作于1824年
蚀刻版画
55.1厘米×71.7厘米

我只需要稍微转转头就能俯瞰一个广阔的全景，在落日的余晖的照耀下，从我左侧的塞维鲁凯旋门开始，沿着古罗马广场一直延伸到密涅瓦庙和和平庙。背景画的是古罗马圆形大剧场。我的目光掠过大剧场，提图斯凯旋门，最后消逝在迷宫般的帕拉蒂尼废墟及周围的荒野。

他告诉他的读者们，尽管弗里斯捕捉到了"日落时光线和阴影的变化"，但他们不得不"自己想象带有暗蓝色对比的闪耀色彩和这些色彩给风景披上的所有魔幻之光"。意大利的局势今非昔比，歌德在凝视古罗马之前的宏伟外观时所感受到的魅力与透纳的一些水彩画作品相类似，如《彩虹广场》或通常被称为《月光下的古罗马圆形大剧场》（图 93）的图像。在所有的城市遗址中，没有一个建筑像古罗马圆形大剧场那样能让人产生如此强烈的联想，在这里，古罗马人曾用他们最高级的建筑技术来上演最野蛮、最堕落的场面，一些作家将其看作古罗马帝国衰落和最终瓦解的象征。1819年，科学家汉弗莱·戴维也参观了罗马，他体验了古罗马圆形大剧场的景象或幻象。尽管他的反应很极端，但即便是对于最冷漠的参观者来说，也很难以一种超然冷漠的态度来思忖该建筑的历史。

透纳描绘的并不是人们通常想象的月光下的建筑，而是暮光下的建筑，这更符合古罗马帝国衰落的主题。

与他的许多前辈们一样，透纳东行至蒂沃利，在那里，他将两个速写本都画满了画，在其中的一些画上，他标注上克洛德·洛兰和加斯巴德·杜埃（1615—1675年）的名字，他们都是曾画过相同地点的著名前辈。1819年10月，透纳开始了为期一个月的目的地为那不勒斯的南行。在这次旅行中，透纳研究了帕埃斯图姆、庞贝和赫库兰尼姆的遗址，以及那不勒斯和巴亚海湾。整个地区具有重大的历史意义和考古意义。众所周知的巴亚是古罗马帝国最富有的居民的游乐场。当公元79年维苏威火山爆发时，庞贝和赫库兰尼姆被埋在了灼热的火山灰流之下。

18世纪中期，当遗迹被重新发现并被挖掘出来时，建筑物和

图94
《那不勒斯及远处的维
苏威火山视图》
创作于1819年
铅笔画，部分被涂上了
水彩
25.4厘米×40.7厘米
英国泰特美术馆
伦敦

墙上的许多画都保存得完好无损。它们通过考古刊物的介绍而变得广为人知，对欧洲的新古典主义产生了巨大的影响。

在透纳的试画《那不勒斯及远处的维苏威火山视图》（图94）中，火山看起来很平静，但事实上，它总是间歇性地喷发。从透纳的《从冈多菲到那不勒斯速写本》上的标记来看，他似乎在爬火山时正赶上了火山喷发。

因三座保存完好的威严的古希腊多立克柱式神殿而闻名遐迩的帕埃斯图姆是透纳意大利之行的最南端。与往常一样，他只当场画铅笔素描，在19世纪20年代中期，透纳12幅网线铜版雕刻作品中的一幅便是以这些铅笔素描为基础的，作为一个整体，这12幅网线铜版雕刻被称为"小册子"。人们一般认为，透纳自己雕刻了这一系列的作品，但对于他是否打算出版这些作品，或打算以何种形式来出版等问题并不是十分清楚。他引人注目的版画《帕埃斯图姆》（图95）展示了被暴风雨吞噬的遗址，充分利用了网线铜版雕刻这一媒介的潜力来创作丰富、浓密的阴影。

在回罗马的路上，透纳花了些时间来研究阿尔巴诺湖和内米湖，这两个湖都因景色秀美而著称。他于11月中旬到达此地，花了一个月的时间画素描并试画这座城市，之后便开始了回乡的旅程，他返回英国的旅行路线使他能在佛罗伦萨停留两个星期。如果说古罗马的辉煌在很大程度上是归功于 16 世纪早期文艺复兴全盛时期的话，那么在佛罗伦萨便随处可见中世纪和文艺复兴早期的艺术和建筑。

令透纳感兴趣的艺术家，如西蒙·马丁尼（1285—1344 年）、乔托（1267—1337 年）、多纳泰罗（1386—1466 年）和皮耶罗·迪·科西莫（1462—1521 年），曾被视为文艺复兴全盛时期的一个序曲，但他们却凭借自己的能力变得越来越受欢迎。然而，曾有人指出，尽管从远处看佛罗伦萨还是很美的，但透纳所用的

图95
《帕埃斯图姆》
约创作于1825年
网线铜版雕刻
15.4厘米×21.6厘米
牛津大学阿什莫林博物馆

图96
《从圣米尼亚托教堂观看的佛罗伦萨风景》
约创作于1827年
用水彩颜料和水粉颜料创作的作品
英国博物馆
伦敦

一本旅游指南却将佛罗伦萨的建筑描绘为"阴暗而沉重的"。大约在 1827 年，透纳从一个朝北的瞭望点俯瞰亚诺河，创作出水彩画《从圣米尼亚托教堂观看的佛罗伦萨风景》（图 96，以下简称《佛罗伦萨》）。虽然从地貌学的角度来说，画中的场景略有偏差，但从构图的角度来说却非常美，这解释了其商业上的成功。透纳不但为年刊《纪念品》雕刻了《佛罗伦萨》，而且还画了 4 个版本的水彩画。很可能是因为刺骨的寒冷，透纳在佛罗伦萨户外进行的素描活动被缩减，他在返回伦敦的途中继续遭受着严冬的极端天气。有一次，他的马车在塞尼山隘口的一场事故中翻车了，他不得不在没

膝深的积雪中徒步走好几千米的路才到达最近的城镇朗勒堡。由于1月的大部分时间都浪费在路上，因此，透纳于 1820 年 2 月 1 日才到家。

在国外旅行时，透纳并没有画过一幅完整的作品，并且他很晚才返回伦敦，这些使他几乎没有时间为 1820 年皇家美术学院举办的展览做准备。

在整个 2 月和 3 月，透纳都专攻《从梵蒂冈远眺罗马》（图97）这幅巨大的，囊括了他的许多思想和经历的油画作品。该画描绘的是这样的场景：在其情妇福尔纳瑞纳的陪伴下，拉斐尔注视着他为古罗马教皇利奥十世装饰梵蒂冈门廊而创作的作品。1820年 4 月 6 日是拉斐尔逝世 300 周年纪念日，透纳打算借此画来赞美拉斐尔的重要性并评估其绘画遗产的价值。《从梵蒂冈远眺罗马》

图97
《从梵蒂冈远眺罗马》
创作于1820年
布面油画
177厘米×335.5厘米
英国泰特美术馆
伦敦

是透纳职业生涯中的一部重要作品，一个原因是，这是透纳借用另一位艺术家生活的插曲来表达他自己的观点的第一幅作品；另一个原因是，可以说这部作品是迄今为止透纳最为复杂的一幅画。该画蕴意丰富，预示了在今后的工作中透纳可能会遇到的种种问题，尤其是在油画方面的问题。

这幅画难以解读，原因主要有两点：一是这次透纳要将许多内容都融入到一幅作品中；二是观众是否有能力做出透纳所希望的各种各样的联想。透纳在早期绘制的许多主要作品，如《特威克南的教皇别墅》（图 57）或《汉尼拔》（图 72）等，都是与诗歌一起展出的，这些诗歌能引导观众领会透纳所预期的意义，但《从梵蒂冈远眺罗马》却不是这样的作品。透纳让观众及现今试图理解其作品的人自己去揣测其创作意图。透纳创作的"关于画家的作品"常带有自传的意味，这件作品也不例外，但从总体上来说，这类作品还是占少数的。相比之下，这是一幅巨作，它似乎在暗示，不管有何特殊意义，这幅画都是一个公开的声明。它也许主要是给透纳皇家美术学院的同事们画的，因为他的许多同事都曾去过罗马，因此，他们能够像透纳家所期望的那样展开各种联想。两件令人费解的与时代不符的事突出了作品的复杂性：首先是在拉斐尔凌乱的作品和平面图之间掺杂着克洛德风格的风景画；其次是在发生于 1518 年或 1519 年的一个场景中，却出现了吉安·洛伦索·贝尔尼尼（1598—1680 年）创作的巨大柱廊。透纳确实会偶尔在一些细节上出现漏洞，但在这里，异常现象却是公然的、故意的。

尽管拉斐尔并不是一名风景画画家，但在圣经或神话题材的作品中，他所画的作为背景的风景却有很多值得风景画画家学习的地方。因此，克洛德风格的风景画也许象征了拉斐尔对透纳及整个风景画艺术的重要影响。透纳的画中包含了贝尔尼尼的柱廊，透纳之所以这样画是因为他想再现其最近参观这座城市时所看到的景象，而不是描绘拉斐尔生活时代的城市景象。只有这样理解，这幅画才能讲得通，这就增加了这样的可能性，即这部作品不仅要赞美拉斐尔的伟大，而且还要体现出 1819 年透纳眼中的当时古罗马文化已经沦落到何等衰败的境地。《从梵蒂冈远眺罗马》并没有通过将两幅画放在一起进行对比的方式来凸显古罗马的衰落，而他却以这种方式体现古希腊和现代希腊的今非昔比。《从梵蒂冈远眺罗马》在

图98
让·奥古斯特·多米尼克·安格尔
《拉斐尔和福尔纳瑞纳》
创作于1814年
布面油画
66.3厘米×55.6厘米
佛格艺术博物馆
哈佛大学艺术博物馆
剑桥
马萨诸塞州

同一幅画中记录了罗马的过去和现在。他将台伯河拟人化，在河神的雕像中提供了线索，好让观众能理解他的画的意义；尽管河神姿态庄严地走向现代城市，但代表古罗马历史的婴儿罗穆卢斯和雷穆斯却因为被忽视而从他的膝盖上跌落下来。

拉斐尔的名字与意大利文艺复兴的伟大成就同义。尽管人们都认为意大利处于衰落之中，然而，北欧艺术家却非常渴望称自己是

意大利子嗣，以提高本国画派的声望。透纳的作品需要与著名的法国艺术家安格尔的作品放在一起来欣赏，1806—1820年，安格尔在罗马工作。他非常迷恋拉斐尔，以至于当这位伟大的画家的尸体被转移到古罗马万神殿时，安格尔请求古罗马教皇赐予他一个拉斐尔的遗物，古罗马教皇将拉菲尔身上的一小块肋骨送给安格尔。安格尔对《拉斐尔和福尔纳瑞纳》（图98）这幅画进行了4次修

改。意向上的相似表明透纳的作品就是以其中的一次改稿为基础绘制的。安格尔作品的所有版本都是小尺寸的，半私人的作品。

但在1827年，安格尔画了一幅比较大的作品，拉斐尔在画中起着举足轻重的作用。在《对荷马的礼赞》（图99）中，安格尔从古典艺术和文学传统中挑选出最伟大的人物，画中的拉斐尔握着古希腊画家阿佩利斯的手。在画的左下方，尼古拉·普桑将观众的注

意力引向荷马，视荷马为完美的典范，所有的艺术家都渴望成为像他那样的人。《对荷马的礼赞》声明了古典艺术的绝对优势，但它也暗示，自古以来由拉斐尔等意大利艺术家流传下来的伟大传统，现在正在被普桑等艺术家以及整个法国艺术所传承。

透纳和安格尔都很尊敬拉斐尔，只不过尊敬的原因各异，这是由他们不同的国籍决定的。安格尔认为拉斐尔是绘画和轮廓图的"法国"价值的象征。而当透纳在梵蒂冈门廊画壁画速写时，他的多功能笔记体现出他关注的是拉斐尔作为一名配色大师的成就。这是一个比较典型的英国式反应，这进一步间接地证明了透纳试图通过《从梵蒂冈远眺罗马》来声称拉斐尔的画风属于英国画派。然而不幸的是，安格尔想表达的意义十分清晰，而透纳却以一种间接、隐晦的方式来表达意义。

透纳的意大利研究也为《罗马圣彼得大教堂的内部结构》（图100）等系列作品奠定了基础，这些作品是为福克斯创作的水彩画。古罗马圣彼得大教堂的拱形结构和筒形穹顶有着惊人的透视问题，尤其是当从教堂中殿的一侧看过去时。从空间的角度来说，这一视角虽使构图产生了有趣的、不对称的效果，但却使许多曲线看起来像是被缩小了。透纳虽在他的第二堂透视学讲座中讨论了曲线形式，但在这幅画中，他却并没有注意遵守规则，而是更多地关注作品的整体效果。与他所呈现的壮观场景相比，拱形结构、相交的平行线或巨大的拱顶中的任何不协调的地方都显得不那么重要了。圣彼得大教堂非常之大，以致观众无法像在透纳的画中这样同时向下看到左右两侧的走廊，透纳的画让人对教堂复杂的内部结构产生了一种空间感。透纳还采用了接近于地面的低视角，并大胆地将一根大柱子几乎直接呈现在观众面前，成为人们在理解画作时要克服的障碍。透纳并没有像皮拉内西那样，从一个较高的位置上俯瞰教堂的内部结构，他重新创作出一名参观者在圣彼得大教堂里被宏大的建筑所征服的体验，正如坐在一艘巨大的战舰旁边的一只小船里

图100
《罗马圣彼得大教堂的
内部结构》
创作于1821年
用水彩颜料在画板上创
作的作品
29厘米×41.4厘米
皮尔庞特·摩根图书馆
纽约

会产生的感觉一样，之前在《粮食备足的一等舰》（图 85）中，该场景给福克斯留下了深刻的印象。

从意大利回来以后，除了为福克斯创作的作品，透纳在绘画上无甚起色，其中的原因不得而知。他继续旅行，在 1821 年 9 月先后去了巴黎、鲁昂和迪耶普，为描绘塞纳河风光的系列版画作品搜集材料。

同年，透纳还从事为沃尔特·司各特的《苏格兰地方古迹》配系列插图的工作，但在这段时期他所完成的油画作品的数量非常少。在 1821 年 4 月 6 日，钱特里告诉法林顿说虽然"目前没有一个人委托透纳画画"，但他的经济状况不错，"即使没有任何委托，他也能生活得很好"。1820 年，透纳的舅父遗赠给他伦敦东部沃平的两套房产，他可观的财富又增加了。后来，透纳将这两套房产改造为客栈，起名为"船与肩胛骨"。似乎在这次意想不到的好运之后，透纳不再急于继续他之前的职业生涯模式。在 1822 年或 1823 年，他不再举办透视法讲座，并且自 1821—1825 年，他仅偶尔在皇家美术学院工作。然而，他却找到了在公众面前保持自己名望的其他方式。1819 年，透纳开始扩建他在安妮女王街的画廊并于 1822 年 4 月重新开业，展出了他之前没有卖出的画作。另外，自 1822—1824 年，库克兄弟每年都在苏豪广场的房子里举办他们自己的英国绘画展。透纳的作品再次脱颖而出，尤其是他创作的水彩画《南方海岸》，库克兄弟将其推销为雕刻复制品。

威廉·伯纳德·库克力图充分利用透纳显赫的声望，1822 年，他开启了另一个项目——用来说明英国河流的系列作品。随后，在展出了一系列巨大的水彩画以后，他又展出了名为《海洋风光》的作品。在透纳的作品中，《英国的河流》是第一件被雕刻在钢板而不是铜板上的作品。这一创新极大地增加了项目的盈利：铜板的印数是数以百计，而钢板的印数可达 30000，除非旧得不能再用了，否则可以一直使用。钢版雕刻不仅比铜版雕刻更赚钱，而且它还让更多的人看到了透纳的作品，这使透纳名扬欧洲大陆。之前与透纳合作《钻研之书》的雕刻家托马斯·拉普顿继续研究使用新材料的重要专业技术。除了为库克兄弟工作外，托马斯·拉普顿还在1825年与透纳合作了描绘英国港口的系列作品。

由于分期出版且出版日期交叉，因此很难追溯这些不同版画系列的历史。这些系列都是不完整的，一方面是因为出版商受1825—1826年的经济大萧条的影响，另一方面是因为出版商与透纳的关系变得很紧张，最后到了破裂的地步。透纳充分发挥他从他的父亲那儿继承的价值观来驰骋印刷市场。他是一个强势积极的谈判者，他深知如果将他的名字刻在内容简介上，就会大大提高出版物成功的机会，但他的要求却会降低出版商的利润，最终导致了这样的结果，即没有人是最终赢家。1826年，库克建议在出版完《南部海岸的旖旎风光》之后再出版一个名为《英国东海岸的旖旎风光》的系列，但他与透纳讨论后分歧非常大，没有透纳的参与，库克无法获得他所需要的经济支持。透纳后来着手自己出版这个系列，但由于这非常占用他的时间，所以他很快就放弃了。

尽管经历了许多苦难，但透纳为这些项目所创作的水彩画的质量非常高。它们再现了各种各样的活动，毫无疑问，让人们了解到河流和港口对英国国内经济的重要意义和对保留英国国界和商业边界的重要性。例如，《英国的河流》中的《梅德韦河畔上的斯坦盖特小溪》（图101）画的是太阳从一排废船上冉冉升起，废船是用来检疫货物并防止疾病传入的。该画的审美情趣大部分要归功于冉冉升起的太阳和开阔并稍做渲染的构图，废船和船只间的距离成为观众关注的主要对象。画面所描绘的这一时刻以及船只间的距离让人畏惧，有一种被永久监视的感觉。

在1822年8月去爱丁堡的海上航行中，透纳为他的海岸和海洋项目搜集了一些资料，但他的主要目的是见证刚刚加冕的国王乔治四世（大约于1820—1830年在位）（即之前的摄政王）的访问

图101
《梅德韦河畔上的斯坦盖特小溪》
约创作于1824年
水彩画
16.1厘米×24厘米
英国泰特美术馆
伦敦

活动。沃尔特·司各特爵士主要对此次访问仪式和盛装游行进行幕后操纵，设计这些的目的是制止激进观点的传播，它们让人们联想起一位资深苏格兰政治家所描绘的"坚定而根深蒂固的君主感"。与边界两侧的许多艺术家一样，透纳抓住了这次国事访问的政治意义，希望以此获得皇室资助。

透纳计划画 19 幅油画作品组成一个系列来纪念国王前行的几个

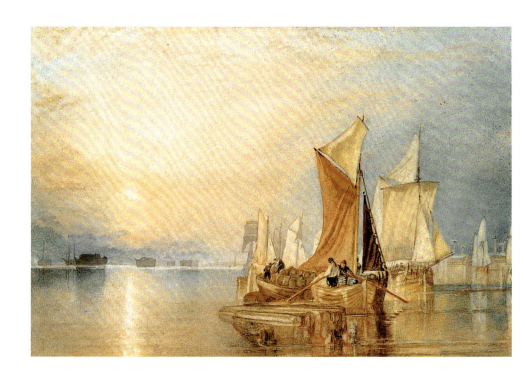

重要阶段，但该计划最终被搁置了，大概是因为透纳受乔治四世的委托，要为圣詹姆斯宫绘制一幅巨大的布面油画《特拉法加战役》。

然而，他确实开始用油画颜料画了 4 张构图，这 4 张图为这一系列的作品定下了基调。最初透纳预想的场景的数量表明他计划的方案很宏伟，甚至要与 17 世纪法国的宫廷艺术相媲美，但他最终完成的作品却非常少，而且相对来说也太低调。与威尔基的《乔治四世进入荷里路德宫》（图 103）相比，像《市长宴会上的乔治四世，爱丁堡》（图 102）这样的作品看起来十分柔和，它在很大程度上借鉴了彼得·保罗·鲁本斯（1577—1640 年）宫廷画的宏大风格。从存留下来的证据来看，与其说透纳的系列作品关注的是浮夸的言辞，还不说他关注的是创造出一个扩展的叙事，在这个叙事中，正如司各特所希望的那样，每段插曲的意义都不言而喻。

尽管在这段时期透纳创作的作品非常有限，但他完成的作品却都是十分重要的。《贝亚湾，阿波罗与女先知》（图 104）是他于1823 年在皇家美术学院展出的唯一作品，是继《从梵蒂冈远眺罗马》（图 97）之后又一部反映透纳的意大利之行的作品。与后者一样，《贝亚湾，阿波罗与女先知》将过去和现在结合在一起，这是因为其背景是现代的意大利而不是古代的意大利。正如罗斯金后来解释的那样，它是透纳对世事无常的又一思考。

据说，阿波罗迷恋库米的女巫并给她一年的生命来换取她能握在手中的每一粒尘埃，然而，当她无法回赠他的爱时，他便拒绝再赐给她永驻的青春，她日渐憔悴，到最后只有声音依旧。对于罗斯金来说，库米的女巫代表了"意大利被毁灭的美"，意大利的风景

图103
大卫·威尔基
《乔治四世进入荷里路德宫》
创作于1822—1829年
在画板上用油画颜料创作的作品
126厘米×198.1厘米
皇家收藏品

图102
《市长宴会上的乔治四世，爱丁堡》
约创作于1822年
在画板上用油画颜料创作的作品
68.5厘米×91.8厘米
英国泰特美术馆
伦敦

印证了这一切。那不勒斯附近贝亚湾的海岸曾是奢侈的海上别墅的背景，一些别墅被建在海中用混凝土制成的柱子上——古罗马诗人贺拉斯对其进行了猛烈的抨击，称它们破坏了海湾的自然美。这些荒废的别墅象征了时间的毁灭性。当透纳参观那不勒斯时，波旁政权正面临着来自烧炭党的日益严重的威胁，烧炭党在随后的一年里进行了革命。于1820年成为法国驻那不勒斯大使馆秘书的法国诗人兼政治家阿尔方斯·德·拉马丁哀叹它们的存在，因为它们存在于"贝亚和波佐利的圣殿"之间，使人们无法沉浸于对过去的浪漫冥想。就本性而言，透纳与拜伦一样，都是自由论者，但如果他注意到这些政治变化的话，它们就不会出现在他的作品中。与拜伦一样，透纳更青睐于将意大利看作短暂的人类成就中诗意的一课。

当欧洲大陆再次对英国游客开放时，赚钱的绘画市场和描绘欧洲场景的雕刻作品激励着许多英国艺术家更加频繁地到国外投机。从1824年8月中旬开始，透纳便开始了他为期一个月的旅行，在

图104
《贝亚湾，阿波罗与女
先知》
创作于1823年
布面油画
145.5厘米×239厘米
英国泰特美术馆
伦敦

这次旅行中，他参观了比利时、卢森堡以及德国和法国北部的部分地区。此次旅行以默兹河和摩泽尔河为中心，并沿着透纳在 1817 年旅行时未游历的莱茵河河畔继续旅行。欧洲的主要水路构成了透纳许多旅程的基础，他之所以这样选择行程，部分原因是考虑到方便——一般来说，坐船要比在路上走快一些，但还有一个原因是，大多数具有历史意义的城镇都建在可航行的河上或河附近。

透纳所准备的旅行路线有一部分是通过将摩泽尔的地图复制在他的一个速写本上得来的，在旅行的过程中，透纳绘制了小型风景画，一页纸上要画上好多幅（图 105）。有时河流蜿蜒得厉害，透纳只好不停地拿出指南针来读，并在微型速写上做出标记。

当透纳以后参考这些记录时，他就会知道他所看的方向，并且如果他想将他画的素描发展成一幅较大的水彩画的话，这些记录会让他判断出太阳的位置和主要光线的角度，正如后来人们得知的那样，透纳在 1824 年的旅行中画的大多是铅笔速写。尽管他的确还尝试带两本比较大的、可以卷起来并放在衣兜里的软皮速写本，但他只是偶尔给他的铅笔画添加颜色，正如《从百联山坡远眺摩泽尔》（图 106）那样。透纳笔下的特里尔既包含远处于古罗马时期建造的桥，还包括画面右侧由拿破仑建造的巨大的公路桥。透纳曾一语双关地将拿破仑称为"道路巨人"——与他之前的古罗马人一样，拿破仑创造出能让他的军队能迅速横穿他的帝国的网状路线。拿破仑鼓励他的臣民们将他的成就与古罗马帝国的成就相比，但当他失败后，这变得很有讽刺意味。与古罗马帝国一样，拿破仑帝国成为历史，但拿破仑所建的道路却依然存在，它们为透纳记录拿破仑之后欧洲的地貌提供了更便利的条件。

在同年 11 月，透纳再次去约克郡看望沃尔特·福克斯。那时，福克斯正濒临破产且病得很严重。1825 年 8 月 27 日，是透纳与福克斯最后一次在伦敦一起吃饭。福克斯在两个月之后便去世了，这对透纳来说是个沉重的打击，他再也没有去过法恩利宅邸。

福克斯奢侈的生活方式、不明智的投资和对收藏的酷爱使他欠下了69734英镑的债务，其中，他欠透纳的就有3000英镑。福克斯一向以吝啬著称，这笔债务是他根本就不打算偿还的。

1824年以后，透纳往往选择去国外旅游而不是待在家里。他旅游的主要目的是为有可能实施的雕刻项目搜集材料，但除此之外，他还创作了《迪耶普港》（图107）等描绘地貌的油画作品，《迪耶普港》于1825年被展出在皇家美术学院。10年以前，在《渡溪》（图77）中，透纳画的是他在德文郡所观察到的风景，以效仿克洛德的田园风光；这一次，他改编了克洛德海港画的构图，来再现一个现代法国港口。在他关于"背景"的讲座中，透纳评论了克洛德画的港口的场景，称它留给人的印象是港口繁忙热闹的景象，这在《迪耶普港》中更为显著。两位艺术家都反复地将观众置于面朝太阳的位置，克洛德因画中清澈透明的天空和微妙的光照而受人崇拜，而透纳画的光线更强，则令人不安。透纳画的迪耶普港因过多地使用黄色而遭到了严厉的批评，1805年，乔治·博蒙特爵士第一个发出了这样的抱怨。到了19世纪20年代，对透纳的反对升级为一片抗议声。受意大利之行的影响，透纳喜欢用鲜艳的颜色来作画，但当这种画法被用在《迪耶普港》等北欧场景时，透纳的同侪们却感到惊讶。然而，透纳继续在描绘科隆，甚至在莫特莱克的泰晤士河河岸的作品中使用饱和的黄色，这引得评论家们开玩笑地说，透纳"感染上了黄热病"。

尽管透纳到欧洲大陆旅行较为频繁，但他仍对英国本地的景观情有独钟，他常常利用在国内旅行时积累的大量速写材料。1825年，透纳与出版商查尔斯·希斯签订协议，出版了他职业生涯中最气势恢宏的水彩画系列作品——《英格兰和威尔士的旖旎风光》。最初的计划是由120幅雕刻作品来构成这个系列，但当该系列于1838年完成时，只有96幅透纳的设计被出版。希斯被这次商业冒

图107
《迪耶普港》
创作于1825年
布面油画
173.7厘米×225.4厘米
弗里克美术馆
纽约

险给毁了，部分原因是由于透纳坚持要将他画的水彩画雕刻在铜板上而不是钢板上，这样透纳就能自己保留很多最好的校样。颇具讽刺意味的是，透纳也赔了钱，这是因为，尽管希斯付给透纳 3000 英镑来买他的画，但透纳不但将这些钱全花了，而且还自己掏腰包买回了刻画用的铜板及在 1839 年的拍卖会上没被售出的成套作品。

如果说这个项目在商业上令人沮丧的话，它在其他方面却是令人惊叹的力作，在一个充满了社会巨变和政治变革的时代，它用传统的地貌水彩画概述了英国和威尔士当代生活的方方面面。这些新动态及透纳对这些现象的处理将在第 5 章中被讨论，但在这里，却值得将这一系列在商业上的失败与另一个系列所取得的巨大成功相比较，即萨缪尔·罗杰斯于 1826 年委托透纳为他的诗集《意大利》所画的 25 幅插图。拜伦认为罗杰斯比华兹华斯或柯尔律治还要伟大，尽管时间并没有让罗杰斯的名声流芳于世，但透纳的小图像（即小插图）却有助于让人们维持对罗杰斯作品的兴趣。

这本书包含了一系列对意大利之行见闻的诗意思考。与透纳的作品一样，它在很大程度上取决于观众的联想。由于罗杰斯的媒介是文字而不是图像，因此他能够控制观众的联想，让它们按自己所期待的方向发展。因此，与透纳的《从梵蒂冈远眺罗马》相比，他要表达的意义更加准确，而透纳则将观众的想象力挖掘到了极限。然而，人们却发现，对意大利风景的描绘并不是罗杰斯的强项，透纳的画弥补了他的不足。透纳采用了自己在 1819 年旅行中所搜集到的材料，有时也再现早期作品的主题，如《汉尼拔》（图 72）等。偶尔，他还创作原创作品，如《伽利略的别墅》（图 108）等，通过将科学仪器设置在画的前景的方式，透纳体现了房主的身份。

由于这些虽小却刻画细致的插图是被雕刻在钢板上的，因此雕刻师能够刻出最精美的线条。罗杰斯雕刻的豪华版《意大利》于

1830 年出版，到了 1832 年，已经销售了 6800 份；15 年以后，销售额已经达到 50000 份，使透纳名扬天下，其宣传效果比之前的任何一家出版公司都更有效。它的成功也为 19 世纪 30 年代一系列文学作品配插图的委托铺好了道路，这些文学作品的作者有司各特、拜伦、弥尔顿和班扬等。在地貌版画市场达到饱和状态之前，这些项目仍保持着盈利。

在罗杰斯"罗马"诗的最前面是透纳的设计，再现了古罗马广

图108
E. 古多尔模仿约瑟夫·马洛德·威廉·透纳的《伽利略的别墅》，萨缪尔·罗杰斯的雕刻作品《意大利》
创作于1830年

场，很像透纳于 1826 年创作的第三件伟大的意大利油画作品《古罗马广场，索恩先生的博物馆》（图 109）。如标题所述，该画是透纳画给他的朋友约翰·索恩的，约翰·索恩在伦敦林肯费尔兹旅馆自己的房间中建造了自己的博物馆。不幸的是，索恩拒绝了这幅画，因为画太大，无法放在指定的地方。这是透纳对观众的观看角度的又一次实验，他让观众占据不存在的拱门拱腹下一个想象的位置。拱门的作用有二：其一，从构图的角度来说，它架构了整个场

景；其二，从心理的角度来说，它为观众提供了进入画面的切入点。自 15 世纪以来，艺术家们就知道，透过一扇窗或一个拱门来看风景能增强对现实的幻觉，但这也强调了观看者是置身于所画场景之外的。然而，通过暗示观众就站在拱门下，透纳给人留下这样的印象：我们可以从拱门下方步入广场。为了增强这一效果，透纳选择了索恩在他设计的博物馆中所使用的一段矮拱门。

透纳作品的主题可与弗里斯和杜梅尔的蚀刻版画相媲美，但弗里斯和杜梅尔的视角更高并且来自相反的方向。在 1824 年，他们的画被视为对罗马地貌的精确记录，强调了对古罗马广场的挖掘工作。相反，透纳却尽可能地将古罗马广场周围的各个遗迹都塞进画中。尽管他在前景处画满了被忽视的古代废墟，然而却淡化了考古工作，考古工作是当代罗马人生活的一大特色。例如，1818 — 1822 年，画面左边的提图斯拱门是用支架支撑起来的，以支承最初的古罗马建筑，而在中世纪，添加物却被去掉了。这使建筑师乔治·泰勒（1788 — 1873 年）和爱德华·克雷西（1792 — 1858

图109
《古罗马广场，索恩先
生的博物馆》
创作于1826年
布面油画
145.5厘米×237.5厘米
英国泰特美术馆
伦敦

年）能够准确地测量并记录以出版《罗马建筑古迹》（出版于1821年）。然而不管它对两位建筑师来说如何有价值，对于透纳来说，临时的木制框架一点也不美。

令人感到费解的是，透纳显然对罗马古迹不感兴趣，这不仅是因为考古学改变了罗马，还因为各国都试图在发现古罗马的"真面目"中起到一定的作用，正如他们希望声称他们享有对拉斐尔遗产的权利一样。因此考古被用于宣传，尤以法国人和教皇权威对此最为热衷。当拿破仑在1809年占领罗马时，他声称罗马教皇忽视了遗产，通过将罗马变为拿破仑帝国的第二大城市，拿破仑美化了他自己。它看上去像是一个巨大的建筑工地，因为2000人正同时工作，以将污泥和碎石清理干净，这些污泥和碎石将古罗马遗迹部分地遮掩起来。这一活动的影响在伊斯特莱克的《罗马图拉真广场视图》（图110）中被生动再现出来，在法国人清除掉房屋，两座女修道院和一层4米深的土后，人们终于看到了曾被埋起来的乌尔比亚大会堂的石柱廊。

与罗马古迹相比，透纳似乎对废墟更感兴趣——他的这种观点尽管与当时大多数英国艺术家和建筑师的观点不同，却再次与拜伦的观点不谋而合。例如，塞缪尔·普劳特（1783—1852年）创作的水彩画《罗马广场》（图111）画了福卡圆柱，而透纳的画中却没有。人们以为它始于卡利古拉时期（约37—41年），但当法国人在1813年挖出它的底部时，发现了可以追溯到公元608年至拜占庭皇帝福卡斯时期的铭文。尽管如此，更喜欢想象而非博学的拜伦仍在《恰尔德·哈罗德游记》中将其称为"被深埋于地下的无名柱"。这并不是说透纳像拜伦一样傲慢，如果要优先考虑学术上的准确性的话，透纳将不得不改变提图斯拱门上的铭文，因为有人（很有可能是索恩自己）指出它是不正确的。

透纳可能是淡化了考古学家的活动，但他却画了宗教游行和一名在提图斯拱门处跪拜在神父面前的妇女，强调了天主教信徒的虔诚。不清楚他这样画是想表达什么。他也许是在暗示，罗马异教分子保留了现代天主教的一些活动。如果是这样的话，那透纳的处境就危险了，因为一些新教作家将这看作天主教腐败的证据。没有正式宗教信仰的透纳不大可能参与宗派的斗争，但他似乎支持那些要求与新教徒一样享有公民权的英国天主教教徒。1829 年，《天主教解禁法》使天主教徒有权成为下院议员、法官，或者陆军或海军的军官。同年，透纳创作了《兰开夏郡斯托尼赫斯特学院》的视图，斯托尼赫斯特学院是一所著名的天主教学校，包括英国和威尔士的天主教教徒。尽管透纳只是将《古罗马广场》中的宗教仪式作

为画的细节，但在 19 世纪 20 年代的英国，天主教是一个颇有争议的议题，他无力控制来美术馆参观的观众在看他的画时所下的结论。

福克斯的逝世使透纳特别注意他的另一份重要友谊，因此，索恩拒绝接受《古罗马广场》似乎并没有让透纳产生不愉快的情绪。在这段时期，透纳还结交了一名年轻的苏格兰土地所有者兼业余画家休·芒罗·诺瓦。在 19 世纪三四十年代，诺瓦成为透纳最重要的同伴和收藏者。不久，1827 年夏，透纳便住在怀特岛的东考斯城堡里，建筑师约翰·纳什（1752 —1835 年）的家。纳什给了

透纳一间画室，这使他能够画些关于每年一度的帆船赛的油画速写。后来，这些画构成了他为纳什画的两幅画的基础，1828 年，这两幅画都在皇家美术学院参展。《东考斯城堡，J. 纳什骑士的坐骑：在帆船赛上破浪前进》（图 112，以下简称《东考斯城堡》）描绘了在大风中举行的赛船比赛，而与之相配的却是一个平静的、克洛德式的构图，用透纳的话来说，构图中的帆船正"驶向泊地"。

图110
查尔斯·洛克·伊斯特
莱克
《罗马图拉真广场
视图》
创作于1821年
布面油画
38.1厘米×90.2厘米
维多利亚和阿尔伯特博
物馆
伦敦

图111
塞缪尔·普劳特
《罗马广场》
创作于1824年
用水彩颜料和水粉颜料
创作的作品
42厘米×26.6厘米
私人收藏

与《东南拉德利庄园府第》（图 8）不同，《东考斯城堡》描绘的并不是乡间宅第，也不是威尔逊所创造的庄园景观，在这幅画中，远处的房屋被一个大园林所包围。事实上，透纳为纳什创作的作品是对他最初产生于 1809 年的一个想法的改进，那时他在为约翰·莱斯特爵士画塔布莱府第和湖这两处风景——房屋是平静的，而湖面则狂风大作。在那些作品中，房屋被推进到背景之中，但却不像

《东考斯城堡》这样远，完全被帆船赛所遮挡。

　　1827 年秋，透纳被邀请到西萨塞克斯的佩特沃思宅邸，埃格雷蒙特伯爵三世乔治·奥·布莱恩·温德汉姆（图 113）为艺术家们敞开大门，欢迎艺术家们的到来。在 1805 — 1812 年，埃格雷蒙特得到了透纳的一些油画作品，此后，他们的关系产生了裂痕，大概是因为埃格雷蒙特并不看好透纳的《阿普利亚寻找阿普拉斯 - 韦迪·奥维德》（图 76）。1825 年，透纳再次访问了佩特沃思宅邸，尽管可能是埃格雷蒙特不在家的时候。1827 年，当埃格雷蒙特在约翰·莱斯特去世之后的拍卖中买走了透纳的作品《塔布莱府第：宁静的早晨》后，他们之间的关系变得友好了一点。在接下来的 10 年里，佩特沃思宅邸在透纳的生活中起了重要的作用，从某种程度上来说甚至替代了法恩利宅邸。透纳得到的可观的佣金是用以装饰雕刻室的油画四重奏，之所以这么说是因为是格林宁·吉本斯（1648—1721年）做的画板。结果，透纳创作了两个系列的作品，第一个系列的作品有全尺寸素描和被埃格雷蒙特拒绝的第一次试作。较早的系列包括《佩特沃思园林：远方的蒂灵顿教堂》（图114），画中描绘的场景是伯爵自己和一群狗。伯爵走到哪儿，这群狗就跟他到哪儿。

作品最主要的趣味在于，由于画板和雕刻室装修的限制，透纳只好使用长而低的格式来探索视觉状况。在研究透纳所使用的透视法时，莫里斯·戴维斯展示了透纳是如何将佩特沃思速写本上3页画稿的内容整合为一幅特别宽的全景图的。角度各异的阴影冲击着观众的视线，很容易判定出透纳都描绘了哪些景观。在19世纪晚期，约瑟夫·韦尔内等画家建议，一幅画应该尽可能多地再现人们不需转变视线，一眼就能看见的景观。

图112
《东考斯城堡，J.纳什
骑士的坐骑：在帆船赛
上破浪前进》
创作于1828年
布面油画
90.2厘米×120.7厘米
印第安纳波利斯美术馆

图113
托马斯·菲利普斯
《北廊的埃格雷蒙特伯
爵三世乔治·奥·布莱
恩·温德汉姆》
约创作于1839年
布面油画
186.7厘米×155厘米
萨塞克斯的佩特沃思宅邸

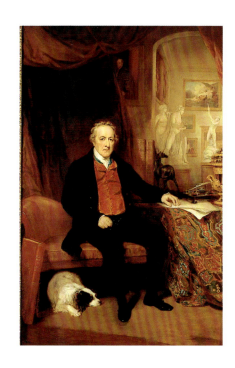

　　然而，与此同时，包括大卫和雷诺兹在内的另一些画家则被商业全景画所深深打动，这些全景画是横跨整个时代的连续作品，它们将观众包围起来，在给定的一点上全方位地再现整个景观。通过展现对一个景观的全部幻想，吸引了成群的游客花钱前来参观。1802 年，这促使吉尔丁创作了《爱多大都会》，一幅描绘伦敦的宏伟的全景画。无疑，《佩特沃思园林：远方的蒂灵顿教堂》要比吉尔丁的作品局限得多，但它却开始尝试在一个平面上展现被极大地扩展了的视图。

　　埃格雷蒙特是透纳这段职业生涯中的一位重要人物，不仅是因为他购买了很多透纳的作品，更主要的原因在于他为透纳提供了可以工作和放松的环境，给透纳以巨大的支持。埃格雷蒙特与透纳一

图114
《佩特沃思园林：远方的蒂灵顿教堂》
约创作于1828年
布面油画
64.5厘米×145.5厘米
英国泰特美术馆
伦敦

样特立独行。在因风流韵事而毁了其在公共事业领域大展宏图的机会后，埃格雷蒙特将全部精力都倾注于发展农业、赛马并赞助当代英国艺术。相比于同行的陪伴，埃格雷蒙特更喜欢艺术家们的陪伴，埃格雷蒙特很少遵守社会和国内的繁文缛节。一名参观者谴责说：佩特沃思"缺少舒适性和规律性，而且一点也不干净"，但这种生活方式却十分适合透纳。透纳在老图书馆里有画室，有同行艺术家们的陪伴，并且进出自由。埃格雷蒙特甚至还允许透纳将他收藏的令人印象深刻的绘画大师的作品拿到画室里独自沉思。后来，这种做法让透纳创作出一系列油画作品，他将他所研究的艺术家或艺术家的名字融入他的这些油画作品之中。

图115
《月光下的北方美
术馆》
创作于1827年
在蓝色画纸上用铅笔、
墨水、水彩颜料和水粉
颜料及刮白技法创作的
作品
14.1厘米×19.2厘米
英国泰特美术馆
伦敦

透纳在其拓展系列中描绘了在佩特沃思的生活，这一系列的作品都是在蓝色画纸上用水粉颜料创作的作品，其中的一些作品再现了屋子本身，而其他的作品则描绘了宴会、娱乐或社交场合。另一个系列的作品展示了艺术创作或艺术鉴赏。后来，罗斯金对许多作品都嗤之以鼻，认为它们微不足道，有一些作品简直就是"垃圾"，可他恰恰被这种非正式的作品给误导了。事实上，这些作品再现了艺术被真正地欣赏，艺术家备受尊敬，受到慷慨而恭敬的礼待的场景。精华之作《月光下的北方美术馆》（图 115）画的是约翰·斐拉克曼（1755 — 1826 年）创作的巨大雕塑《战胜撒旦的圣米迦勒》，该雕塑在托马斯·菲利普斯为埃格雷蒙特伯爵画的肖像画（图 113）中也占据突出的位置。在欧洲，斐拉克曼因为为荷马、但丁和其他知名作家的经典文本绘制插图而著称并备受赞赏。他深信，他和与他同时代的艺术家有能力创作出与文艺复兴时期的成就相媲美的作品，这一点在他的《战胜撒旦的圣米迦勒》中得到了证实。当埃格雷蒙特在 1826 年得到这个雕塑时，威廉·克里等作家竭力劝说其购买本国画家的作品而非早期绘画大师的作品，这体现了对英国艺术的信心。

在《现代图片美术馆》（图 116）这幅画中，克里的爱国主义

图116
威廉·威瑟林顿
《现代图片美术馆》
创作于1824年
布面油画
69.4厘米×90.4厘米
温坡庄园
剑桥郡

论说被风景画画家威廉·威瑟林顿（1785—1865 年）以图像的形式呈现出来。他并没有描绘具体的收藏品，而是组合成一个想象中的展示主要英国作品的美术馆，其中包括画左侧悬挂在白衣少女头顶的透纳的作品《雾中日出》（图 195）。事实上，《雾中日出》是约翰·莱斯特爵士所购买的透纳的众多作品中的一幅。与福克斯一样，莱斯特将他在伦敦的宅邸和他收藏的画对公众开放。莱斯特于 1827 年逝世，这使埃格雷蒙特成为主要赞助者，而这正是克里和威瑟林顿想要的，因为尽管威瑟林顿的《现代图片美术馆》是虚构出来的作品，但在佩特沃思却有类似的真正的展览。

1828 年 8 月，当透纳再次启程前往意大利时，部分原因是要为埃格雷蒙特画一幅描绘帕莱斯特里纳镇的作品，以与克洛德的《有雅各、拉班及他的女儿们的风景画》（图 40）相配，可后来透纳的画并没有收藏在佩特沃思。透纳延长了他的国外旅行，因为他

想去看看法国南部。在游览了法国南部之后，他沿着利古里亚海岸继续游览，然后向内地行进到达比萨、佛罗伦萨和罗马。这一次他并没有隐藏他在罗马下榻的地方：他搬到了西班牙台阶附近密格那内利广场 12 号伊斯特莱克旅馆的一间客房中。他在巴黎时就提前写信给他的房东，让房东为他准备好建一个临时画室所需要的所有材料，因为在这次游览中，他不再苦心钻研铅笔速写，而是想画油画。在罗马的 3 个月中，透纳完成了 3 幅油画作品，开始为埃格雷蒙特画《帕莱斯特里纳》并着手画其他 6 幅画，其中包括 3 幅大的风景画。

与第一次在罗马暂住时一反常态的低调相比，1828 年，透纳保持了其一贯的高调，他参观画室，接受邀请并广泛地参与伊斯特莱克朋友圈的社交生活。最重要的是，透纳决定公开展出他刚刚画好的作品，因为他知道罗马是最有可能建立起他的国际声誉的地方。在 12 月，透纳举办了一个小型展览，展出了他在奎利那雷大街完成的 3 幅布面油画。这 3 幅画的主题是经过仔细挑选的，体现了透纳活动的范围，以适应意大利背景：《奥尔维耶托的景色》再现了奥尔维耶托的美景，其在透纳的罗马之行中给他留下了十分深刻的印象；《美狄亚的愿景》是一幅描绘神话人物的作品；《雷古勒斯》（图 117）描绘的则是古罗马与迦太基战役中的一个片段。据伊斯特莱克粗略统计，大约有 1000 多人看到了这 3 幅画。但他后来告诉桑伯里说："外国艺术家……根本无法理解这些。"这说得太轻了。最激烈的反应包括一幅匿名画，画的是一只正在排便的狗，旁边配了文字"我也是一名画家"，而智慧女神雅典娜则说："噢，骗子，狗屎不是艺术。"（图 118）

说德语的艺术家们厌恶透纳的展览。透纳原本以为高尚风格的风景画在大陆的主要倡导者之一——奥地利画家约瑟夫·安东·科赫（1769 — 1839 年）也许会支持自己，然而约瑟夫和他的追随者却认为透纳的作品过分华丽、令人费解和堕落。毫无疑问，之所

图117
《雷古勒斯》
1828年，修改于1837年
布面油画
91厘米 × 124厘米
英国泰特美术馆
伦敦

图118
约瑟夫·安东·科赫等
《对透纳的讽刺》
约创作于1828年

以有这样的反响是因为透纳作品的风格太新颖。由于透纳以从克洛德的海港题材（图25）借用来的格式为基础，因此《雷古勒斯》在构图上是传统的。这使他画的许多与迦太基有关的作品都具有一定的连续性，但使用白色强光的《雷古勒斯》要比《狄多建设迦太基》（图78）和《迦太基帝国的衰落》（图81）更令人惊叹。据一名观看者说，最初的画是"一大片红色和各种黄色。所有的物体都处在这种燃烧的状态之中"，但在1837年在伦敦展出之前，透纳又重新绘制了这幅画，也许是默认了之前的表现方式是错误的。对观众来说，古罗马英雄的行踪也同样是成问题的，雷古勒斯在迦太基赴死是这幅画的主题。直到1980年，安德鲁·威尔顿才在画中找到雷古勒斯，他被透纳画成一个苍白的、极小的小人，正走下台阶，前往右侧一艘等候着他的船（图90）。自这一时期起，透纳便开始将他的主要人物藏在人群中，《雷古勒斯》只是其中的一幅。例如，在创作于1830年的《洗手的彼拉多》中，庞修斯·彼拉多便是一位画在远处的人物，被隐藏于一群穿着华丽的人中间。两幅作品都有违这样的学术原则，即一幅画的构图应该突出主人公。尽管透纳的方法看起来违反常情，但通过强迫观众来寻找完成叙事的重要细节，它却激发了更积极的观看方式。除了雷古勒斯自己，这些重要的细节还包括左侧的劳工，他们正用人力推动一个大桶——暗示了迦太基人后来将以什么样的方式来折磨和杀害雷古勒斯，即将他放在一个类似的大桶中，并用尖锥刺穿大桶，让大桶滚动。在这样做之前，他们挖去了雷古勒斯的眼睛并把他放在太阳下暴晒。这也许解释了为什么透纳在重画这幅画时将其画成刺目的白色。毫无疑问，从戏剧性的角度来说，《雷古勒斯》与克洛德笔下宁静而壮观的海港大相径庭。

透纳的画遭到了非议后，拿破仑时代新兴的民族主义加剧了这种敌对反应。1821 年，伊斯特莱克给家人写信解释说他宁愿待在罗马，因为罗马没有伦敦艺术界的"招摇撞骗"，卡诺瓦等艺术家始终保持着真正的国际视野。德国人常常被认为是最招摇的，由于怀疑法国人和意大利人试图完全控制德国的艺术生活，德国人与法国人和意大利人的关系急剧恶化。在这种情况下，即便透纳展出的作品不那么具有煽动性，也很难说他的展览是否会取得成功。

在他的罗马展览彻底宣告失败之后，透纳在新年伊始便启程回家，当时的天气状况就跟他在 1820 年所经历的天气状况一样恶劣。在写给伊斯特莱克的一封信中，透纳生动而细致地描绘了他和他的同伴是怎样不得不乘雪橇越过塞尼山的，因为他们一回到马车（或驿站马车）上，马车就会滑出格勒诺布尔附近塔拉尔山的路面，为了防止马车在雪堆里翻车，他们只好使用雪橇。在那时，他们"在雪中露宿，连续三个小时都点着篝火……直到将马车从雪里挖出来并扶正"。当透纳平安回到伦敦后，将这段插曲记录在水彩画《乘马车从意大利返回英国时在塔拉尔山的雪中冒险，1829 年 1 月 22日》（图 119）中。画的主题并不是风景而是艺术家，人们可以看到透纳正站在画中间，背对着我们，戴着一顶大礼帽。详细的标题采用了奇怪的双语的形式，这强调了作品是关于他的经历的真实记录。然而，这幅画是给后人看的，似乎想为日后的传记提供插图。

图119
《乘马车从意大利返回英
国时在塔拉尔山的雪中冒
险，1829年1月22日》
创作于1829年
用水彩颜料和水粉颜料创
作的作品
54.5厘米×74.7厘米
英国博物馆
伦敦

图120
《尤利西斯嘲弄波吕斐摩斯》
创作于1829年
布面油画
132.5厘米×203厘米
国家美术馆
伦敦

　　1856 年，当约翰·拉斯金试图向公众概述透纳的职业生涯时，他声称，在 1829—1839 年透纳到达了其事业的巅峰。约翰·拉斯金并不是随意地选择了日期，因为这 10 年事业的巅峰期始于《尤利西斯嘲弄波吕斐摩斯》(图 120)，终于《在退役后被拖去解体的战舰 " 无畏号 "，1838 年》(图 145，以下简称《" 无畏号 "》)，这两部作品都是透纳最引人瞩目的作品。尽管分属于不同的类型，但这两部作品却都与海洋有关。在 19 世纪 30 年代，这种类型的画帮透纳维持了作为一名油画画家的声誉。(除了《尤利西斯嘲弄波吕斐摩斯》和《" 无畏号 "》) 许多与海洋有关的作品在色彩上都很素净，这对批评家来说是一种抚慰，而透纳创作的其他主题的作品则越来越被视为难以捉摸的和怪异的。

　　在大多数情况下，评论家们都没有注意到与海洋有关的不同作品中所包含的意义的细微差别，他们往往对它们一视同仁。然而，在评判《尤利西斯》时这种方法却行不通了，因为这幅画千变万化、异彩纷呈，将海景画和历史画这两种风格融合在一起。事实上，这是透纳迄今为止的画中用色最生动的一幅。《先驱晨报》的评论家将其比作一个万花筒或一张波斯地毯，暗示透纳以一种特别随意的方式来配置他 " 纯正的鲜红色，纯正的靛蓝色和最耀眼的绿色、黄色和紫色 "。在创作尤利西斯从独眼巨人波吕斐摩斯那里逃脱这个主题时，透纳以蒲伯翻译的《荷马史诗》为依托，并使用那不勒斯湾周围的景色作画的背景。但作品并不只是一种文学幻想，因为它反映了透纳对自然科学的兴趣。他采用了叙事元素，并将它们重塑为对大自然力量的讽喻。红色的波吕菲摩斯洞穴内部暗示火山活动，尤利西斯的大船船头周围的海神涅瑞伊得斯发出白色的磷光，远处，太阳神的马匹穿越天际，但现在，画的细部已经变得很模糊，看不清了。这可能是因为在画的那个部位上透纳用的是含铅的干燥剂。

尽管在 1829—1839 年，透纳很可能处于事业的巅峰期，但从其他方面来说，这 10 年对他来说过得并不好。某段时期，他年长的父亲的健康状况变得更加恶化，这可能使透纳放弃了另一次计划好的罗马之行。之后，透纳在确认他的父亲暂时并没有什么危险后，于 1829 年 8 月前往巴黎旅行，然后沿着塞纳河顺流而下，为日后的地貌项目搜集资料。或许是在这个时候，或许是随后于 1832 年在巴黎短暂逗留的时候，透纳参观了欧仁·德拉克洛瓦的画室。与他许多较年轻的同胞们一样，德拉克洛瓦欣赏英国艺术所体现出的绘画自由，这是对被他们视为法国绘画刻板的线性的一剂解药。但透纳的举止和外表未能给挑剔的德拉克洛瓦留下深刻的印象，后来，德拉克洛瓦甚至将透纳比作英国农民。

1829 年 9 月初，透纳返回伦敦，不久之后，在 9 月 21 日，透纳 84 岁高龄的父亲去世。老威廉·透纳一直是他儿子私人生活和职业生涯的精神支柱，是透纳的伙伴、画室助理和家务总管。没有谁比透纳与其父亲的关系更亲密的了，父亲的离世对透纳来说是一个沉重的打击。有段时间，他一直担心父亲的离世，预感到他的父亲总有一天会永远地离开他，这从某种意义上来说使透纳开始思考自己的身后事，他起草了自己的遗嘱，并于 9 月 30 日，即老威廉·透纳葬礼的第二天在遗嘱上签了名。除了给他之前的情妇莎拉·丹比、他的孩子埃维莉娜和乔治亚娜以及替透纳看管位于安妮女王街的房子和画廊的亲属汉娜·丹比留有少量遗产之外，透纳将余下作为资助皇家美术学院风景画教授的专项基金。透纳希望用他剩下的财产为"没落的英国艺术家（仅限于风景画画家）"建立一个慈善机构。至于他的作品，透纳要将《狄多建设迦太基》（图78）和《迦太基帝国的衰落》（图81）这两幅画和克洛德的作品并列挂在国家美术馆中，这与透纳之前说过的话相悖，透纳曾夸张地对弗朗西斯·钱特里说，他希望用《狄多建设迦太基》做寿衣与他

葬在一起。钱特里当时应该是这样回答透纳的：他会将透纳挖出来以取回《狄多建设迦太基》。

　　还沉浸在失去父亲的悲痛中的透纳又遭遇了与此类似的一连串的打击：首先是与他同行的画家乔治·道（1781—1829年）；然后是他的老朋友威廉·威尔斯的女儿哈里特；最后，在1830年1月21日，透纳将皇家美术学院院长托马斯·劳伦斯爵士的棺材

图122
《在半空中掉下马背的
一具骨骼》
约创作于1825—1830年
布面油画
60厘米×75.5厘米
英国泰特美术馆
伦敦

搬到圣保罗大教堂。透纳回忆了托马斯·劳伦斯爵士葬礼的情形：《托马斯·劳伦斯爵士的葬礼：凭记忆画的速写》（图 121）。在写给乔治·琼斯（1786—1869 年）的一封信中，透纳狠狠地讽刺了那些画像中的权贵们，肖像画画家劳伦斯曾凭着其精湛的技艺让他们名垂千古，但在劳伦斯的葬礼上他们只派来了空空的马车，而没有在满是"雪花和污泥"的伦敦街道为劳伦斯送行。一个明显的缺席是威灵顿公爵，那时他是英国的首相。人们可能会认为在透纳的水彩画中，后面那个身穿制服的人就是威灵顿公爵。透纳并没有说谎，而是在用自己的方式来表达对死者的慰藉，他无法容忍别人对他朋友的死所持的冷漠态度。同时，这种处理方式也维护了威灵顿本人的名誉，因为在其他方面，透纳还是很欣赏他的。

作为劳伦斯的抬棺人，透纳开始想知道谁会给他抬棺材，多久以后便会有人给他抬棺材。因此，透纳在这一时期会画《在半空中掉下马背的一具骨骼》（图 122）这样的作品也就不足为奇了。这是一件神秘而令人心神不安的作品，它不是为展出而创作的，因此很难被常人所理解。即便是骷髅人的位置也是一个谜，因为尽管他在掉下马背时看起来似乎是在向后弓背，但他的脊柱却似乎是在最上面。透纳非传统的绘画技巧使得这幅画更难以被人们所理解，因为他在作品中留有多处刮擦。用这种方法，他很好地掩饰了图像，这与在这段时期他在速写本中画的色情水彩画《速写》（图 123）所采用的手法是一样的。后来罗斯金毁掉了许多这样的画，因为他认为这些画体现了透纳人格中堕落的一面，这会有损透纳的声誉。与这些色情水彩画一样，《在半空中掉下马背的一具骨骼》可能体现了透纳的内心世界，它很私人化，不适合被大众审查。有人认为这幅画再现了《白马上的死神》中的圣经主题，这是不大可能的，因为在这幅画中，死者被刻画为一个让人同情的人物——而不是《启示录》中具有毁灭性的掠夺者。从阐释的角度来说，这幅画似

图123
《速写》
约创作于1834年
用水彩颜料和铅笔创作
的作品
101厘米×77厘米
英国泰特美术馆
伦敦

乎再现了与死神的斗争，而不是死神的彻底胜利。

在透纳生命的最后 20 年里，随着朋友和同行的相继离世，透纳变得越来越悲痛。而他在 19 世纪 30 年代之前保持的强健的好身体也被周期性的疾病所折磨，这使透纳时常思考自己的死亡。这在多大程度上使他的作品变得越来越悲观是颇有争议的。

最先发现透纳作品中的悲观主义色彩的是 19 世纪 50 年代的约翰·罗斯金，但最近，有人则说，与其说透纳的悲观主义是一种信念，不如说是一种渴望。这是一个重要的难题，因为它关系到透纳对历史、人性和发展的看法，所有这些都是透纳在 19 世纪 30 年代创作的作品中反复出现的主题。一般说来，透纳的油画比他的水彩画更暗淡，可能是因为传统的观念认为，油画是艺术家可以用来表达严肃的公共言论的媒介。在透纳的例子中，这包括常常成对出现的油画系列，在这些油画中，透纳对文明的衰落进行了沉思。这些画既没有再现个人的失望，也没有再现时髦的悲观主义，这是 18 世纪占统治地位的哲学运动，它信奉人类的自由和平等，遵循传统，并接受理性检验的观念。

大概最乐观的启蒙思想家是尼古拉·孔多塞。在他的《人类思想进步的历史素描》（创作于 1795 年）中，孔多塞写道："没有什么能够限制人类能力的提高，（并且）人的潜力是无穷的……毫无疑问，这种进步也许比较快，也许不那么快，但却永远不会倒退。"他深信，技术的进步会带来随之而来的道德的进步，而且人们能从历史中吸取教训以带来社会和文化的进步。孔多塞的乐观主义精神令人惊叹，这是因为这段话写于 1793 年的法国，当时他正在躲避革命专政，充分意识到他自己的死期很可能就在眼前。然而，对于许多旁观者来说，法国大革命最终堕落为无情的暴力，这毁灭了他们对进步的信念，也揭示了人性的残忍——正是人性创造出这个不稳定的世界。

孔多塞对人类潜力的乐观信念与爱德华·吉本的观点有一些相似之处。吉本在《罗马帝国衰亡史》（1776—1788 年）中将古罗马的衰落记录为野蛮和迷信，他对此却深信不疑，总的来说，"在这个世界的每个时代，真正的财富、幸福、知识和人类的美德都在一直增长着。"在当时的旅行文学中，这种观点被广泛地传播开来，尽管传播的形式并不像吉本想象的那样复杂。拜伦进一步传播了这些观点，他想象着意大利的最终衰落，这对透纳产生了很大的影响，我们在第 4 章里已经讨论过了。

在《恰尔德·哈洛德游记》中，拜伦声称，意大利经历了如下几个时期："首先是自由时期；然后是辉煌时期；当辉煌过后便是财富、堕落和腐败"，这仅是一个历史范式，可被应用于其他社会并很容易用画来表现。美国艺术家托马斯·科尔（1801—1848年）于 1836 年创作的名为《帝国事业》的系列作品清晰地展现了这一观点。科尔十分欣赏透纳，显然，他的系列作品要归功于透纳的迦太基系列作品，这个系列的作品追溯了这个虚构的帝国的历史中的 5 个阶段，从它的起源，到被科尔称为"圆满"的时代，最后到帝国的衰落和垂死挣扎。科尔很可能学会了透纳在作品中是如何利用光线来传递意义的，因为科尔的《帝国事业：遗弃》（图 124）的 5 个阶段中的每一个阶段都根据其在帝国的兴衰周期中的位置而被凸显。

透纳在他自己的作品中讨论的是真实的文明而不是虚构的文明，并且他对人类进步的观察也比科尔的要复杂得多。透纳清楚地看到，科技的进步正在改变着与他同时代的人的经济和物质情况，但与孔多塞不同，透纳在他的作品中并没有将这些进步和物种在道德和精神上的提升联系在一起。透纳将科技展现为对人类的独创性的一种象征，这令人印象深刻，但从其他方面来说，它在道德上是中立的，他认为道德的影响取决于人们怎样使用它。例如，在创作于 1831 年的一幅重要作品《带有曼比救生装置的救生艇正驶向一艘发出蓝色遇难信号的搁浅的船》（图 125）中，他赞美了一个具有救人潜力的发明。透纳的熟人，大雅茅斯号船长乔治·威廉·曼比知道大多数船只遇难都发生在靠近陆地的地方，这使他设计出一个救生装置，该装置将绑有绳索的石头从岸上的迫击炮射向沉没的船只。在作品中，该装置的位置仅通过右侧的一股烟显现出来。但前景中的残骸则表明在使用曼比的装置之前搁浅了的船只的命运。在这个例子中，人道主义冲动引导着科技的进步。

新的制造工艺不仅导致城镇的扩张，还导致较贫困的居民的生活质量每况愈下，许多同时代的人对此感到非常震惊。在《关于英国劳动人口的卫生情况的议会报告》（1842 年）中，爱德温·查德威克评论道，尽管产业工人相对富裕，但他们却很容易患流行性疾病。他总结道，"每年死于污秽和不良通风的人数要比英国在现代卷入的任何战争所导致的死亡和伤亡人数还要多"。在《英国工人阶级状况》（创作于 1844 — 1845 年）中，思想家、哲学家弗里德

图124
托马斯·科尔
《帝国事业：遗弃》
创作于1836年
布面油画
98.1厘米×158.1厘米
纽约历史协会

图125
《带有曼比救生装置的救生艇正驶向一艘发出蓝色遇难信号的搁浅的船》
创作于1831年
布面油画
91.4厘米×122厘米
维多利亚和阿尔伯特博物馆
伦敦

里希·恩格斯将工人阶级的状况描绘得更加生动形象，尤其是在描绘曼彻斯特的埃瑞克河时：未经处理的人类排泄物和工业废水的肮脏混合物被注入到河中。

因此，工业城镇的不卫生状况是一个常识性的问题。透纳知道城镇已经变得多么可怕，但他并没有对其进行彻底的批判。将透纳的《达德利，乌斯特郡》（图 126）和源自《对比》一书的整版插图（图 127）对比是很有启发性的。前者大约画于 1830 — 1831 年，是为《英格兰和威尔士》系列创作的，而后者是建筑师 A.W.N. 皮金（1812—1852 年）于 1836 年首次出版的。皮金是哥特复兴的主要实践者和理论家，哥特复兴是 18 —19 世纪将中世纪的形式重新引入到艺术、建筑和设计中来的一场极有影响力的运动。对于皮金来说，这绝不仅仅是品味的问题。在他的插图中，他将 1440 年的一座虚构的小镇与推测出的 400 年后的小镇面貌进行了对比。工厂、救济院、监狱、仓库和腐败的教堂表明，在 19 世纪的英国，人们对金钱的喜爱几乎已经取代了对上帝的爱。作为一名虔诚的天主教徒，皮金看到了新教这一英格兰改革的产物最终走向衰落的根源。他的解决办法是回归到中世纪时期的农业和天主教状态，他的意象深深触动了那些对未经检验的工业化的益处怀有疑虑的人的心弦。

透纳的水彩画也似乎暗示了一个充满信仰的时代已经让位于猖獗的资本主义，因为他将达德利被毁坏的城堡和中世纪的小修道院与最具侵略性的现代工业进行了并置。然而，这种并置却产生了优美的美学效果，使其完全不同于皮金的生硬说教。丑陋的前景图像与作品纯粹的如画美的对比体现了对国家工业增长的一定程度上的矛盾情绪，然而透纳却深知工业是战后英国经济实力的基础。在他早期的工业风景画《里兹》（图 79）中没有这样的矛盾情绪。尽管不断扩张的工业城镇对经济的发展起着至关重要的作用，但它们却不合时宜地在议会中被提及，这为轰轰烈烈的运动推波助澜，激发了英国宪法改革并让更广大的民众拥有了选举的权利。在论及这个当时最重要的政治问题时，透纳的态度比较鲜明，也比较乐观。在 1831 年前后，他为《英格兰和威尔士》系列创作了一幅水彩画（图 128），描绘了庆祝阿尔索普成功地被再选为北安普敦下院议员的情景。阿尔索普是选举改革的积极倡导者，描绘的场景中有横幅，上面写着促进改革的标语。从其他暗指 1605 年的火药阴谋或 1688 年的光荣革命的作品来看，在 19 世纪 30 年代早期，透纳经常惦念着英国宪政史。然而，只有在《北安普敦，北安普敦郡》中他才明确地表达出对辉格党政府的改革政策的支持。

现代历史学家常将《1832 年改革法案》视为一部受限制的立法作品，通过剥夺"衰废市镇"的选举权并限制有权势的土地所有者对下院议员的筛选和选举的影响，它消除了选举制度中的一些最严重的弊病——很少有人居住的地区将议席还给了议会。

它增加了城镇议会代表的数量，并让许多中产阶级享有了选举权。然而，英国北部仍旧代表人数不足，妇女和大多数男性工人阶级也被剥夺了选举权，而且，据统计，甚至是在 1832 年之后，24 个成年人中还只有 1 人有权参加选举。回顾过去，《1832 年改革法案》的影响可能看起来很温和，但透纳的同行约翰·康斯太布尔却是众多对改革了的议会前景充满了恐惧的人中的一员。他对改变宪法的提议感到痛心，这与透纳的乐观形成了鲜明的对比。康斯太布尔被 1831 年改革提案失败后发生在诺丁汉、德比和布里斯托尔的暴乱吓坏了。他眼看着他家的地产利益遭到了扩大城市选民影响的立法的威胁，他直言不讳地写道，如果提案变成了法律，它将"把政府交到暴民、人渣和地球上的魔鬼代理人——煽动者的手中"。

这些担心被巧妙地体现在他的铜版雕刻中，这个铜版雕刻是在描绘暴风雨的油画速写《老塞勒姆》（图 129）完成之后被雕刻出来的，老塞勒姆位于索尔兹伯里附近。在康斯太布尔设计好画面之

图126
《达德利，乌斯特郡》
约创作于1830—1831年
用水彩颜料创作的作品
28厘米×42厘米
利斐夫人画廊
默西塞德国立博物馆和
美术馆

THE SAME TOWN IN 1840.

1. St Michaels Tower rebuilt in 1750. 2. New Parsonage House & Pleasure Grounds. 3. The New Jail. 4. Gas Works. 5. Lunatic Asylum. 6. Iron Works & Ruins of St Maries Abbey. 7. St Evans Chapel. 8. Baptist Chapel. 9. Unitarian Chapel. 10. New Church. 11. New Town Hall & Concert Room. 12. Wesleyan Centenary Chapel. 13. New Christian Society. 14. Quakers Meeting. 15. Socialist Hall of Science.

Catholic town in 1440.

1. St Michaels on the Hill. 2. Queens Cross. 3. St Thomas's Chapel. 4. St Maries Abbey. 5. All Saints. 6. St Johns. 7. St Peter. 8. St Alkmunds. 9. St Maries. 10. St Edmunds. 11. Grey Friars. 12. Guildhall. 13. Trinity. 14. St Olave. 15. St Botolph.

图127
A.W.N.皮金
《对比的城镇》
《对比》第二版
创作于1841年

后，雕刻师大卫·卢卡斯（1802—1881 年）按康斯太布尔的设计在两块金属板上完成雕刻。在 1829 年年末，即在引入第一部改革提案之前，康斯太布尔寄来了托马斯·劳伦斯爵士原始版的摹本。在感谢信中劳伦斯写道，"我想您是打算把它献给下议院吧"。这是一个讽刺性的暗指，因为老塞勒姆是第一任议会坐落的地方，但后来却成为英国最著名的"衰废市镇"，它因无人居住而将两个议席归还给威斯敏斯特。1832 年，当老塞勒姆被剥夺了议席资格后就只剩下有关其古代历史的联想，对于康斯太布尔来说，它象征了一个较为古老的英格兰，在对民主不计后果的追求中牺牲了价值观。第二年，卢卡斯又重新雕刻了这一场景（图 129），康斯太布尔教他戏剧地增强光和影的效果，因为康斯太布尔相信，在一幅画中，明暗法是一种主要的表达手段，铜版雕刻常被用来戏剧性地表达他对主题的感觉。

图128
《北安普敦，北安普敦郡》
创作于1830—1831年
用水彩颜料创作的作品
29厘米×44厘米
私人收藏品

图129
约翰·康斯太布尔画
大卫·卢卡斯雕刻
《老塞勒姆》
创作于1833年
铜版雕刻
20.4厘米×28.3厘米

19 世纪 30 年代，康斯太布尔的信常常会表达他的异化感，他担心英国会陷入无政府状态。相反，透纳总的来说是乐观的，有时还对当代英国抱有希望。例如，令康斯太布尔有威胁感的"暴民和人渣"常被呈现在他的作品中。据观察，《英格兰和威尔士》的一个最显著的特征是，并不需要为了迎合购买该系列的作品的有钱买主的利益而"更正"普通人的行为举止。这些买家中的一些人可能和康斯太布尔一样，担心社会秩序受到了威胁。他们有理由焦虑，因为在缺乏有效的警力的状况下，甚至是像在《北安普敦，北安普敦郡》（图 128）中所描绘的那些选举庆典也可能（有时是真的）毫无征兆地转变为暴力场景和极混乱的状态。

《英格兰和威尔士》系列包含许多目无法纪的小例子或不守规矩的行为，许多事态都很有可能会变得更加严重。例如，《吉尔福德附近的圣凯瑟琳山，萨里》（图 130）画的是一大群人参加每年 10 月在此地举行的博览会，但人们主要关注的是在中景处的两个用"木剑"交战的人。这是一个传统的"体育项目"，在这个项目中，作战的双方要用木棍击打对方头部，直到流血为止。与徒手拳击一样，这些场景都很有可能是混乱的根源。透纳是在伦敦以犯罪活动猖獗著称的地区长大的，而且他还经常去沃平的处所，那里也是一个脏乱的地区。因此，与他的许多同事相比，透纳可能更熟悉社会边缘的环境。不像康斯太布尔那样在信中直言不讳地表达自己的态度，透纳很少写些什么或说些什么来阐明他对工人阶级的看法。因此很难确定在《英格兰和威尔士》的插图中对工人阶级的描绘是否想表达对他们的同情。当我们从整体上来看这一系列的作品时，我们会发现画中的意象既不是在说教，也不是在进行评判，而只是在英格兰人和威尔士人复杂而多样的生活场景中占据一席之地。

透纳支持议会改革、对科技进步感兴趣并将《英格兰和威尔士》描绘得丰富多彩，很难将这些与透纳的世界观从本质上来说是悲观的观点相调和。但这并不像初看时那么矛盾。透纳往往认为历史是兴衰交替的各种文化构成的奇观，所有迹象都表明，19 世纪 30 年代的英国在艺术、商业、工业、政治和科学等各个方面都达到了巅峰。这含蓄地体现在透纳于 1834 年和 1835 年为曼彻斯特纺织工厂厂主亨利·麦康奈尔画的两幅油画中。第一幅画的名字很简单——《威尼斯》，描绘的是曼彻斯特市白天的景象；第二幅画名为《月光下的煤港》（图 131），是第一幅画的姊妹篇，根据早期的水彩画《泰恩河上的希尔兹》改编而成。与透纳早期的许多描绘沿海风光和港口风光的作品一样，如《迪耶普港》（图 107）等，其如画的结构建立在两条斜线上，这两条斜线从左右两侧汇聚在光源下的一点。

这种构图源自克洛德的海港，但《迪耶普港》中的过失要比《月光下的煤港》中的过失更明显，景色被月光照耀着，画的大部分都被一层浓重的阴影所笼罩。泰恩塞德夜间活动的行业和经济实力与威尼斯形成了对比，意大利作为一个海上贸易共和国如今一蹶不振，这令人感到羞耻。透纳对现代的英国并不感到沾沾自喜；他知道，像威尼斯一样，它也终将走向衰落。作为一名建筑绘图员，约

图130
《吉尔福德附近的圣凯瑟琳山，萨里》
约创作于1831年
用水彩颜料和铅笔创作的作品
29厘米×43厘米
耶鲁大学英国艺术中心
保罗·梅隆收藏馆
纽黑文

瑟夫·迈克尔·甘迪（1771—1843 年）为约翰·索恩工作。当他雇主的建筑变成了一片废墟并像古罗马广场那样破损坍塌时，他竟然可以由此联想到未来的伦敦会是什么样子的（图 132）。然而透纳却满足于观察和赞美英国的成就，只是暗示了将会发生的事情。

尽管透纳深信，在 19 世纪 30 年代，英国在文化上和经济上

都是卓越的。他将英国看作是一般历史变迁的一部分：欧洲的"重心"从南部的意大利转移到位于北部的国家。他还在前往法国和德国的频繁旅行期间无意中发现了许多繁荣和复兴的证据。除了《英格兰和威尔士》系列之外，他在这一时期的主要地貌项目是对卢瓦尔河和塞纳河景色的概览，1833—1835 年，这三卷书由查尔斯·希思出版为《透纳的年度旅行》。

图131
《月光下的煤港》
创作于1835年
布面油画
90.2厘米 × 121.9厘米
国家美术馆
华盛顿特区

自 19 世纪 20 年代以来，透纳就一直为流行年刊配图，与其他流行年刊一样，这些书仅在圣诞节前出售，它们的售价为 2 几尼，是对手出版物价格的两倍，希思觉得很难获利。在 1833 年，希思乐观地宣布，有关卢瓦尔河和塞纳河的书将成为雄心勃勃的《欧洲的主要河流》系列中的先锋，但显然，不久之后他发现，从商业的角度来说，这是不可行的。

在透纳创作于 19 世纪 20 —30 年代的许多有关法国的画中，人们可以清楚地看到，拿破仑帝国的瓦解并没有导致法国自身的瓦解，自 1830 年 7 月的革命开始，法国就一直被国王路易 - 菲力普

图132
约瑟夫·迈克尔·甘迪
《建筑废墟——个幻象》（又名《约翰·索恩建造的满目疮痍的英格兰银行圆形建筑》）
创作于1832年
用白色增强过的水彩画
53.1厘米×88.8厘米
约翰·索恩爵士博物馆
伦敦

所统治，路易·菲力普是透纳以前在特威克南的邻居。这位邻居对透纳的评价很高，1838 年，当他到伦敦参加维多利亚女王（大约于 1837 —1901 年在位）的加冕礼时，赠送给透纳一个压花的金鼻烟盒。至于透纳，他将路易 - 菲力普统治的法国描绘为繁荣昌盛的，商船在河上航行，码头上热闹非凡，街上人头攒动。尤其是巴黎，更是无比繁荣，1832 年，透纳游览了很多地方，但在巴黎逗留的时间是最长的。他用水粉颜料为他的《1835 年年度旅行》画的《巴黎意大利大道》（图 133）再现了一个新建的时尚区繁忙的街道生活。与之形成鲜明对比的是名为《巴黎拉雪神父公墓：马塞

纳纪念碑》（图 134）的画，该画是透纳为沃尔特·司各特爵士的《拿破仑·波拿巴的一生》创作的一幅插画，它从巴黎最著名的公墓的一个令人伤感的制高点上概括了城市的活力。这一场景包括 3 位拿破仑时代知名的军事领导人的坟墓，这 3 位领导人是马塞纳、列斐伏尔和德克雷中将，代表了法国英雄的过去。

在一个重要的德国题材《闪耀的荣誉之石（艾仑布来斯坦）和马尔索的坟墓，自拜伦的〈恰尔德·哈洛德游记〉》（图 135，以下简称《艾仑布来斯坦》）中，另一名拿破仑时代英雄的纪念碑被重点描绘。艾仑布来斯坦大堡垒位于莱茵河和科布伦茨的摩泽尔河交汇的位置，在拿破仑战败后，普鲁士人决定重建堡垒，并在其原有的防御工事上进行扩建，这样它就能在莱茵河畔再次起到防守的作用。透纳从未厌倦过画莱茵河，他第一次画莱茵河是在 1817 年，后来在随后的每次旅行中，透纳都要到莱茵河畔画速写，这包括 1833 年的威尼斯之行。通常情况下，透纳的做法是给雕刻师提供水彩画，以便雕刻师工作，但约翰·派伊却向透纳索要了一张主题油画。马尔索是一名法国将军，于 1796 年死于艾仑布来斯坦围攻，拜伦提到了这位甚至可以被称为他的敌人的令人尊敬的将军。通过露宿在金字塔形的坟墓周围的普鲁士士兵，这种尊敬之情被充分体现在画中，而前景中，平民百姓放松的态度则体现出和平与和谐所带来的好处。

在英国和北欧开始衰落的情况下，透纳与拜伦一样，认为这是人性的缺陷造成的。在《汉尼拔》（图 72）和《贝亚湾，阿波罗与女先知》（图 104）等作品中，他强烈地暗示各个文化和社会都会经历一个被自己的成功所诱惑的阶段。在这一阶段，曾帮助他们崛起的品质让位于懒惰、自满甚至是残暴。这并不意味着透纳是遁世的——他的作品中既有大量人类犯错误的例子，也有很多勇气和自我牺牲的例子，尽管这些方面很少同时出现。然而展出于 1834 年的《打捞沉船者——诺森伯兰郡海岸，一艘帮助船只离开海岸的

图133
《巴黎意大利大道》
创作于1833年
在蓝色画纸上用水彩颜料
和水粉颜料创作的作品
13.8厘米×18.7厘米
私人收藏品

图134
透纳画，威廉·米勒雕刻
《巴黎拉雪神父公墓：
马塞纳纪念碑》
创作于1835年
版画
8厘米×11.7厘米

汽船》(图 136）却是一个例外。像对他的其他海景画的反应一样，评论家们赞美了画的自然主义，却没有评论其意象。这是透纳这些年来描绘打捞沉船者的少量作品之一：男人和女人通过打捞漂到地面上的货物，甚至是船舶上的绳索、木材、帆布和钉子来贴补他们微薄的生计。虽然船只失事是常有的事，但有时打捞沉船者却会在最危险的地方放上误导船只的引航灯，故意将船引诱到岩石上。

　　透纳的打捞沉船者的主题与《带有曼比救生装置的救生艇正驶向一艘发出蓝色遇难信号的搁浅的船》(图 125）一样，都是对不是很光彩的事件的描绘。在《打捞沉船者——诺森伯兰郡海岸，一艘帮助船只离开海岸的汽船》(图 136）中，一方是从灾难中获利，而另一方则是避免灾难的发生，这两个形成鲜明对比的双方处于一个脆弱的平衡中，男人和女人将打捞上来的残骸拖上岸，而一艘汽

船却在试图防止同样的事情发生在另一艘处于困境的船上。作品并没有体现悲观情绪，而是再现了人类行为的复杂性，既体现出人类潜在的利己主义，又体现出人类潜在的恻隐之心。随着年龄的增长，透纳变得不那么坚定了，对于自己是否会声名永固也不那么确信了，他开始放弃这种平衡的世界观，他后期的作品常常带有过于悲观的色彩。

然而，至少在 19 世纪 30 年代，透纳相信后人会记住他。对于许多与透纳同时代的人来说，与英国制造业的实力一样，英国艺术的实力证明了英国正处于全盛期，透纳希望保证他作为最卓越的实践者的地位是毋庸置疑的。透纳在这些年里所创作的众多油画成为其"关于画家的画作"系列中颇具特色的一个子类别，画于 10 年前的《从梵蒂冈远眺罗马》（图 97）拉开了这一系列的序幕。然而总的说来，在欧洲，人们对早期绘画大师的传记越来越感兴趣，显然，透纳画的人物形象个性鲜明。透纳于 1833 年在皇家美术学院展出的两幅画将此特点展现得淋漓尽致：《叹息桥，公爵府和海关，威尼斯：卡纳莱托作画》（图 137）和《凡·戈因挖掘主题》（图 138）。尽管这两幅画在风格和外观上各不相同，但它们却是在同样动机的驱动下完成的，可以将它们看作透纳在向他所钦佩的画家的致敬，同时，这两幅画还颇具挑衅和竞争的意味。期刊作家报道说透纳创作《叹息桥，公爵府和海关，威尼斯：卡纳莱托作画》是为了与他的同行威廉·克拉克森·斯坦菲尔德（1793 — 1867 年）竞争，因为斯坦菲尔德提交了《从海关远眺威尼斯》，但透纳除了要与斯坦菲尔德一争高下外，还将竞争的矛头指向了卡纳莱托（即乔凡尼·安东尼奥·康纳尔，1697 — 1768 年）。在 1833 年之前，透纳从未展出过任何一幅关于威尼斯的油画作品，背景中的卡纳莱托使人们将透纳与这位以画威尼斯景色而著称于世的大画家相比较。虽然透纳的这种行为体现了他的狂妄自大，但《雅典娜神殿》的评论家却给予透纳以高度的评价，声称透纳的风格"要比卡纳莱

图135
《闪耀的荣誉之石（艾仑布来斯坦）和马尔索的坟墓，自拜伦的〈恰尔德·哈洛德游记〉》
创作于1935年
布面油画
93厘米×123厘米
私人收藏

图136
《打捞沉船者——诺森
伯兰郡海岸，一艘帮助
船只离开海岸的汽船》
创作于1834年
布面油画
91.4厘米×121.9厘米
耶鲁大学英国艺术中心
保罗·梅隆收藏馆
纽黑文

托的风格好十倍"。

1833 年，透纳画的另一幅传记画描绘的是 17 世纪荷兰画家扬·凡·戈因（1596—1656 年），他正在一艘船上研究海洋和船舶，远处是安特卫普市。通过描绘工作中的卡纳莱托，透纳使观众得出这样的结论：即使不比那些卓越的前辈强，但单就能力而论，他也与那些卓越的前辈一样伟大。画像还表明，与凡·戈因的海洋题材一样，透纳的海洋题材是建立在直接经验的基础之上的。事实就是这样。例如，在 1831 年，在参观沃尔特·司各特的家乡阿博茨福德时，透纳曾乘汽船在极为恶劣的天气情况下绕斯塔法岛旅

图137
《叹息桥，公爵府和海关，威尼斯：卡纳莱托作画》
创作于1833年
在画板上用油画颜料创作的作品
51厘米×82.5厘米
英国泰特美术馆
伦敦

行，第二年，为了纪念这次旅行，透纳画了油画《斯塔法岛的芬格尔岩洞》。

透纳渴望将其作品挂在国家美术馆克洛德的作品旁，也喜欢与已经去世的凡·戈因和卡纳莱托一决高下，将透纳的作品与这些名家进行比较之后，人们不得不承认透纳确实是名副其实的现代绘画大师。19 世纪 30 年代，在皇家美术学院年展开幕式之前的"修正日"上，透纳的非凡才华更是引人瞩目。到了这个阶段，"修正日"这个术语用词不当，因为画家们不仅只是在原地修饰他们的作品，而是在修改并重画作品，以确保他们的作品能被注意到。在萨默塞

图138
《凡·戈因挖掘主题》
创作于1833年
布面油画
91.8厘米 × 122.9厘米
弗里克收藏馆
纽约

特宫拥挤的墙壁上，一幅雍容华丽的画显然要比其周围比较低调的作品抢眼。批评家们常常认为，透纳晚期的油画作品所使用的浓烈色彩只是吸引观众注意力的一个策略。事实上，他知道如何使用最巧妙的修改来增强作品的影响力，以令人印象深刻。1832 年，他将一点红铅涂在原本素淡的海景画《海勒富特斯勒斯》上，马上便令康斯太布尔色彩艳丽的《滑铁卢桥开放》黯然失色。

透纳与康斯太布尔的关系很僵。因为康斯太布尔利用他自己在 1831 年年展作品审查委员会中的职位将透纳的一幅画替换成自己的画。透纳很少如此咄咄逼人。比如，在 1833 年，透纳和他的朋友乔治·琼斯开玩笑地比谁画得更好；有时，透纳给理查德·雷德格雷夫（1804 — 1888 年）和丹尼尔·麦克利斯（1806 — 1870 年）等较年轻的艺术家提建议，并给予他们很实用的帮助。

到了 1835 年，透纳不再仅仅修改并微调作品的外观。在一些屡经证实的例子中，他利用"修正日"来对他的作品进行大幅度的修改。艺术家 E.V. 瑞普英吉尔（1798 — 1859 年）所给出的描述是最详细的。当透纳在不列颠学院改他画在油画布上的《上议院和下议院的火灾，1834 年 10 月 16 日》（图 139）时，他花了 3 个小时的时间来观察透纳。旧议会大楼着火，透纳是众多目击者中的一员，在泰晤士河南岸，他目睹了上下议院毁于火海的情景。他也与看热闹的人们一样，雇船到河上观看。这一题材之所以会吸引透纳，不仅因为它是人们关注的热门话题，还因为在现代城市的背景中，这是体现自然元素的灾难性力量的罕见例子。

用瑞普英吉尔的话来说，当初次递呈时这幅画"'毫无形式可言并空旷得很'，就像创世纪前的混沌状态"，一小群旁观者聚在透纳周围看他是如何完成这幅画的。过去，透纳会避开人们的这种注意，由于难得有机会看透纳是如何作画的，就连奥古斯都·卡科特也加入了观看的人群。尽管他们相互认识有 30 年了，但卡科特与其他人一样对他朋友的技艺感到困惑。在这个过程中，瑞普英吉尔见透纳"将有一根手指那么长，那么宽的一块半透明的东西滚动着铺在他的画上"。当他问卡科特那是什么时，卡科特回答，"我不好意思去问他"。事实上，乔伊斯·汤森德对透纳所用材料的研究表明透纳使用的是一系列绘画媒介，其中包括各种蜡和树脂以及油画颜料，透纳一般是通过将薄涂颜料、精致的彩釉和厚厚的糊状颜料反复地涂在未完成的速写上的方式来完成他的作品。

在一次偶然的场合，透纳在"修正日"的表演被他的同行们用速写画了下来（图140），这证明了透纳的权威性。最重要的是，他们展现了透纳的画法是有计划的，绝不是心血来潮的。瑞普英吉尔的描述强调了透纳作画时一直全神贯注并有着完整的信念，透纳离画布很近，却从没有后退几步以检查画的进展情况，或在完成作品时对画作进行反思。这表明透纳十分清楚自己想要实现什么，并完全能控制自己实现这一目的的方式。正如另一名旁观者丹尼尔·麦克利斯所评论的："透纳画技精湛，他从不停下来查看自己的作品；他知道他画完了，便走开了。"

其他的人并没有被透纳1835年年展展出的作品所打动。知名学者兼柏林皇家美术馆馆长居斯塔夫·弗里德里希·瓦庚在到英国旅行时参观了皇家美术学院。与许多外国人一样，他仅从透纳为年展画的构图十分巧妙的无数画作中了解到透纳，这些画出现在美丽的铜版雕刻中。但是这些黑白图像的精确度和细节并没有让瓦庚看到《艾仑布来斯坦》（图135）的颜色处理，这让他感到震惊。在这段时期，对透纳最充满敌意的英国评论家是约翰·伊格尔斯，他是布里斯托尔的一名牧师和业余艺术家兼《布莱克伍德爱丁堡杂志》的评论家。《布莱克伍德爱丁堡杂志》是备受瞩目的文学批评杂志，曾是保守党反对议会改革的平台。

伊格尔斯深信透纳野蛮至极，对其进行无情的鞭挞，这是因为透纳"亵渎了伊格尔斯所珍视的个人审美情趣，比其他任何画家都

图139
《上议院和下议院的火
灾，1834年10月16日》
创作于1835年
布面油画
92厘米×123厘米
美国费城艺术博物馆

更可恶"。在许多方面，伊格尔斯的观点都堪比乔治·博蒙特爵士，他不仅身体力行，而且还力图促进能够为人们提供"充满诗意的世外桃源"的风景画的发展。这种风景画在很大程度上是以 17 世纪的画家加斯帕德·杜盖的作品为基础的，仅再现"宁静的、风景明媚的、诱人的、好心情的、高贵的大自然"。画的主题和作品的创作都不应当影响整体的宁静感。伊格尔斯认为这种宁静感是通过审慎地使用阴影和深色调来实现的。这就解释了他为什么要批判《艾仑布来斯坦》，因为它无法调和"未经润饰的白色和不和谐的蓝色"与配画的说明文字中忧郁的宁静气氛的矛盾，说明文字源自拜伦的《恰尔德·哈洛德游记》。他评论道，这幅画"还不如削脚指甲有诗意"。

与康斯太布尔一样，伊格尔斯对现代世界感到无能为力和不自在。与常常在作品中展现现代性的透纳不同，伊格尔斯在风景画中寻求庇护，他逃避他最讨厌的当代生活的方方面面。然而，透纳带给他的是绚烂的色彩，大胆的处理方法和许多现代题材，而不是他渴望的阴暗的、朴素的和永恒的场景。因此，不难想象，伊格尔斯会觉得透纳晚期的风格和最近的政治有相似之处，在他看来，两者之所以捕新猎奇，都是为了自身利益的最大化。在对 1835 年皇家美术学院的年展的评论中，他明确地表达出这种联系：

我们不切实际地幻想着进步和创新，总之，幻想着改革，无论以前我们做过什么，都被贬低为是错误的。如果其他人喜欢阴影，我们便会选择光亮。一定存在着能迷惑所有人的骗术、政治、道德和宗教。

透纳将自己的作品看作英国经济、政治和文化优势的一部分，而伊格尔斯则同样确信透纳风格上的"放肆"部分地体现着道德和社会价值观方面的普遍下降，这解释了在他的作品中所闪现的真正

图140
威廉·帕罗特
《皇家美术学院修正日的透纳》
创作于1846年
在画板上用油画颜料创作的作品
25.1厘米×22.9厘米
圣乔治协会收藏品
罗斯金美术馆
谢菲尔德

的愤怒。

第二年，即1836年，伊格尔斯的评论变得比以前更恶毒。他写道，《朱丽叶和她的护士》（图141）包含了"太多的荒谬性，我们很少问为什么朱丽叶和她的护士会在威尼斯"——他的意思是说，事实上，莎士比亚的《罗密欧与朱丽叶》是以维罗纳为背景的。他不是唯一发现这种不一致性的人，这比《从梵蒂冈远眺罗马》（图97）中的反常现象还要难以解释。然而，从另一个角度来看，《朱丽叶和她的护士》却与其他问题不太大的威尼斯场景相一致，因为它很容易让人联想起威尼斯的狂欢节，因为在狂欢节上人们可以隐瞒自己的真实身份四处走动，这消除了社会等级的差异和束缚。

透纳选择的视角很高，这在他描绘威尼斯的景色的作品中是独一无二的，让观众概览了整座城市的堕落。尽管这也许看起来很难与透纳的水彩画达成一致，但它们却再现了个人的幻想或记忆，《朱丽叶和她的护士》暗示了私人的冲动对公共生活的侵扰。

伊格尔斯对透纳 1836 年展出作品的侮辱令 17 岁的约翰·罗斯金十分气愤，他写了一封狂热的长信替透纳辩护。在将信寄至《布莱克伍德爱丁堡杂志》之前，他将信先寄给了透纳本人。透纳回复道："我从不参与这些事，除了恶作剧之外这些根本毫无意义。"但他还是将手稿寄给了《朱丽叶和她的护士》的所有者休·米蒙罗·诺瓦。这个小插曲是重要的，因为正如罗斯金后来所解释的那样，他的信就好比是一粒种子，后来发展为极力为透纳辩护的《现代画家》，本书将在第 6 章里详细地讨论《现代画家》的论点。

年展结束后，从 1836 年 7 —9 月，透纳和芒罗相互陪伴着到法国和瑞士一起边旅游边画速写。这是 1802 年以来透纳第一次到阿尔卑斯山游览，这唤起了透纳对瑞士景色的兴趣，因此，在 1841 —1844 年，他每年都要到瑞士旅行。在晚期的瑞士之行中，透纳创作出一些颇受好评的水彩画，但其中只有一幅油画《暴风雪、雪崩和洪水——阿乌斯特向斜谷上部的景色，皮埃蒙特》（图 142，以下简称《暴风雪、雪崩和洪水》），被展出于皇家美术学院新的展出场所——国家美术馆的第一届展览中。

1836 —1837 年的冬天，透纳得了流感，他的医生安东尼·卡莱尔爵士命令他待在家里，等天气好转后再外出。尽管感到"无精打采"和"毫无力气"，可透纳却仍坚持继续作画。透纳的两个最好的朋友的逝世——威廉·威尔斯逝于 1836 年 11 月，约翰·索恩逝于第二年 1 月——无疑加深了他的这种坏心情。威廉四世于 1837 年 4 月逝世，透纳并没有因为他的逝世而悲痛不已，这是因为他并没有受到过皇室的青睐，尽管有段时间，透纳确实曾希望能得到威廉四世的继承人维多利亚的认可。对透纳带来较大影响的是埃格雷蒙特伯爵的逝世。1837 年 10 月，透纳最后一次去佩特沃

图141
《朱丽叶和她的护士》
创作于1836年
布面油画
92厘米×123厘米
私人收藏品

思进行社交性的拜访。

当他在 11 月 21 日再回来时，是参加埃格雷蒙特伯爵的葬礼，他带领一群艺术家哀悼伯爵的与世长辞。这标志着佩特沃思作为艺术社交活动的中心的结束，因为埃格雷蒙特伯爵的儿子打算用传统方式来管理佩特沃思，这就意味着它不再是艺术家们的聚集地了。

那年的冬天，透纳的健康状况再次变得很糟糕。有段时期，他烧得很厉害，尽管如此，他还在 1838 年为皇家美术学院完成了很多公务，包括教授人体素描课和作为绘画学校的参观者（或指导者）等。15 年来，这是他第一次没有去旅行，既没有在国内旅行，也没到国外旅行。并且，由于他现在已经无法再去佩特沃思了，透纳在 8 月和 9 月都待在马尔盖特。他从小就知道马尔盖特，在 19 世纪 30 年代，他回到了那里，住在一个寡妇索菲娅·布斯的公寓里。除了名分之外，透纳的女房东实际上已经成为他的忠实伴侣和妻子，不仅给他做饭，照顾他，还为他洗画笔并担当起他的画室助手的角色，就像透纳的父亲曾为他做的那样。肯特海岸沿

图142
《暴风雪、雪崩和洪水——阿乌斯特向斜谷上部的景色，皮埃蒙特》
创作于1837年
布面油画
91.5厘米×122.5厘米
芝加哥艺术学院

岸的景色为他后来的许多海景画提供了素材，如《海岸上的人物》（图143），这很可能是根据透纳在马尔盖特使用的速写本创作出来的。

它可以与卡斯帕·大卫·弗里德里希著名的早期作品《海边修士》相媲美，因为通过将渺小的人物置于陆地、海洋和天空广阔的水平带中，它体现了人类生活的脆弱和无常。与弗里德里希的画不一样的是，透纳并不打算让公众看到他的人物形象，这种特别简单的设计和简洁的细部再次出现在透纳19世纪40年代的主要油画作品中，如《暴风雪——汽船驶离港口》（图160）和《站在阳光中的天使》（图170）等。

在19世纪30年代晚期，并不是所有对透纳油画作品的评论都像约翰·伊格尔斯那样消极，但即使在最好的情况下，也是褒贬掺杂。唯一的例外是透纳在1839年提交给皇家美术学院的核心作品《"无畏号"》（图145）。透纳非常喜欢这幅画，这幅画对他来

图143
《海岸上的人物》
创作于1835—1840年
在灰色画纸上用水彩颜
料和水粉颜料创作的
作品
22.3厘米×29.2厘米
私人收藏品

图144
卡斯帕·大卫·弗里德
里希
《海边修士》
创作于1809年
布面油画
110厘米×171.5厘米
柏林国家美术馆

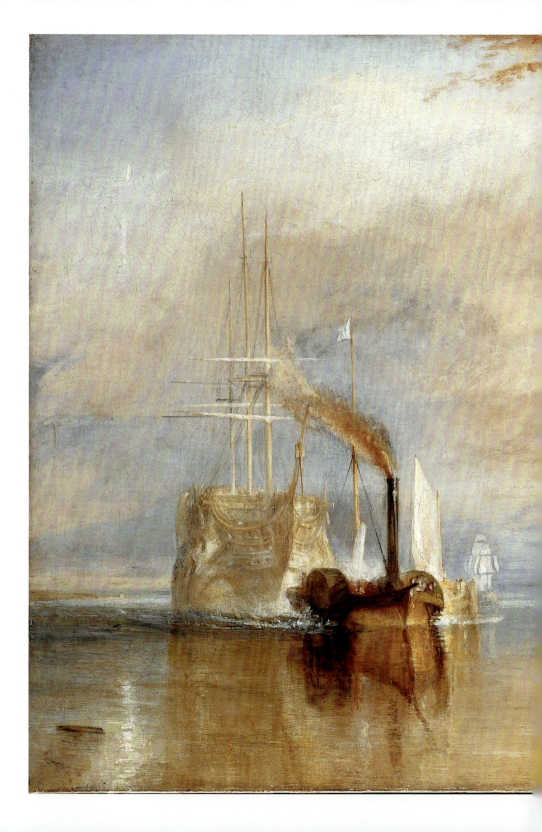

图145
《在退役后被拖去解体
的战舰"无畏号"，
1838年》
创作于1839年
布面油画
91厘米×122厘米
伦敦国家美术馆

说就像是他"亲爱的"爱人，因此他拒绝以任何价格将其卖掉，因为他知道，这幅画是巩固他的名望的支柱性作品之一，他打算将其留给国家。1905 年，记录了透纳的一生的著名海景画画家 W.L. 怀利（1851 —1931 年）是少数认为《"无畏号"》"绝不是透纳最好的作品"的人中的一员。他认为，与其说这幅画的成功取决于画的品质，不如说取决于它所激发的怀旧情绪，从某些方面来讲，这是一个敏锐的判断，因为这幅画并不是透纳后期油画作品的典型，人们很难解释他后期创作的油画作品。相对而言，《"无畏号"》似乎能被很好地理解。就连在展览目录中随附的诗人托马斯·坎贝尔的引言——"曾经在战役和风中耀武扬威的旗帜，已经不再飘扬"——也言简意赅。该作品唤起了深厚的情感：缺乏生气的评论家变得能言善辩，而善于表达的评论家则变得更热情洋溢。例如，在《弗雷泽杂志》中，威廉·梅克比斯·萨克雷将该画比作"一首恢宏的国家颂歌，或壮丽的乐章"。

透纳选择战舰"无畏号"，是认可它在特拉法加海战中所起的重要作用，战役中，在无船桅、无舵的情况下，它仍猛烈地攻击敌人。在被改装后，它仍在服役的最后几年里胜利完成任务：首先是被用作一艘囚船，接着被用来给海军供应食物和接待海军，这些海军积极地等待着履行职责。最终，收购和拆卸废船的承包人兼木材商人约翰·比特森以 5530 英镑的价格将它买走。1838 年 9 月，他雇了两只拖船将其拖向上游的罗瑟希德的码头。一些不可信的故事称，在某一时刻，透纳目睹了"无畏号"最后两天的航程，但他很可能是在报纸上对这一事件的报道中得到了他想要的全部信息，因为正如怀利所指出的那样，《"无畏号"》是想象出来的一幅画，根据想象展现了丧葬队沉默而庄严的前行。它并没有真正记录 2000 吨重的无船桅的庞然大物被费力地拖向泰晤士河上游的样子。

大多数批评家都将这幅画解读为对英国海军历史的辉煌时代的

一种哀悼，更普遍的解释是，该画描绘的是一个现代版的虚空派主题。在艺术领域，虚空派是一种象征艺术。Vanitas 是拉丁语，意为空虚、松散、无意义的尘世生活和转瞬即逝的虚荣。虚空派的主题即中世纪的陪葬艺术，在如今现存的雕塑作品中依然能见到。在15 世纪，它是极为明确的病态观念，正如在死亡艺术、死亡舞蹈及死亡象征中所看到的那样，它展示了人们对于死亡和衰败的困惑执念。自文艺复兴后这类意象变得更加委婉。随着静物派开始流行，虚空派的绘画作品旨在提醒人们生命的短暂、欢愉的无意义及死亡的必然性。它们同样为一些颇具吸引力的意象编织了道义上的理由。提醒人们时间会战胜一切，死亡会降临到每个人的头上，甚至连船也不例外。

这一评论从不同的角度呈现了《"无畏号"》，而且它提醒人们，虽然透纳的作品并没有体现对古老战舰消逝的伤感，而是描绘了许多新兴的蒸汽技术，但这些作品却充满了强烈的爱国主义情愫，正是卡诺奠定了现代热力学的基础。据著名的科学史学家米歇尔·塞尔称，透纳的作品常常是他的思想的视觉再现。卡诺意识到，尽管英国的工程师们不断地提高蒸汽机的设计，却没有完善的理论来解释蒸汽机工作的原理。在论文《关于火的动力》（发表于 1824 年）中，卡诺证明了一台机器的机械效率取决于热从热水箱流入冷凝器的冷却部分的程度：两者的温差越大，产生的能量就越大。在透纳的作品中有许多图像，不仅包括蒸汽机的图像，还有动力（火）、物质（水）和令它们更好地工作的较大的温度梯度的图像。事实上，正如塞尔所指出的那样，火与水、火与冰的结合是透纳后期作品中经常出现的引人注目的主题，这些作品包括《"无畏号"》（图145）、《雨、蒸汽和速度——西部大铁路》（图 169）、《上议院和下议院的火灾，1834 年 10 月 16 日》（图 139）和《月光下的煤港》（图 131）等。

人们越来越意识到推测学的存在——在不稳定的云的边界，潮汐的运动或蒸汽作用中都存在着不可预测性。这些现象在气象学中是非常重要的，在透纳的艺术中也同样重要，但很少有什么例子能比 1837 年创作的《暴风雪、雪崩和洪水》（图 142）中的多重灾难更令人瞠目结舌的了。罗斯金等人曾断言"透纳深谙自然的运作，而不是仅仅局限于描绘自然景观"，塞尔对他们的观点做了进一步的补充，将透纳描绘为"热力学第一天才"。

图146
《安息—海葬》（图
158细部）

在目睹了《"无畏号"》的好评如潮之后，透纳在 1839 年 8 月 3 日离开了欧洲大陆，像 15 年前所做的那样沿着默兹河、摩泽尔河和莱茵河到比利时、卢森堡和德国等地游览。除了他通常的铅笔速写，在这次旅行中他还创作出 100 多幅水粉画，每幅画都比一张明信片要大一点。透纳将蓝色的大纸平均分成 16 份，使每份的大小比一张明信片稍大一点，然后在这些纸上作画。和往常一样，这些画并不是当场完成的，而是后来根据他的速写本中的图像创作出来的，这些画很可能是在 1839 年的秋天和冬天完成的。尽管《来自西方的克洛滕和伯格·科雷戴尔斯坦》（图 147）等作品因自由的处理和大胆的用色而著称，但直到最近，他的这些画才被公开展出。

自 1839 年旅行开始，透纳就一直在画水粉画，他还准备了要在 1840 年提交给皇家美术学院年展的作品——7 幅油画。但不幸的是，《"无畏号"》的成功仅是暂时地缓解了对透纳的油画新作的致命痛击。如果说有什么区别的话，那就是在 1840 年，谩骂达到了野蛮的新高度。没有一件作品是未遭谴责的，激起最大愤怒的作品是反奴隶制的一件作品《台风，将死去的和垂死的奴隶抛到船外》（图 148，以下简称《贩奴船》）。如果罗斯金不得不用一幅画去证明透纳的艺术是不朽的话，那么他应选这幅画。正如人们所了解的那样，即便是在今天，《贩奴船》也仍旧引发着争议。学者阿尔伯特·布瓦姆谴责它"将人类的苦难归为对悲剧的喜爱"，而他的同事约翰·麦库布里则反驳说，相反，它是深有感触的真诚的姿态。透纳试图寻找一种视觉语言来展现人类残忍的极限，而又不陷入美化这种残忍行为所引发的痛苦和不幸的陷阱。由于在做这种尝试时，透纳所面临的问题通过评论家们的分歧而得以突出，因此批评家们的这种分歧实际来看对透纳是有益的。

任何试图在作品中为了人道主义目的而调动民众舆论的艺术家、摄影师或电影制片人都面临着这种两难的困境。

《贩奴船》并不是要证明一个具体的事件。它是根据与透纳同时代的人头脑中有关奴隶贸易的联想而创作出来的，对于一名现代读者来说，有必要知道，这是废奴主义者在控诉奴隶贸易的罪恶。《贩奴船》经常让人们联想到利物浦奴隶贸易集团一艘名为"关注号"的英格兰奴隶船的故事。1781 年，在从非洲西部开往牙买加的途中，"关注号"的船长故意溺死了 132 名生病的、快要死去的奴隶，这样船主就能向保险公司索要理赔，理由是他们的货物掉进了海里。发起反对奴隶制运动的领袖格伦维尔·夏普想将全体船员按谋杀罪传讯，但约翰·李——副检察长和船主的法律顾问——却毫无人性地狡辩："这些被扔进海里的人类是如何被申报的？……他们是货物和财产：不管船员的做法对与错，我们都无权干涉。"这一事件彻底暴露了奴隶贸易中的道德真空，它推动着废奴事业的发展，也一直萦绕在透纳这代人的脑际。

透纳并没有解释"关注号"的故事是否真实可信，因为如果那样做的话，就等于在暗示奴隶主的这种暴行已经成为历史了。事实上，尽管英国议会在 1807 年就禁止在其领土内贩卖人口，并最终于 1833 年给予奴隶自由，但类似的大屠杀却仍时有发生。

为了根除仍在继续的非法贸易，一个英国中队被派往非洲西部海岸。这个中队的活动被展示在版画中，大多数版画都描绘了超过几百千米的壮观的追逐场景：英国中队追赶非法奴隶贩子（通常是西班牙人和葡萄牙人）。但警官们证明，当反奴隶制的追捕失败时，无法用语言来描绘的残忍事件还是发生了。指挥"黑色幽默号"的威廉·拉姆齐报告说，1831 年，当他追赶两艘西班牙贩奴船时，他们通过"将奴隶扔到海里"的方式来毁灭证据："用脚镣绑住两个奴隶的踝关节，让他们以这种方式沉到海底或游走。"由于英国船只只要在海上救一名奴隶就能得到赏金，但如果奴隶仍在港口中，他们就得不到任何奖赏，因此有人声称，英国中队的活动导致了这些悲剧的发生，因为他们总是要等到贩奴船起航以后才采取行动。不论这是否是真的，奴隶对摧残他们的人和将会救他们的人来说都具有货币价值，这一事实在道义上令人不快。

当西非中队的行动以灾难告终时，官方并没有公布这些行动，

图147
《来自西方的克洛滕和伯格·科雷戴尔斯坦》
约创作于1839年
在蓝色画纸上用水粉颜料和水彩颜料创作的作品
14厘米×18.9厘米
英国泰特美术馆
伦敦

图148
《台风，将死去的和垂死的奴隶抛到船外》
创作于1840年
布面油画
91厘米×138厘米
波士顿艺术博物馆

因为它们质疑了英国反对奴役政策的有效性。然而，在英国国家海事博物馆却有一张非官方的、没有日期的匿名画作，该画带有一个不言自明的标题：《奴隶贩子，在被皇家海军舰艇步兵追赶了很长一段路后，500名奴隶跑到巴西弗里乌角附近的海岸上，第二天早晨，甲板上满是死尸，只有40名奴隶幸存，毫无疑问，许多奴隶跑到了岸上，但大多数奴隶都溺死了》（图149）。尽管我们不知道该画究竟出自何人之手，但这幅画所描绘的残忍主题似乎与透纳的《贩奴船》有很多相似之处。

在不利于透纳的批判浪潮中，唯一有益的评论来自小说家威廉·萨克雷，尽管他无法决定《贩奴船》这幅画是"崇高的"还是"荒谬的"，但他却称这幅画是"目前见过的颜色运用的最好的一件作品"。尽管从专业的角度来说，他只是随口一说，但他理解，透纳之所以选用引发人们热议的红色和黄色，是为了能更好地表现主题，而其他的评论家则大多认为透纳的色彩并不是探讨主题的方式，并抓住这个不放。他们非但没有被奴隶们的困境所感动，反而可怜起透纳来，称透纳精神错乱。他们取笑前景的细节，如溺水的奴隶高高抬起的腿，被鱼群袭击，或正如马克·吐温后来说的，"漂浮着的铁锁链和其他本不能浮起来的东西"。不管它们看起来有多么奇

图149
匿名
《奴隶贩子，在被皇家海军舰艇步兵追赶了很长一段路后，500名奴隶跑到巴西弗里乌角附近的海岸上，第二天早晨，甲板上满是死尸，只有40名奴隶幸存，毫无疑问，许多奴隶跑到了岸上，但大多数奴隶都溺死了》
在准备好的绿色画纸上用黑色蜡笔创作的作品并用刮擦技法突出最精彩的部分
14厘米×22.3厘米
格林威治国家海事博物馆

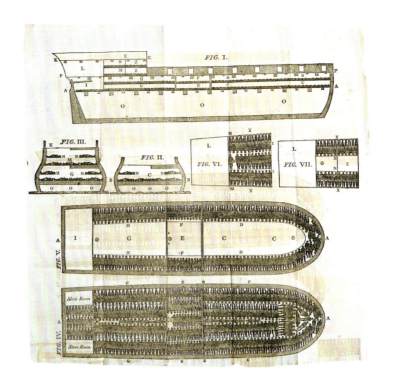

图150
匿名
《利物浦"布鲁克斯
号"贩奴船》
创作于1791年
木头版画

怪，但即使是在今天，这些也仍是象征性的细节：鱼体现了透纳对
奴隶制的理解，正如赫尔曼·梅尔维尔在《白鲸》中所评论的那样，
"鲨鱼……始终是所有贩奴船的护卫队"，铁索链象征着奴隶制本身。
在当时，评论家们并不认为它们象征着透纳对被奴役的人的同情，
而是认为它们反映了透纳的精神衰弱。

　　虽然《贩奴船》是一幅非凡的绘画作品，但与一张特别清晰的
示意图相比，它对大众观念的影响却是微不足道的。这幅示意图是
利物浦的奴隶贩子布鲁克斯于1788年绘制的，展示了奴隶们是怎
样被塞进船的存储层以使船主的利益实现最大化的。对于废奴主义
者来说，它是一个极好的宣传妙招，不论是在英国，还是在法国。
多年以后，当废奴主义者威廉·威尔伯福斯将其拿给教皇庇护七世
看时，庇护七世被奴隶制的残忍惊呆了。这张示意图被广泛地复制
（图150），它在审美方面的考量并没有影响它作为宣传品的有效性。

作为一个单一的图像，它的特征决定了它不适合被雕刻出来，作为一件崇高的艺术品，《贩奴船》无法实现这样的效果。

1840年，透纳在皇家美术学院的展品备受诽谤，以致只有一幅作品被卖了出去。后来，他委托他的经销商——萨里诺伍德的托马斯·格利菲斯帮他出售《贩奴船、烟花和蓝光（就在眼前）以警告浅水区的汽船》（图161，以下简称《贩奴船、烟花和蓝光》）。格利菲斯最终将《贩奴船、烟花和蓝光》卖给了约翰·罗斯金的父亲约翰·詹姆斯·罗斯金。1844年，约翰·詹姆斯·罗斯金将这幅画作为新年礼物送给了他的儿子。但在透纳委托格利菲斯后不久，即1840年6月20日，当这幅画还被挂在皇家美术学院的墙壁上的时候，格利菲斯便邀请罗斯金到他家共进晚餐。正是在格利菲斯家里，罗斯金被第一次介绍给透纳。在写于19世纪80年代中期的自传《普雷特利塔》中，罗斯金抄写了他自己的一篇日记，上面记录了他对透纳的第一印象，他的描述是"毫无疑问，（他是）这个时代最伟大的人"：

> 所有的人都是这样向我描绘他的：粗俗、土里土气、不聪明、粗鲁。我知道这是不可能的。但我觉得他是个有点古怪、举止敏捷、实事求是、具有典型的英国人思维的绅士：显然他很友善，虽然他脾气不太好，并且厌恶各种谎言，精明，也许有点自私，智商非常高，任何趣事都不会激发出他的睿智，或者说他根本不打算展示他的思维能力，但有时，通过一个单词或一个眼神，我就能看到他思维之光的闪烁。

在文章的结尾处，罗斯金声称是直觉让他对透纳做出的如此评价。但现在看来，这段文字似乎是为《普雷特利塔》新构思出来的，并非是引自他的日记。罗斯金试图想劝说他的读者们，此时此刻他十分同情透纳，因为没有人能更好地诠释透纳的艺术。

在去格利菲斯家吃完晚餐后的一个月，透纳开始了他的最后一次威尼斯之行，他在欧罗巴旅店住了两个星期。在那里，他遇到了

图151
《威尼斯：广场上的暴风雪》
创作于1840年
用水彩颜料、水粉颜料和刮白技法创作的作品，有些地方使用了铅笔和红色
22.1厘米×32.1厘米
苏格兰国家美术馆
爱丁堡

他的同事威廉·卡洛（1812—1908 年），两个人一起吃了一顿饭。正如卡洛所回忆的："一天傍晚，当我正在一条刚朵拉船里享受雪茄时，我看见透纳正在另一条刚朵拉船里画速写《圣乔治》，夕阳西下，将画面映照得一片辉煌。我为自己虚度光阴而感到羞愧，如此晚了，透纳还在努力工作。"在旅店房间里，透纳大概也在整理这些速写。其实，它们都是未完成的作品。透纳在晚期所画的描绘威尼斯风光的水彩画中，约有 24 幅被收藏家们收藏，它们最初都是画

在一本平装速写本上的。罗斯金得到了其中的 6 幅。总的说来，透纳在 1840 年旅行中画的水彩画速写描绘了威尼斯优雅、转瞬即逝的一面，但其中有 4 幅落入了私人手中，如《威尼斯：广场上的暴风雪》（图 151）等，呈现出威尼斯不为人知的、更富有戏剧性的一面。

透纳沿着多瑙河、美因河和莱茵河，经由奥地利和德国返回英国，像往常一样，他中途在主要城镇歇宿。他还花时间参观并画了

雷根斯堡附近的瓦尔哈拉殿堂的素描，那时瓦尔哈拉殿堂已经接近完工了。这个巨大的新古典主义建筑物是以帕提侬神庙为模型建造的，建筑师利奥·冯·克伦泽（1784—1864年）应巴伐利亚路德维格一世国王（1825—1848年在位）的要求对其进行了设计，国王打算将其建造为一座非宗教殿堂，专门用来颂扬德国在文化、科学和军事上所取得的成就。透纳是首批英国参观者，3年以后，瓦尔哈拉殿堂盛大的开幕式成为透纳一幅大型油画作品的主题（图166）。从雷根斯堡，他绕行至萨克森-科堡-哥达公国的阿尔伯特亲王的家乡科堡，1840年2月，阿尔伯特亲王与维多利亚女王结婚。

透纳仔细地研究了这个城镇和它周围的城堡，打算将最近的婚礼场景画入他的作品中。他随后的油画作品《玫瑰宫，科堡阿尔伯特亲王殿下的宝座，科堡附近，德国》（图152，以下简称《玫瑰宫》），描绘的是阿尔伯特的出生地，透纳很可能是希望这幅画能吸引皇室买家，可不幸的是，维多利亚和她的配偶不像之前的国王那样倾向于资助透纳，但1841年，这一主题却在皇家美术学院引来了众多议论，大多是侮辱性的。《雅典娜神殿》的评论家将强烈的黄色阳光和温暖、赤褐色的景色描绘成用"一只有病的眼睛和一只无所顾忌的手"创作出的作品。为了能更好地理解为什么透纳晚期的油画作品总是触犯当代的艺术品位，有必要将《玫瑰宫》与当时备受赞赏的作品进行比较。《一个夏日的午后》（图153）是托马斯·克雷西克（1811—1869年）的典型作品，19世纪40年代，克雷西克的事业开始腾飞，而且在接下来的40年里，他的作品依旧价格不菲。在《英国艺术家流派字典》（著于1878年）中，理查德·雷德格雷夫将克雷西克的成功归功于他仔细的最后润色和自然、纯净、简单的色彩，他常用这样的色彩来渲染平凡的国内景色。当与《一个夏日的午后》的谦逊风格相比时，人们很容易就能明白为什么透纳的《玫瑰宫》会冒犯那些评论家。

图152
《玫瑰宫，科堡阿尔伯特亲王殿下的宝座，科堡附近，德国》
创作于1841年
布面油画
97厘米×124.8厘米
沃克美术馆
默西塞德郡国家博物馆和美术馆

图153
托马斯·克雷西克
《一个夏日的午后》
创作于1844年
布面油画
101.6厘米×127厘米
维多利亚和阿尔伯特博物馆
伦敦

《玫瑰宫》遭受到的恶评如潮，这与透纳在同年展出的 3 幅描绘威尼斯的油画作品形成了鲜明的对比，这令评论家们终于可以集体松口气了。例如，透纳为他的朋友钱特里画的《威尼斯公爵宫、海关和圣乔治部分地区》（图 154）就不需要太多的解释，因为它可以被理解为是对大气和反射光的一种运用。与《玫瑰宫》截然不同，它的颜色受主题的限制。在 19 世纪 40 年代早期，威尼斯风景继续

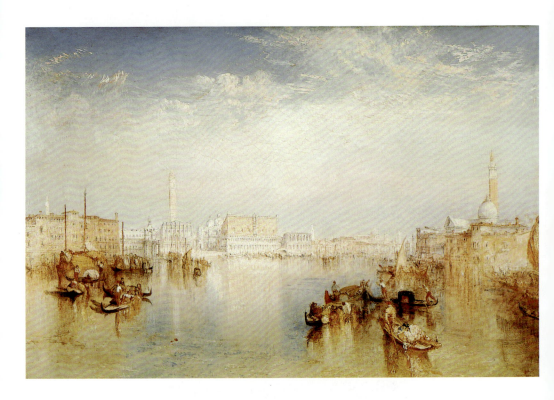

维持着透纳的声誉，但钱特里却没有多少时间来欣赏他的画了，因为他在 1841 年 11 月就去世了。他的死与大卫·威尔基 5 个月前的死一样，给透纳以沉重的打击。

　　1841 年，透纳每年一次的旅行的目的地，以及之后的 3 年旅行的目的地都是瑞士。他在他的一些已经完成的水彩画中记录了这些旅行经历。与之前使用这一媒介画的大部分作品不同，这些作品既

没有被公开展出，也没有被雕刻。在 19 世纪 30 年代中期，透纳不再展出新的水彩画，到了 19 世纪 40 年代，几乎没有一部作品被刻为版画出版，但由于版画系列曾给透纳带来了国际声誉，因此，透纳仍希望看到他的作品能以版画的形式出现，他计划自费将他的 5 幅油画作品出版为版画，这也许解释了为什么他十分渴望找到买主买下他新创作的描绘瑞士的水彩画。

透纳的代理人格利菲斯帮透纳将他的作品卖给了一小群私人赞助人。透纳从他的瑞士速写本素材库挑选出 6 幅"试画样品"，这些都是要给潜在买家看的，然后他们将委任透纳将试作中的水彩画

图154
《威尼斯公爵宫、海关和圣乔治部分地区》
约创作于1841年
布面油画
63.5厘米×93厘米
艾伦纪念艺术博物馆
欧柏林学院
俄亥俄州

图155
《红色的瑞吉峰，琉森湖，日落》
创作于1842年
水彩画
30.5厘米×45.8厘米
维多利亚国家美术馆
墨尔本

完成或从试作中挑选出自己中意的画来让透纳完成。

另外，透纳还创作了 4 幅打样作品，这样他的赞助人就可以对成品图像的样子有一个大致的了解。整个系列计划由 10 幅画组成，每幅画的价格是 80 几尼；透纳本想要价再高点，可格利菲斯告诉他这些作品在风格上并不是很新颖，收藏家不愿出更高的价格购买。例如，收藏有透纳绝大多数水彩画作品的本杰明·戈弗雷·温达斯在这个项目的参与上表现得就不太积极。像《红色的瑞吉峰，琉森湖，日落》（图 155，以下简称《红色的瑞吉峰》）这样的作品对于现代观众来说具有很大的吸引力，他们认为莫奈《日落》中微妙的

光与色彩充分地弥补了意象极少的不足，但温达斯已经习惯了透纳在《英格兰和苏格兰》系列中的细节和小插曲，因此，他对透纳晚期的瑞士水彩画的反应要比罗斯金或蒙罗·诺瓦慢得多，温达斯偶尔会创作和透纳主题相同的作品（常常是有点不太友好的竞争的味道）。这些赞助人买走了透纳 26 幅瑞士水彩画中的 20 幅，这些画是透纳通过格利菲斯分别在 1842 年、1843 年和 1845 年卖给他们的。

　　总的来说，这个系列的表现范围很广，这在很大程度上是因为透纳对颜色的运用恰到好处。一个很好的例子是《红色的瑞吉峰》（最初归蒙罗所有），其冥想般的宁静效果是通过将浅粉色和隐约变化的蓝色巧妙并置而实现的。

　　另一个体现画的表现力的很好的例子是《戈尔道》（图 156），画中虽使用了与《红色的瑞吉峰》一样的色彩，但画面强烈的色彩却令人目眩，以至于在 1843 年拿到这幅作品的罗斯金联想起《贩奴船》（图 148）中血红色的天空。1806 年，铺天盖地的岩崩将戈

图156
《戈尔道》
创作于1843年
用水彩颜料和刮白技法
创作的作品
30.5厘米×47厘米
私人收藏品

尔道村 457 名居民埋葬，这使罗斯金更强烈地感觉到，从本质上来说，这幅水彩画是一件悲剧作品。

购买透纳晚期瑞士作品的赞助人成为其晚年的主要客户，在大多数情况下，他们还收藏透纳新创作的油画作品。除了蒙罗是土地所有者，透纳晚期的赞助人主要是中产阶级的企业家和工业家。罗斯金之所以能买得起透纳的画主要是依赖于他父亲的财富，作为罗斯金、泰尔福特和多梅克公司的合伙人，罗斯金的父亲是通过进口西班牙雪利酒而积累财富的。温达斯是马车制造商，伊勒哈南·比克内尔则对太平洋抹香鲸渔业感兴趣。其他的买主有伯明翰钢笔制造商约瑟夫·吉洛特和利兹市的服装巨头约翰·希普尚可斯。他们的受教育程度和背景使他们并不那么喜欢收藏早期绘画大师的作品，因为大师的作品一般是非常贵的，他们更喜欢买现代英国艺术家的作品。

正如罗斯金意识到的那样，透纳赞助人的人员基础变化反映了商业和制造业在英国的社会经济生活中所起的作用越来越大。从更广泛的方面来说，在 1832 年改革法案和反谷物法同盟中都能感受到他们的影响。反谷物法同盟成立于 1839 年，试图通过游说废除保护土地所有者的利益并限制自由贸易的法律。1843 年出版了《伟大城市的时代》的罗伯特·沃恩看到了这些发展与国家的文化健康之间的明显联系，他坚称"正如我们在商业上变得很强大一样，我们在艺术上也变得很强大，而且我们在商业上有多么强大在艺术上就有多么强大，二者是息息相关的"。

1842 年皇家美术学院的年展包括一些透纳很有感触的油画作品，但只有描绘威尼斯风光的画是畅销的。其他的画都一直留在透纳自己手中，直到他将它们遗赠给国家。这些作品包括两幅本打算挂在一起展出的姊妹篇（或成对的作品），两幅画在版式上都是方形的，但在加框时却将画的四个角都去掉了。《战争：流亡者和石贝》（图 157）画的是在圣赫勒拿岛流放时沉思的拿破仑；而《安

图157
《战争：流亡者和石贝》
创作于1842年
布面油画
79.5厘米×79.5厘米
英国泰特美术馆
伦敦

图158
《安息—海葬》
创作于1842年
布面油画
87厘米×86.5厘米
英国泰特美术馆
伦敦

息—海葬》（图 158）则是用来悼念大卫·威尔基爵士的一幅画。1840 年，威尔基到中东旅行，在回来的途中与世长辞。人们在直布罗陀海峡附近为他举行了一个传统的船上葬礼。《战争：流亡者和石贝》和《安息—海葬》是透纳在 19 世纪 40 年代展出的三组方形姊妹篇中的第一组。两幅画在版形上都是方形的，采用的是集中式构图，《战争：流亡者和石贝》中的落日和《安息—海葬》中的火把之光都深深地吸引着观众的注意力。然而，在颜色和主题上它们却正好相反——《战争：流亡者和石贝》主要采用了咄咄逼人的红色和黄色，而《安息—海葬》则被涂上了蓝色、黑色和白色等较冷的色调。如果颜色的对比再强烈些的话，当两幅画被悬挂在一起时就将互相削弱了。

透纳巧妙地将每幅图的主色调引入到另一幅图中——威尔基的火把是红色和黄色的，而拿破仑穿的衣服则是黑色和白色的，通过

图159
乔治·琼斯
《大卫·威尔基爵士在海上的葬礼》
创作于1842年
水彩画
36.8厘米×26.7厘米
私人收藏品

这种方式，避免了两幅画的互相削弱。这种方法让两幅画在形成鲜明对比的同时又协调融洽，同时还强调了两幅作品中的主要对象。

当透纳的同行克拉克森·斯坦菲尔德批评《安息—海葬》中的帆船黑得不自然时，据说透纳是这样回答的，"我只是希望有什么颜色能让它们变得更黑一些"，这清楚地表明，透纳有时所用的色彩是有象征意义的。多年来，透纳和威尔基的关系早已从早期的竞争对立转变为温暖的相互敬重，透纳在描绘葬礼时所采用的黑色体现了他与皇家美术学院的许多同行一样，都对威尔基的死感到悲痛。透纳的朋友乔治·琼斯也画了描绘威尔基的葬礼的画，然而这幅画并不是像透纳的画那样是从远处看到的情景，而是在"东方号"的甲板旁近距离取景（图 159）。当《安息—海葬》中被火把照亮的一小群人被放大时（图 146），人们会发现，里面包含许多在琼斯的画中也有的细节。

尽管拿破仑死于 1822 年，但他的遗体却是在 1840 年 10 月才被运回法国进行国葬的，这使《战争：流亡者与石贝》颇具话题性。然而，除了拿破仑之外，这幅画还很可能是在暗指另一名艺术家——威尔基的好朋友本杰明·罗伯特·海顿（1786 —1846 年）。作为一名风俗画画家，威尔基很富有，也很成功，相反，海顿则由于一心专注于需求很少的历史主题而一生贫困无名。为了让家人摆脱贫困，海顿创作了许多描绘拿破仑的画，每幅画只卖 5 几尼，在这些画中，拿破仑正在圣赫勒拿岛回忆着他过去的荣耀。从某种程度上来说，海顿是他自己的不幸的始作俑者，可他却将自己的丢人境况归咎于皇家美术学院。也许只有透纳的同行们能看出拿破仑和海顿之间的联系，并意识到被悬挂在一起的两幅画对比的不仅是战争与和平，也是艺术家的事业。

透纳很少回应那些批判性的嘲讽，但据罗斯金所说，透纳在 1842 年的年展上展出了《暴风雪——汽船驶离港口》（图 160）这部作品，有人将该作品批评为"肥皂沫和白石灰"，这深深地刺痛

了透纳。罗斯金描绘了一个愤怒并受到了伤害的透纳对自己小声咕哝着，"肥皂沫和白石灰！他们还会说出什么来？我想知道他们认为大海应该是什么样子的？我希望他们当时也在海里"。这幅画是透纳晚年创作的最令人印象深刻，然而又非常令人困惑的油画作品之一，并不是因为作品的意义晦涩难懂而且有时还是多重意义的叠置，而是因为它被神话和误导性的信息层层包裹，这要归咎于透纳自己。透纳的这幅画要价过高，坦白地说，高得简直令人难以置信，但是如果这幅画对他来说不是非常重要的话，他也不会这么做。若不考虑其神话性，这部作品体现了透纳对艺术和对民众的态度。

任何重新鉴定首先都是试图将画出的图像与标题相匹配。事实上，后者既是标题，也是解释。

这个看上去过于冗长的标题反映了透纳既希望人们能理解他的

图160
《暴风雪——汽船驶离港口，在浅水处发出信号并听从指挥继续前进。在"精灵号"离开哈里奇港的那个晚上作者正处于这场风暴之中》
创作于1842年
布面油画
91.5厘米×122厘米
英国泰特美术馆
伦敦

图161
《贩奴船、烟花和蓝光
（就在眼前）以警告浅
水区的汽船》
创作于1840年
布面油画
91.8厘米×122.2厘米
斯特林与弗朗辛·克拉
克艺术研究院
威廉姆斯镇
马萨诸塞州

画，又担心他们看不懂他的画。然而，评论家们似乎仅被冗长的标题与贫乏的图像之间的矛盾给激怒了，但若仔细观察，透纳用语言描绘出来的一些事物便出现在画中，如船本身是在暗示甲板上的人物，他们也许是在用传统的铅坠来探测水的深度和右侧码头的木制板条的位置。这幅画让我们感受到了风暴的力量；标题引导我们品读画的细节。它们共同暗示了一艘200吨重的近海汽船的困境，它正成功地通过处在危险水域中的航道，汽船的功率刚好足够使它没有在浅滩搁浅。

题目的最后一句"在'精灵号'离开哈里奇港的那个晚上作者正处于这场风暴之中"是透纳编造的"神话"，因为标题的最后一句强烈地暗示这幅画是纪实性的而不是他想象出来的。但是它所宣称的事情却是不足信的，因为图像的起源可以追溯到透纳早期的作品，尤其是创作于 1840 年的《贩奴船、烟花和蓝光》（图 161）。他保留了能在他的早期作品中找到的汽船、烟花和危险的浅滩，但他滤去了天空中的大部分蓝色，给人以更阴暗、更加不祥的印象。《贩奴船、烟花和蓝光》中的弧线形烟雾被转换为旋涡状的结构，透纳用这个旋涡来暗指他 40 年前在《汉尼拔》（图 72）中画的猛烈的暴风雨。然而，《暴风雪——汽船驶离港口》中出现的旋涡所采用的形式是极为抽象的"阴—阳"图案。

经证实，事实上根本就没有名叫"精灵号"的船驶离哈里奇。但透纳也许是将"精灵号"与"仙女号"给弄混了，1840 年 11 月，"仙女号"驶离了港口。

在恶劣的天气下，"仙女号"上所有的人都沉入了海底。更令人不安的是透纳说的话，他曾这样对他的朋友威廉·金斯利牧师说，他让水手们把他绑在船的桅杆上观察暴风雪，并且被绑了 4 个小时。对于一位 65 岁的老人来说，这种磨难是致命的；有人还怀疑这个故事是透纳从另外两名画家约瑟夫·韦尔内和鲁道夫·巴克赫伊森（1630 — 1708 年）的自传中引用来的。

透纳对波涛汹涌的大海的第一次体验被很好地记录下来，然而，从一开始，人们就将他的海景画与早期绘画大师的作品进行比较，而不是与真实的大自然进行比较。1833 年，透纳通过《凡·戈因挖掘主题》（图 138）增强了这种比较，希望观众能这样想：与凡·戈因一样，透纳也在开阔的水域上研究他描绘海洋的作品。然而，在《暴风雪——汽船驶离港口》中，评论家们说他总想胜人一筹，这是在玩一个轻率鲁莽的游戏。透纳并没有用早期绘画大师作"替身"，而是征用了他们生活中的事例，将其夸大，并用来证明他自己的画所描绘的情景是真实的。这也许解释了在标题中他为什么要用单词"作者"而不是"艺术家"来描绘自己。透纳常常被指控为添油加醋，但却很少有人质疑在海上幸免于难的作家们的诚实正直，如流行小说《海难》的作者威廉·福尔克纳等。

整个事件最令人费解的一个方面是透纳对威廉·金斯利牧师的母亲的态度。当她陪同儿子一起到透纳在安妮女王街的美术馆参观时，她觉得这幅画画得十分真实。据金斯利说，当他后来告诉透纳说他的母亲被这幅画所震惊的时候，透纳的回答是不屑一顾的："他说'我作画并不是为了要被理解，而是我想展示这种场景本身的样子……并不要求每个人都一定得喜欢它'。""但是"，金斯利说，"我母亲曾经历过这样的场景，您的这幅画让她想起了当时发生的一切。""您母亲是

一名画家吗？""不是。""那么她应该想点别的事情。"

透纳此时的行为完全是不合逻辑的。他拒绝承认金斯利的母亲有任何理由来喜欢、理解或评价这幅画，即便是她曾亲身经历过，用他的话来说，"这种场景本身的样子"。事实上，似乎是她说她曾经历过透纳也经历过的磨难这句话让他变得如此生气的。透纳对这幅画及该画所描绘的经历的态度是自负的，他认为只有他自己才配拥有这样的经历；这表明，也暗示，作为一名画家，一名天才画家，

透纳对世界的体验与其他人对世界的体验是完全不同的。

1842 年夏，罗斯金（图 162）正在瑞士，当他听说人们对透纳在皇家美术学院展出的画恶评如潮时，他开始撰写替透纳辩护的小册子。当这种批判的势头变得越来越猛烈时，小册子被编成了一本书《现代画家》，并于 1843 年 5 月出版。在接下来的 17 年里，《现代画家》从一卷增加到五卷。如今，《现代画家》被视为维多利亚文学一座最重要的丰碑，但在当时，它并没有立即产生直接的影响。

出版商约翰·默里连看都没看一眼便拒绝了这本书，理由是"人们根本不关心透纳"，他们对现代德国艺术更感兴趣。然而，当《现代画家》最终得以出版时，受到了一些著名文学家的追捧，如小说家乔治·艾略特、夏洛蒂·勃朗特和盖斯凯尔夫人，以及诗人华兹华斯和塞缪尔·罗杰斯。乔治·艾略特甚至赞美这本书的作者是"当今最伟大的导师……有着希伯来先知的热忱"。然而，由于这本书最初是匿名出版并仅向"一名牛津大学毕业生"致谢，因此，乔治·艾略特并不知道她的希伯来先知竟然年仅 24 岁。但她的描绘却抓住了罗斯金著作说教的特征，以及贯串整个文本的在道德和审美上的确定感。

《现代画家》第一卷之所以让人感到新鲜并具有独创性，部分原因在于罗斯金是在半秘密的状态下进行创作的，完全没有征求外部意见，如果征求外部意见的话，这些意见可能就会削弱罗斯金激烈的带有偏袒性的评价。这本书不是一本关于艺术史的书——而是一个持续的论战。它的全名是《现代画家：现代艺术家的作品，尤其是 J.M.W. 透纳和 R.A. 先生等艺术家的作品体现出的真、美和智慧证明在风景画艺术领域现代艺术家要比所有古代艺术大师更有优势》——事实上，这是罗斯金论点的一个概要。他通过很多方式来研究透纳的作品，如参观画廊、查阅版画等，尤其是在 B.G. 温达斯的家中——他大量收藏了透纳的水彩画作品，其中的部分作品被展示于约翰·斯嘉丽·戴维斯（1804 — 1845 年）1835 年出版的一本

图163
约翰·斯嘉丽·戴维斯
《在托特纳姆的本杰明·戈弗雷·温达斯图书馆》
创作于1835年
水彩画
28.8厘米×55.1厘米
英国博物馆
伦敦

书（图163）中。罗斯金并不是十分了解那些早期的艺术大师，他用来了解他们的第一手材料源自达利奇美术馆和新兴的国家美术馆的收藏品，但他却准备苛刻地评判他们。

对于那些有着比较广博的知识和同情心的人，如诗人罗伯特·勃朗宁来说，罗斯金对早期绘画大师的看法太极端了，尽管从某种程度上来说，他的这种极端主义是被报纸和期刊的评论家们逼出来的。

可以说，这些评论家们是《现代画家》中的"反派角色"。他们不厌其烦地重复着透纳晚期作品的不自然，但这些结论的得出，并不是将透纳的作品与自然本身相比，而是将透纳的作品与早期的风景画相比。相反，罗斯金根据他对自然世界的仔细观察得出结论：透纳的作品是对自然的"真实"再现，而早期绘画大师则是懒惰的和刻板的。透纳只有将他自己从克洛德、普桑和萨尔瓦多·罗萨等人的教导中解放出来，才能变得真正地伟大。这种假设让罗斯金不看好透纳的早期作品，认为它们是"无聊的画"而不予理会，甚至后期画的《雷古勒斯》（图117）等经典主题也不例外，因为在这些作品中，克洛德对透纳的影响挥之不去。

就罗斯金而言，他显然缺乏批判性的眼光，这是他的多元主义

图164
《法伊多附近的圣哥达
山口》
创作于1843年
用铅笔、水彩颜料和刮
白技法创作的作品
30.5厘米×47厘米
皮尔庞特·摩根图书馆
纽约

自然观和宗教自然观的必然结果，这种自然观与透纳年轻时流行的观念截然不同。在前几章里，我们解释了皇家美术学院是怎样教导在年龄上相当于罗金斯的爷爷辈的透纳的：最伟大的风景画画家通过挑选有形世界最美的一面来理想化地呈现他们的主题。

罗斯金被大自然无限的多样性所深深吸引，并深深地意识到风景形成的过程。对他来说，只要透纳的作品代表了这些大自然中的"真实"，透纳就是"令人印象深刻的和有影响力的"，因此在《现代画家》中的雄辩的描述性段落中，罗斯金将透纳的作品与自然现

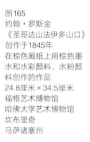

图165
约翰·罗斯金
《圣哥达山法伊多山口》
创作于1845年
在棕色画纸上用棕色墨水和水彩颜料、水粉颜料创作的作品
24.8厘米×34.5厘米
福格艺术博物馆
哈佛大学艺术博物馆
坎布里奇
马萨诸塞州

象匹配在一起。他声称，如果那些作品到目前为止被认为是不真实的，那是因为透纳对这个世界的观察很敏锐，他能够呈现出超出大部分人的经验的视觉事实。

罗斯金对透纳的《法伊多附近的圣哥达山口》（图164）的评价令人印象深刻，该部作品是透纳和他的父亲于1843年受第二套瑞士样本研究的委托而创作出来的。1845年，当罗斯金在瑞士旅行时，他发现了水彩画所呈现的地点，但他却惊讶地发现，就像他写给他父亲的信那样："与透纳的构思相比，眼前的这些山看上去非常

小，非常不起眼"，罗斯金还画了一幅画（图 165）来证明他所说的。罗斯金并没有总结说透纳伪造了阿尔卑斯山的地貌，相反，他在《现代画家》第四卷中坚称，事实上，透纳呈现的是一种"更高级更深刻的真实"——一种对印象的真实记录而不是对外表的愚忠。它不仅体现了透纳所看到的、所感受到的、所体验到的一切，在游历了"阿尔卑斯山最狭窄、最雄伟的一个深谷"之后，他来到了这个地方，"……圣哥达山最高的山峰"。只有最伟大的画家才能画出这种深刻的真实，这使透纳不同于其他罗斯金欣赏的英国画家，如 J.D. 哈丁（1798 — 1863 年）或柯柏里·费尔丁（1787 — 1855 年）等。

《现代画家》第一卷于 1843 年 5 月出版，正值皇家美术学院的年展，年展中展出的作品有《瓦尔哈拉神殿的开放，1842 年》（图 166），3 幅以威尼斯为主题的画和根据歌德的《色彩理论》创作的姊妹篇。1840 年，伊斯特莱克给了透纳一份《色彩理论》一书的翻译，还加上了他自己的注释，其中有些注释批判了歌德的假说。《光与色（歌德的理论）——洪水灭世后的清晨——摩西写成〈创世纪〉

及其姊妹篇——阴霾与黑暗——洪水灭世之夜》反映出透纳对当代科学论辩的兴趣，尤其是与他的职业有关的方面。这些高调的作品，在 1994 年德国的一次展出中被盗，在 2002 年又重新露面。

根据歌德理论创作的作品被普遍地认为是令人费解的。而《瓦尔哈拉神殿的开放，1842 年》却令人惊讶地获得了好评，这让透纳误以为这幅画会提高他在国外的声望。可当他在 1845 年将这幅画寄给慕尼黑欧洲艺术大会时却引发了完全相反的效果。毫无疑问，引自"希望的谬误"的诗句表明该作品（与瓦尔哈拉神殿一样）旨在庆祝德国的重新崛起，自奥斯特利茨战役（1805 年）和耶拿战役（1806 年）以来，德国摆脱了拿破仑的羞辱，在艺术和科学方面又恢复了以往的显赫地位。这幅画是献给巴伐利亚路德维格一世的。画中的人物挤在前景处以及后面的道路上，暗示了一个民族正在庆祝和平所带来的快乐和恩泽。显然，从利奥·冯·克伦泽自己画的建筑物（图 167）中我们可以看出，建筑师想要让瓦尔哈拉神殿高高在上，以区别于周围的乡村景色，但透纳却将它置于背景之中，让其与周围的风景融为一体。这两幅作品的对比也许部分地解释了为什么巴伐利亚人会将透纳的庆祝作品误解为对建筑物及它所体现

图166
《瓦尔哈拉神殿的开放，1842年》
创作于1843年
在木头上用油画颜料创作的作品
112.5厘米×200.5厘米
英国泰特美术馆
伦敦

图167
利奥·冯·克伦泽
《瓦尔哈拉神殿》
创作于1836年
布面油画
95厘米×130厘米
艾尔米塔什博物馆
圣彼得堡

出的民族主义情感的一种讽刺——他们还没有准备好接受透纳画中的异端人物、含糊的处理和非传统的色彩。当画连同 7 英镑运费被一起寄回时——画还有点破损，这激怒了透纳，但据罗斯金说，这幅画在 1843 年被完成时便有些破损。人们常指责罗斯金，认为他对透纳作品的保存状况过于大惊小怪，但专门研究作品的保存方法的科学家对《瓦尔哈拉神殿的开放，1842 年》的分析则表明它是用很多种类的绘画媒介创作出来的，其中包括亚麻籽油、树脂、蜡和油或沥青的混合物。如果在没完全干透的情况下，就在这种用各种材料配制成的物质上画画，就会导致罗斯金所看到的破裂的现象。

图168
《威尼斯的太阳入海起航》
创作于1843年
布面油画
61.5厘米 × 92厘米
英国泰特美术馆
伦敦

通常来说，透纳描绘威尼斯风光的画都受到了好评，他在 1843 年展出的作品《威尼斯的太阳入海起航》（图 168）却几乎没有受到评论家们的青睐。与其说他们反感的是作品本身，不如说他们反感的是在皇家美术学院的展览目录中所附的诗句，这些诗句改编自托马斯·格雷的《吟游诗人》：

清晨，晴空万里，微风轻柔地吹过，
威尼斯的渔民高兴地扬帆起航，帆上画满了画。
恶魔也没有注意到，在可怕的宁静中，
他正期待着他晚上的猎物。

这些冷酷的诗句暗示了渔船即将面临的灾难，这完全破坏了画面的宁静感，令一些作者感到不安，因为他们之前曾将透纳描绘威尼斯风光的画看作不太复杂的、迷人的作品。在认真地读了这些用诗写成的说明性文字之后，罗斯金指出，透纳想要表达的是一种"极致之美，一种充满了威胁和极度的悲伤的美"，透纳描绘的威尼斯风光如果不是拥有这种终极美的话，就一无是处了。透纳和罗斯金都崇拜拜伦绝非巧合，因为正如之前所解释的那样，对于拜伦来说，城市的中世纪建筑和文艺复兴时期的建筑让人联想到它之前的

伟大和逝去的自由。因此，他的描绘威尼斯的作品是优美的，但它们的光线和空气却常常令建筑物看上去非常脆弱，似乎它的美也会最终像威尼斯共和国那样转瞬即逝。德联邦的复兴成为透纳《瓦尔哈拉神殿的开放，1842 年》的主题，而与德联邦不同，威尼斯则始终处于衰弱的状态，在 1866 年以前一直受奥地利人的控制。

《现代画家》对透纳作品的销量的影响并不是立竿见影的，这就解释了为什么透纳要在 18 个月以后才最终感谢罗斯金为他所做的一切努力。与以往的作品相比，他 1844 年提交给皇家美术学院的作品得到了较好的评价，其中以《雨、蒸汽和速度——西部大铁路》（图 169）最为吸引人。与透纳为他的作品所起的一些笨拙的名字相比，《雨、蒸汽和速度——西部大铁路》唤起了与透纳同时代的人通过风景画对快速运动的新鲜体验。正如萨克雷在给《弗雷泽杂志》写的评论中所解释的那样，作品的名称与画中的意象非常一致。

图169
《雨、蒸汽和速度——
西部大铁路》
创作于1844年
布面油画
91厘米×122厘米
国家美术馆
伦敦

小说家被透纳的这种手法惊呆了。透纳设法用最独特的物理方式来暗示像高速运动感一样难以捉摸和难以理解的事物，如像"用一把刀抹在油画布上的脏油灰"一样的雨等。当萨克雷告诉他的读者说"这幅画是世界上最美的东西"时，他一点也没有夸大其词。

　　萨克雷似乎对那个时代的"铁路狂热症"持乐观态度，然而对于其他人来说，这却是极度忧伤的源泉。1844 年 12 月，华兹华斯给《晨邮报》写了两封信，痛苦地抱怨了铁路线延伸到他深爱着的湖泊地区的心脏，"纵横交错的铁轨令湖泊地区满目疮痍，机器的轰鸣声不绝于耳，滚滚浓烟污染了环境"。铁路计划的支持者们为之进行辩护，理由是铁路能让英国北部的城市工人阶级体验到清新的空气和如画的风景，即便这种体验是短暂的，也比被囚禁在城市中要好。华兹华斯居高临下的回答是，应该教会这种"寻找快乐的人"如何欣赏大自然，那些坐过从肯德尔镇到温德米尔湖的火车的人，"他们觉得他们想见识的、火车穿越国家的速度还不够快"。渐渐地，罗斯金也开始认同华兹华斯的观点，他不喜欢《雨、蒸汽和速度——西部大铁路》的主题，故意避免提及它，只是说透纳画这幅画的目的是为了探讨一个丑陋的主题。如果罗斯金能像研究透纳的其他作品那样仔细地研究《雨、蒸汽和速度——西部大铁路》的话，他将会发现在火车前有一只逃命的野兔。画家 C.R. 莱斯利 9 岁的儿子看见透纳在 1844 年皇家美术学院的"修正日"期间将这个小生物添进了画中，标题中的"速度"可能指的是野兔而不是火车头。罗斯金对现代科技的敌意蒙蔽了他的双眼，使他只看到了表面现象，却忽略了画面中可能蕴含着的深意。

虽然罗斯金疯狂地致力于对透纳的研究，但他也承认，在智力和体力上的退化令透纳的晚年不再那么辉煌。自1845年以后，透纳的作品只能体现出一位伟大天才的一点影子。尽管这种评价经常被重申，但它却可能是对透纳职业生涯的最后阶段所做出的虽不是特别清晰，但却较为公平的描述。罗斯金认为透纳于1846年创作的《站在阳光中的天使》表明他患有"精神病"。如果有人相信罗斯金的话，那么透纳就有可能像现代美国画家威廉·德·库宁（1904—1997年）一样，库宁最后的作品也引发了争议，因为他在创作这些作品的时候得了阿尔茨海默病。事实上，透纳与以往一样敏锐。在透纳逝世之前的几个月里，诗人兼文选编者弗朗西斯·帕尔格雷夫在一次社交场合遇到了他，帕尔格雷夫写道："在思想上，他和几年前一样坚定，在兴趣上也和几年前一样浓厚。"正如帕尔格雷夫所说的那样，透纳并没有失去对知识的好奇心——例如，他常常去参观摄影师 J.J.E. 梅耶尔（1813—1901年）的工作室，自己研究新方法，当梅耶尔认出他以后，他就再也没有去过。他还被水晶宫建筑所深深吸引，这是由约瑟夫·帕克斯顿（1801—1865年）设计的坐落于海德公园，用钢铁和玻璃建造的巨大建筑，在该建筑里举办了1851年万国工业博览会——艺术、科技和制造业的国际盛事。

在这段时期，透纳变得越来越神秘，看起来可能比以前更古怪，但除了帕尔格雷夫之外，还有许多人都证明他的思想是健全的。但从另一方面来说，他频繁的身体疾病影响了他画画和旅行的计划。1845 年 9 — 10 月，透纳最后一次到欧洲旅行，参观了迪耶普和皮卡第海岸。他的行程表中还包括伊乌——皇家城堡的坐落地（图 171），很巧，他以前的邻居路易 - 菲力普国王当时正住在那里。

自此之后，透纳的足迹只局限于肯特海岸的马尔盖特和迪尔，他在这两个地方画画或修养。对于透纳来说，他的健康问题

图171
《伊乌风光，路易-菲力普大教堂和城堡》
创作于1845年
用钢笔、铅笔和水彩颜料创作的作品
23厘米×33.2厘米
英国泰特美术馆
伦敦

并不是唯一令他焦虑的，因为与大多数资深的院士一样，透纳必须在 1845 年 7 月接受任命，成为皇家美术学院的副院长。院长马丁·阿彻·希爵士由于疾病而被迫辞职。尽管透纳和他的朋友乔治·琼斯共同分担了这份职责，但这些职责（用透纳的话来说）"令人生厌且令人不快"，破坏了他的幸福、他的胃口，以及他在 1846 年出国旅行的计划。当他在同年 12 月放弃了所有的职务时，顿时深感轻松。

值得注意的是，在这种情况下，透纳还设法为皇家美术学院

1846 年的年展准备了 6 幅油画，其中包括《温蒂妮将戒指给那不勒斯渔民马萨尼洛》和与它一起展出的《站在阳光中的天使》（图170）。在后一件作品中，黄色和白色颜料画成的宽宽的同心轴表现了圣经《启示录》中天使身上发出的耀眼的光芒，创造出非传统的、高度集中的构图，这是透纳在 19 世纪 40 年代创作的油画作品的主要特征。

《站在阳光中的天使》的效果是如此地显著，起初，透纳很可能打算将其画成圆形的作品，可后来，他还是决定将其画成一幅方形的作品来展出。评论家们对这幅画的评价褒贬不一，但《旁观者》的评论家却很钦佩透纳这幅"运用全部颜料创作出与光之源相媲美"的作品，同时也惋惜画中的人物"完全向形式告别"。事实上，虽然透纳所画的扑朔迷离的幻影并不是对人物的细致描绘，但人们却能够识别出那些再现出来的人物形象，如左侧的骷髅脚下有一个婴儿，骷髅前的亚当和夏娃发现了他们的儿子亚伯的尸体。画的右边似乎是《旧约》中的人物参孙和大利拉以及朱迪斯和荷罗孚尼。然而，人们并不是十分清楚这些人物都代表了什么，并且，人们对《站在阳光中的天使》这幅画的整体意义以及它与它的姊妹篇《温蒂妮将戒指给那不勒斯渔民马萨尼洛》之间的联系并没有达成共识。一些论证最严密的解释也得出了完全不同的结论。在《现代画家》的一篇文章中，罗斯金将透纳比作"《启示录》中最伟大的天使"，查尔斯·斯塔基借鉴了这篇文章，将画中的人物看作透纳对其批评家的一种间接回应，尤其是约翰·伊格尔斯牧师。杰拉德·芬利认为此画暗指 1846 年 4 月 16 日发生的试图对路易 - 菲力普国王进行行刺的事件，而希拉·M. 史密斯则将其解释为是对当代国家独立和政治自由运动的一种评论。

对画家作品的相互矛盾的解释经常出现，这是因为评论家们是从不同的历史角度或从不同的方法论出发来对作品进行讨论的。在这个例子中，所有试图解释这些图像的作者大体上都是从同样的立场出发的。他们从作品本身及与其相关的文本出发，然后，将这些作品和文本与艺术家的生活或当代历史、文化中可能影响艺术家意识觉悟的方方面面联系在一起。这种方法是以联想为基础的，因为对概念的联想对理解透纳的艺术起着至关重要的作用。

然而，这些作品及透纳晚期创作的一些其他的油画作品太过让人捉摸不定，与透纳同时代的人和现代学者都无法确定无疑地追随他的思路。由于从来就没有一种对《站在阳光中的天使》的最权威的解读，人们更应该关注他是如何创造出这种晦涩难懂的图像的，也许这种分析思路的转变会更好地诠释透纳的作品。

通常情况下，透纳不愿意解释他的作品，但有一次，他确实给了罗斯金一点暗示。透纳似乎想要观众自己去体会其中的意义，但他也许并没有完全意识到他的作品是多么地令人费解。或许他不仅使用了暗示、隐喻和联想等手段，而且，随着年龄的增长，透纳根深蒂固的思维模式也变得越来越显著。如果是这样的话，人们在他的作品中将也能找到经常出现在他的演讲中的东西，与他同时代的人确实对他的艺术感到困惑，就像他们有时会对他的话感到困惑一样。例如，1846 年，当透纳得知本杰明·罗伯特·海顿自杀了时，他对他的一名感到惊讶的同行丹尼尔·麦克利斯说："海顿刺伤了他的妈妈。"这种骇人听闻的比喻体现了透纳对海顿挥之不去的愤怒，因为他曾抨击皇家美术学院。透纳认为，皇家美术学院就好比是生养他的"代孕母亲"，而不像他的亲生母亲那样反复无常而暴力。他认为成为皇家美术学院忠实的儿子是每位画家义不容辞的责任，因此他绝不会原谅海顿，即便海顿死了透纳也不肯原谅他，因为他认为海顿缺乏对"母亲"的尊重。麦克利斯只是按字面的意思去理解透纳的话，没能从根本上体会这些很私人的联想。

透纳在 1846 年年展上展出的其他作品都比较好理解。与前年一样，他展出了 2 幅描绘捕鲸场景的画，尽管罗斯金将它们描绘成"完全不值得一提"，这两部作品是对透纳作为海景画画家的活动的一个重要补充。总的来说，这种题材的画是为从事捕鲸业或投资捕鲸业的客户创作的。透纳大概是希望将这幅画卖给企业家伊勒哈南·比克内尔，尽管其中的一幅画画的是驶出赫尔、敦提和亚伯丁的北极舰队，而不是比克内尔的太平洋冒险队。

《陷入碎冰带（正提炼鱼油）的捕鲸人正奋力自救》(图 172)暗指北极舰队在 1835—1836 年的两个连续的冬天里所经历的艰难险阻，那时他们为了追赶筋疲力尽的鲸群驶入了北极的未知地区并陷入困境。尽管透纳呈现了盯着冰层想解救自己的海员，但他们只有等天气开始变暖之后才将自己释放出来，在长达几个星期的因禁期内，他们忍受着冻伤、饥饿和坏血病的折磨。这段小插曲最初是由赫尔画家托马斯·宾克斯（1799—1852 年）描绘的，他提供了更多关于船和环境的细节（图 173）。1849 年在去伦敦参观时，《白鲸》（创作于 1851 年）的作者——美国作家赫尔曼·梅尔维尔听说了透纳捕鲸题材的画，在他小说的某处，赫尔曼·梅尔维尔描绘了在一个客栈的墙壁上挂着的关于捕鲸的匿名画，毫无疑问，他那时想到的是透纳。

在 1846 年秋，透纳决定从伦敦中心安妮女王街的家中搬走，可能是因为该地区变得每况愈下并且很混乱，他不得不离开并在别处重新开始生活。他在切尔西戴维斯 6 号租了一个小房子，使索菲亚·布斯看上去像是个租户，这样人们就不会发现他的真实身份了。在他生命的最后 5 年中，透纳对他的邻居们隐姓埋名，一些邻居称他为海军上将布斯，认为他是索菲亚的丈夫，是一名退休的海军军官。同样，他也对他的同事们保密，因为尽管他仍积极地参加皇家美术学院举办的社交活动，但他却拒绝透露他的新住址，为了保证不被跟踪，他要绕道走很远的路才回家。虽然他在戴维斯的房子很小，但在这儿他却能很好地欣赏泰晤士河，透纳还让人在屋顶建了一个观望台，在上面他可以观赏日出和日落。

透纳虽然很神秘，但却不喜欢孤独。他仍然接受宴请，直到他

图172
《陷入碎冰带（正提炼
鱼油）的捕鲸人正奋力
自救》
创作于1846年
布面油画
90厘米×120厘米
英国泰特美术馆
伦敦

离世的那一年，那时他的龋齿被拔掉了，他深知自己吃东西的习惯不好。直到那时，他才成为罗金斯在伦敦东南部丹麦山住所的常客。据评论家自己说，透纳来不是来找罗金斯陪伴他，而是找罗斯金的父亲——约翰·詹姆斯·罗斯金作伴，因为罗斯金的父亲在年龄和观念上都与透纳比较接近。由于伊勒哈南·比克内尔和托马斯·格利菲斯也住在附近，因此，这个地方为透纳提供了许多朋友和赞助人，在这里，他可以遇到许多朋友和赞助人，他们陪伴并款待透纳，就和当年的沃尔特·拉姆斯登·福克斯和埃格雷蒙特伯爵一样。

尽管在 1847 年的信中，透纳很少提及他的健康状况，但似乎

图173
托马斯·宾克斯
《向前看到的景色，冰中的米德尔顿和简·贝赛特》
创作于1836年
布面油画
76厘米×108.9厘米
赫尔城市博物馆和艺术馆

图174
《劳瓦兹湖与大小米腾山》
约创作于1848年
用水彩颜料、钢笔和墨水及刮白手法创作的作品
33.7厘米×54.5厘米
维多利亚和阿尔伯特博物馆
伦敦

他感到画画有些困难了。然而，他还是创作出《劳瓦兹湖与大小米腾山》（图 174）等作品，这是大型瑞士水彩画系列中的最后一幅，他打算让他的代理人格利菲斯帮他卖掉。他在 19 世纪 40 年代早期画的画，如《戈尔道》（图 156）和《红色的瑞吉峰》（图 155）等，在画面的处理上很随意并缺少细节，因此让透纳的一些客户们大失所望，比较而言，《戈尔道》对人物的刻画更清晰，人物休憩的岩石也充满了质感，显得很坚硬，但在《劳瓦兹湖与大小米腾山》中，地质形态的这种坚硬性消失了。大概后者是还没有画完的作品，也有可能是因为年纪大和疾病开始影响透纳的绘画水平。如

果是这样的话，那么身体对他的影响被部分地隐藏在他的水彩画作品中，因为尽管《劳瓦兹湖与大小米腾山》缺乏准确性，却不愧为一个明亮的、失去了物质形态的景色，让观众浮想联翩。相反，油画颜料则是一种更坚固且消耗体力的媒介，它往往会暴露出画家的弱点。1848 年，透纳只给皇家美术学院上交了一幅油画作品《身经百战的英雄》（图 2），即使是这幅画也是将 40 年前的画重新涂了

颜色而已。对一个评论他展示的作品少得可怜的同行，透纳反驳道，"明年我的作品会更少"。

　　直到近年，《身经百战的英雄》才得到重视，尽管画保存得不是很好，并且早期和晚期的风格也不协调，但这幅画绝不仅仅是透纳为了在公众面前保持住自己的名声而采用的孤注一掷的权宜之计。他精心地挑选了他的主题——怀亚特铸造的威灵顿公爵（图

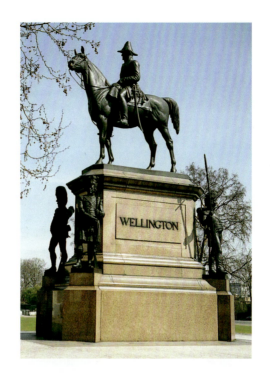

图175
马修·科茨·怀亚特
《威灵顿公爵》
创作于1847年
青铜雕像

175）巨大的骑马雕像。11 米高的雕像是公众激烈争论的焦点：尽管雕像（透纳将其描绘成是分段的，而不是完整的）在工艺上是一大力作，但作品本身则被看作艺术上的一个灾难，认为其不配放在威灵顿公爵在伦敦的住所——阿普斯利宅邸附近的宪法拱门。透纳担心的不是雕像的命运（现在，雕像被放在军事小镇奥尔德肖特，已经破败不堪了），而是威灵顿的声誉，如果人们不把雕像放在预计的位置的话，逝去的威灵顿就会认为这是对他的一种侮辱。透纳很钦佩威灵顿，曾经戏谑地宣称他们是在同一年出生的，但到了1848 年，人们普遍认为他们都早已风光不再。在透纳看来，对怀亚特雕像的位置的激烈争论表明了大众观点的无常和名誉的短暂，正如 40 年前教皇别墅的拆毁一样（图 57）。

　　1848 年，正像透纳所说的那样，在皇家美术学院他没有展出一幅作品，他想到了自己的死亡，并开始着手修改遗嘱。这大概解释了为什么透纳决定雇用一名年轻的画室助手弗朗西斯·谢雷尔。

这看起来是一个令人惊讶的举动，透纳之前讨厌别人闯入他的工作空间，可现在由于他新创作的油画作品数量在减少，而他打算留给国家的作品正在安妮女王街画廊的潮湿环境中备受冷落，急需一名画室助手的照料。年末，透纳得了霍乱，后来被索菲亚·布斯照料好，又恢复了健康。虽然透纳当时还没有完全康复，不能为皇家美术学院 1849 年的年展准备新的作品，但他借来了早年卖给休·芒罗·诺瓦的海景画，并用 6 天的时间重新对该画进行了处理，芒罗一直在一旁紧张地看着。《失事船只的航标》（图 177）要比《身经百战的英雄》看上去更和谐，但在蕴意上两者却一样阴郁，这是因为透纳常常将船只失事作为对人类抱负的破灭的一个隐喻，这鲜明地体现在他在这一时期所创作的水彩画试作中，他在梁端上画了一艘船（图 176），并刻上了下面几行字："她失去了所有的希望 / 每片海都会将一艘弃船 / 冲向未知的海岸……"

透纳拒绝了美术协会要为他的作品举办一个回顾展的提议，因为在透纳看来，回顾展也许是太过诱人的一件好事了。不管怎样，透纳的事业并没有结束，在 1850 年，与预期的相反，透纳集中精力完成了"四重奏"作品，这 4 幅画讲述的是关于狄多和埃涅阿斯

图176
《"失去了所有的希望"》
约创作于1845—1850年
用水彩颜料和铅笔创作的作品
22.9厘米×32.5厘米
耶鲁大学英国艺术中心
保罗·梅隆收藏馆
纽黑文市

图177
《失事船只的航标》
约创作于1807年，重
作于1849年
布面油画
92.7厘米 × 123.2厘米
沃克美术馆
默西塞德郡博物馆和美
术馆

的故事——这是他寄给皇家美术学院的最后一批作品。在透纳生命的最后十年里，他时常回归到年轻时处理过的主题和作品。《诺勒姆城堡日出》（图 178）是晚期布面油画中未完成的几部作品之一，是以最先作为《钻研之书》的一部分出现的图版为基础的。无法判断它们从本质上来说是私人作品，还是透纳打算在皇家美术学院的"修正日"里将它们完成。这些画在形式上高度概括，预示了透纳在最后展出的作品中所要体现的形式。然而，《诺勒姆城堡日出》十分美丽，光彩照人而且脍炙人口、经久不衰，而关于狄多和埃涅

图178
《诺勒姆城堡日出》
创作于1845年
布面油画
90.8厘米×121.9厘米
英国泰特美术馆
伦敦

图179
《拜访墓地》
1850年
布面油画
91.5厘米×122厘米
英国泰特美术馆
伦敦

阿斯的作品则存在着很多的问题。

1928 年，泰特美术馆被洪水淹了，《埃涅阿斯向狄多描绘了他的故事》可能就是在那时被毁的。尽管残余部分的色彩很鲜艳，但被涂满色彩的表面却缺乏早期作品的活力或精妙。与水彩画《劳瓦兹湖与大小米腾山》（图 174）一样，人们习惯将这归咎于透纳身体状况的衰退。

罗斯金回忆道，有一次，透纳因他的手不再听使唤而悲哀地流泪。弗朗西斯·谢雷尔也曾这样描述透纳：用他的手在一个桶里将

含铬的颜料混合在一起，然后再以同样的方式将它们涂在油画布上。年迈的透纳手指不再灵活，不能很好地控制画笔，于是他便常常直接用手来处理颜料，甚至还将手印印在他的多幅油画作品上。

而且，与透纳一样，画作本身经历了时间的摧残。例如，随着时间的推移，《拜访墓地》（图 179）已经破裂，油画布已经下陷，

光泽面已经变黄，而且作品已经被保存了很长的时间。由于画已损毁，因此很难评估在透纳最后多产的一年里，他的体力如何，但他的雄心壮志和智慧的力量却是毋庸置疑的。

之前，在透纳事业的不同时期，他曾在单幅画中讲述了关于狄多和埃涅阿斯的故事以及迦太基和古罗马之间的战争。他之所以反

复回归这些主题，是因为它们使他能够思考个人的命运，帝国的命运以及两者是如何相互交织在一起的。但将 4 幅系列作品作为一个整体来展出的决定在透纳的作品中却是前所未有的。据索菲亚·布斯说，透纳同时轮流创作了这 4 幅作品，据说他在创作水彩画时也是这么做的。透纳在身体状况时好时坏的情况下，这种努力一定让他付出了高昂的代价，而且考虑到他在之前所担心的："我将无法活着看到皇家美术学院举办的另一次画展了"，1850 年描绘迦太基的画看上去似乎是自我意识的最终陈述。

　　整个系列都受一个强有力的思想控制着，透纳用从奥维德那里得来的材料补充维吉尔的描述，并按自己的想法来构建整个故事情节。在透纳所复述的故事最后，埃涅阿斯来到迦太基，并向狄多讲述了他的丰功伟绩，狄多爱上了埃涅阿斯。狄多拜访了她的亡夫的墓地，以期对亡夫的思念可以抑制她对埃涅阿斯的激情，但却无济于事。埃涅阿斯仍留在迦太基追求他的事业，但罗马神墨丘利却被派来对埃涅阿斯进行了严厉的斥责，批评他在迦太基逗留得太久了。迫于压力，埃涅阿斯最终低头让步，他和他的船队扬帆起航了，最终，埃涅阿斯成为古罗马的建立者。他走后，狄多几乎发狂，最终结束了自己的生命。如果埃涅阿斯与狄多待在一起就会激怒众神，但埃涅阿斯的离去却导致了狄多的自杀，他种下了迦太基和古罗马仇恨的种子，这成为透纳许多作品的主题。在透纳事业的早期，他的历史观带有歧义性，人类的成就与人类的过失并置。然而，最后的这套油画四重奏呈现的是一个暗淡的故事，在故事中主人公无力控制他们自己的命运，他们必须要采取的行动对他们的后代及整个帝国都有着可怕的影响。在透纳生活的时代，古典主题已经不再流行，因为它们似乎与现代工业世界毫不相关，可透纳却大胆地保留了这些古典主题。他知道技术在发生着翻天覆地的变化，但他也相信，古典文学的教诲依然是有意义的，尽管它们可能很沉重、很悲观。

图180
约翰·埃弗里特·米莱斯
《基督在父母家》
创作于1849—1850年
布面油画
86.4厘米 × 139.7厘米
英国泰特美术馆
伦敦

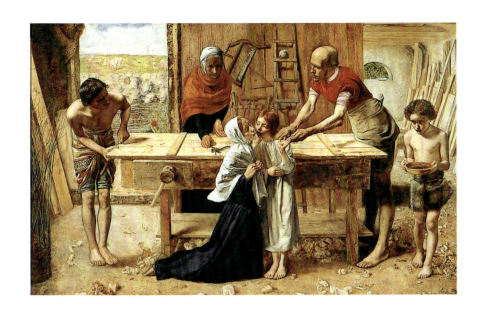

很少有评论家给予这些画以高度评价，而仅有的评论也并没有让人觉得这大概是这个国家最杰出的画家所做的最后一次伟大的创造性努力。在皇家美术学院，并没有人注意到透纳的四重奏，这是因为当时人们被自称是拉斐尔前派兄弟会的 5 名年轻艺术家所提交的 5 幅作品所激怒了。其中最著名的成员有但丁·加百利·罗塞蒂（1828—1882 年）、威廉·霍尔曼·亨特（1827—1910 年）和约翰·埃弗里特·米莱斯（1829—1896 年），他们不赞成皇家美术学院的空洞理想。他们带有感情地画画并尽可能地关注大自然，通过标榜其为"拉斐尔前派兄弟会"，他们宣称：他们更喜欢 15 世纪意大利艺术的精确和虔诚，而不是雷诺兹在米开朗琪罗和拉斐尔身上发现的力量和完美。

米莱斯画的《基督在父母家》（图 180）遭到了普遍的诋毁。《文艺报》将其描绘为"不可名状的暴行"，小说家查尔斯·狄更斯将米莱斯对圣母玛利亚的描绘比作"法国最卑贱的歌舞表演中或英国最低级的酒馆中的一个怪物"。这种恶言谩骂即使不比透纳之前遭受到的谩骂更糟糕，也和透纳曾遭到的羞辱大同小异，尽管如此，在不到 10 年的时间里，拉斐尔前派的精准性、统一的细节、容易被理解的象征主义和连贯的叙事性已经成为维多利亚时代艺术品味的定义性特征了。相比之下，透纳式的暗指隐喻和"模糊处理"变得过时了。

在透纳人生的最后 18 个月里，虽然他的健康状况急剧恶化，但他仍继续画水彩画，他在之前搜集的材料的基础上创作出少量描绘瑞士和意大利风景的作品，如《热那亚》（图 181）等。两名医生照料着他，一位是在透纳到马尔盖特参观时最先为他治疗的大卫·普莱斯，另一位是切尔西当地的执业医生威廉·巴特利特。透

图181
《热那亚》
约创作于1850—1851年
用铅笔和水彩颜料及涂掉画法创作的作品
37厘米×54.3厘米
曼彻斯特市美术馆

图182
乔治·琼斯
《透纳的灵柩停放在安妮女王街他自己的画廊里》
约创作于1852年
在画板上用油画颜料创作的作品
14.4厘米×22.6厘米
牛津大学阿什莫林博物馆

纳的健康状况恶化到几乎每天都需要医疗救护，据巴特利特说，有段时间，透纳只靠每天不到 8 品脱的朗姆酒和牛奶过活。普莱斯的诊断是透纳的心脏"有着广泛的病变"，他警告透纳说他的死期将至。透纳回答，"所以我将成为非实体喽？对吗？"他用的"非实体"这个晦涩难懂的短语令医生感到不解，但这印证了罗斯金的观点，即透纳并不相信基督教信仰中的来世。

据说透纳在去世前的最后一个星期曾说"太阳是上帝"，这表明他所持的宗教观点完全是非正统的。最有可能的情况是，与诗人雪莱一样，透纳只能在他自己的艺术中找到不朽。

1851 年 12 月 19 日，透纳与世长辞。他的遗体从切尔西被转移到安妮女王街，他的朋友和同事们瞻仰了他的遗容（图 182）。如果透纳在世，他将惊讶于那些最钦佩他的人在他死后给他带来的侮辱。雕塑家托马斯·伍尔纳（1825 — 1892 年）铸造了透纳毫无生气的五官（图 183），罗斯金将透纳颅骨的复制品拿给颅相学学者古斯塔夫斯·科恩看，以判定是否可以从透纳颅骨的形状看出天才的迹象。他们可能并没有意识到，透纳是多么急切地想切断他的外貌与他的作品之间的联系，因为他担心他的外貌会有损一名伟大的画家的声誉。与此同时，透纳的一些亲属则极其渴望得到他的

巨额财产，因为透纳并没有给他们留下任何东西。最初，透纳父亲这边的亲属宣称透纳在立遗嘱时已经神志不清。当这种辩解无效时，他们又对遗嘱中的条款提出异议，他们争辩道：在遗嘱条款中，透纳打算建立照顾穷困画家的机构，这些条款违反了与信托和慈善有关的法律。透纳的遗嘱执行人，如他的律师亨利·哈珀和画家乔治·琼斯等，十分担心在法庭外解决这一问题所面临的挑战。

　　他们最终达成了协议，在 1856 年 3 月 19 日的判决中，这一协议被认定具有法律效力，按照协议，亲属们得到了大部分财产和政府发行的债券，而艺术家画室中剩下的所有作品，"不论是已经完成

的作品还是未完成的作品都是留给人类的宝贵财富"。国家美术馆后来拥有透纳的 6 件作品，却缺少充分展示它们的空间。好多年来，这些作品一直在其他的地方被展出，如马堡大厦和南肯辛顿博物馆（即现在的维多利亚和阿尔伯特博物馆）等。自透纳逝世以来，人们一直对他的作品究竟应该在什么样的环境下保存并展出这一问题争论不休——有时争论得还相当激烈。透纳曾经希望他的慈善基金以及他遗赠给国家的礼物能让他名垂千古。结果，他的不朽之路却与他想象的完全不同，在接下来的一章中将做详细的介绍。

图183
托马斯·伍尔纳
《约瑟夫·马洛德·威廉·透纳的遗容面模》
创作于1851年
用石膏创作的作品
国家肖像画廊
伦敦

透纳完全有理由怀疑他的不朽不是一个可以预知的结论，因为正如艺术历史学家弗朗西斯·哈斯克尔所评论的，在 19 世纪 50 年代，艺术的品味尤为不稳定，变化多端。1867 年雕塑家亨利·休·阿姆斯特德（1828 — 1905 年）雕刻了一个用来装饰海德公园阿尔伯特纪念碑的雕带，雕带上面刻有伟大艺术家、作家和音乐家的名字，透纳也跻身于这些名人中间，与他所敬重的拉斐尔和提香并驾齐驱。但阿姆斯特德却是尽可能广泛地铸就他的名人网，试图迎合所有人的品味和观念，因此，尽管阿尔伯特纪念碑以完整性和持久性而著称，但它却不能保证透纳名垂千古。在透纳去世之后的 20 年里，在英国，与其说人们是在模仿他，倒不如说是尊敬他，毫无疑问，透纳在一些艺术领域透纳的影响力很大，如舞台设计和布景设计等，但这些艺术领域的地位相对较低。

罗斯金尽自己最大的努力来保护他的偶像的艺术遗产。1855 年，他出版了《绘画的元素》，这是一本指导手册，在书中，他详尽地研究了透纳的作品，并向有抱负的水彩画画家发表了他的评论。毫无疑问，透纳在水彩画方面的精湛技艺是无与伦比的，因此，人们常常能在 19 世纪晚期的水彩画画家的作品中找到透纳的影子，这并不令人感到惊奇，如艾尔弗雷德·威廉·亨特（1830 — 1896 年）或赫拉克勒斯·布拉巴宗（1821 — 1906 年）。然而，对透纳遗留下来的油画作品的评价却褒贬不一了，这是因为正如在第 7 章中所暗示的，在维多利亚时代，人们在艺术品味上越来越喜欢拉斐尔前派兄弟会创作的作品中清晰的细节和一目了然的意义（图 180）。1851 年，当罗斯金开始支持他们的艺术时，他试图在拉斐尔前派兄弟会和透纳之间建立联系。罗斯金论道，通过将"他们周围的真实画成事物呈现在每个人的头脑中的样子，而不是将事物画成别人告诉他们的样子"，米莱斯、霍尔曼·亨特和罗塞蒂与他们的伟大前辈一样，都拥有诚实正直的品质和独立的视野。这种有趣的假设并没有说服米莱斯，他在一封信中吐露，他和罗斯金对透纳的看法不一致："他相信，如果我加深对透纳的作品的了解，我就会迷上他的作品；可我却相信，我对他的钦佩将越来越少。"就连真正欣赏透纳的霍尔曼·亨特虽曾是那个时代的艺术大师，他的盛名亦属于过去。

透纳在国外的影响是另一码事。尽管事实上，他的作品中只有很少的几幅被外国人收藏，但他对欧洲和美国画家的影响要比对他自己的同胞的影响还要大。在美国，在透纳生前，他的仰慕者有华盛顿·奥尔斯顿和托马斯科尔；在他逝世以后，人们仍能在塞缪尔·科尔曼（1832 — 1920 年）和英国出生的艺术家托马斯·莫兰（1837 — 1926 年）的作品中发现对透纳作品的效仿。透纳在现代的声望有了显著的提高，因为法国的印象派画家克劳德·莫奈（1840 — 1926 年）和卡米耶·毕沙罗（1831 — 1903 年）为了躲避 1870 年普法战争而前往伦敦。1871 年，他们在回国之前参观了在新南肯辛顿博物馆举办的透纳遗产作品展，并被他们所见到的画深深吸引了。他们与透纳的关系很复杂，也很耐人寻味，不能仅用"影响"这个词来解释，因为那会误导读者。在莫奈和毕沙罗年轻的时候，他们疯狂地迷恋透纳的作品，可后来，当他们声名鹊起，在艺术界变得举足轻重后，就开始否定透纳的重要性。在晚年，莫奈批评透纳"对幻想的旺盛的浪漫主义"，在 1903 年，毕沙罗写信给他的儿子卢西恩说"尽管透纳和康斯太布尔教会了我们

图185
卡米耶·毕沙罗
《白霜，通往埃内里的老路》
创作于1873年
布面油画
65厘米×93厘米
奥赛博物馆
巴黎

一些东西，但在他们的作品中我们可以看出，他们根本不懂得分析阴影，阴影在透纳的作品中仅被当作一种效果来使用，仅仅是光的缺失"。

他们对透纳的态度变化明显，我们需要将这种态度的变化放在特定的背景中来考量。当莫奈和毕沙罗刚到伦敦时，他们已经确定了一生中的要做的重要事项——尽可能地在户外画画，并寻找光和

大气难以捉摸的效果。正如毕沙罗后来所解释的，他们对透纳（及整个英国风景画艺术）的积极反应是基于他们认为的共同的追求。这些也隐含在莫奈对《雾晨》（图 74）的精辟描绘中，他将《雾晨》描绘为"睁大双眼"画出的作品。如果将这幅画与毕沙罗非常有感染力的《白霜，通往埃内里的老路》（图 185）相比的话，他和莫奈最初对透纳感到亲切的原因就变得更加清楚了。因此，雕

刻师费力克斯·布拉克蒙（1833—1914年）适时地提交了根据《雨、蒸汽和速度——西部大铁路》（图186）创作的蚀刻版画，使透纳象征性地"出席"了1874年举行的第一届印象派画展。透纳的原作令印象派深深着迷，不仅是因为它所描绘的大气，还因为它再现了对现代生活和现代经历的共同兴趣。这幅画也是莫奈承认要仔细研究的少数作品之一。

　　多种原因造成了莫奈和毕沙罗对透纳日渐冷淡的态度，其中最有说服力的一个原因是他们逐渐意识到他们的艺术与透纳艺术的真正区别，是那个远逝的时代塑就了透纳，使得透纳的价值观与他们的价值观完全不同。当莫奈批评透纳"对幻想的旺盛的浪漫主义"时，他注意到了想象力在透纳的作品中所起的作用，这很难与他们所致力的对自然效果的直接刻画相协调。毕沙罗对透纳阴影的细致批判是基于30年来对自然的认真观察以及对色彩理论的浓厚兴趣。到了1903年，毕沙罗曾经认为的存在于他的《白霜，通往埃内里的老路》和透纳的《雾晨》之间的亲密感慢慢褪却了。尽管它们有很多共同之处，但毕沙罗的画却以积极地使用更强烈的色彩而著称，甚至在描绘阴影时也是如此。

作为年轻人，当莫奈和毕沙罗被法国官方艺术机构所拒绝，很少有机会展出他们的作品时，亲近透纳有助于维持他们的士气。没有意识到透纳对皇家美术学院的无比忠诚，他们将他描绘成一个顽强、特立独行的人，追求自己的事业，挑战他那个时代的审美习惯。到了 20 世纪，情况变了。

印象派画家不再缺少赞助人，他们的地位得到了巩固，他们之前对透纳的认同变为了一种负担。例如，儒勒·德·龚古尔将透纳作为打击莫奈的棍棒，他将两者的作品进行对比，并宣称莫奈远不如透纳。颇具讽刺意味的是，莫奈和毕沙罗并没有被这样的诋毁者所激怒。但当他们的一名狂热的崇拜者——曼彻斯特出生的画家温福德·杜赫斯特（1864 — 1941 年）在风格上模仿莫奈的作品进行创作时，莫奈却勃然大怒。

在 19 世纪晚期英国绘画的保守世界里，印象派被认为是一种外国病毒，因此当杜赫斯特于 1904 年在英国出版了关于这一运动的第一部主要著作时，他试图通过强调印象派并不是起源于法国，而是起源于英国的透纳和康斯太布尔来平息读者的不满。这使他能够为自己的作品和其他英国印象派画家辩护，这可以说他们实践的是本国的绘画风格。毕沙罗逝世于 1903 年，当时这本书还没有出版，但他知道杜赫斯特想要说什么，这触怒了他。毕沙罗认为杜赫斯特这样做不仅是对他的原创性的轻视，更冒犯了他的民族自豪感，这大概也进一步解释了为什么毕沙罗试图使自己远离透纳。

早在杜赫斯特的书出版之前，莫奈就厌倦了透纳是第一个印象派画家的说法。莫奈意识到他无法逃避人们在他与透纳的作品之间所做的对比，但他可以正面面对他们。在 19 世纪 90 年代，莫奈回到伦敦并创作了一系列描绘泰晤士河的作品（图 184），他的伟大前辈透纳就是在河边长大，最终也是在河边逝世的，莫奈十分清楚他的这些画会让人们联想到透纳。1904 年，当评论家路易斯·卡

图187
《在远处有一条河和一
个海湾的景观》
约创作于1845年
布面油画
94厘米×123厘米
卢浮宫博物馆
巴黎

恩在保罗·杜兰德·鲁埃尔在巴黎的美术馆里看到 37 幅莫奈画的描绘伦敦的作品时，就立刻将莫奈和透纳联系起来。他写道："正如透纳喜欢将他的某些作品与克洛德·洛兰的某些作品相比较一样，人们也可能会将莫奈的某些作品放在透纳的某些作品旁比较。"

如果真是这样的话，两位艺术家的作品的不同之处和相似之处就会被凸显出来，因为尽管透纳曾多次画过泰晤士河，但他的油画作品中几乎没有可以与莫奈的作品进行直接对比的。而且，自透纳画了 1835 年老英国议院被烧毁的情景（图 139）以后，由查尔斯·巴里（1795 — 1860 年）设计的新建筑物在原议院旧址上拔地而起，使泰晤士河两岸的景色也发生了天翻地覆的变化。莫奈画的这些描绘伦敦的作品为他自己开辟出新的空间，确立了他自己的独创性，使透纳成为过去。透纳自己曾经也采用过同样的策略来对付早期的绘画大师。

颇具讽刺意味的是，印象派画家责备透纳，说他太纵情想象，而在象征主义运动中与印象派同时代的人却因为同样的原因而欣赏透纳。这是因为象征主义者的世界观是反自然主义的，他们珍爱透纳画的介于观察到的和想象到的景物之间的作品。他们对透纳未完成的作品《在远处有一条河和一个海湾的景观》（图 187）的反应概括了这两种观点的差异，这部作品是透纳晚期未完成的一幅画，是以《钻研之书》的一个主题为基础的。后来，这幅画归收藏家卡米尔·格鲁所有，是透纳创作的少量可以被 19 世纪 90 年代的巴黎艺术家看懂的作品之一。在这幅画中，透纳对光进行了巧妙的处理，正因为如此，毕沙罗才十分看重这幅画，但小说家兼评论家乔里·卡尔·于斯曼——一位著名的象征主义者——则充满幻想地将其描绘为可以与伊甸园和理想中的黄金国等神秘的土地相媲美的"仙境"。

《在远处有一条河和一个海湾的景观》是透纳在有生之年无法呈现给世人的一个意象，他遗赠给国家的作品中也包含大量未完成的油画，其中的许多油画看起来比透纳展出过的作品更像视觉印象。随着莫奈及其伙伴的艺术变得越来越流行，透纳的这些未完成的作品也从遗赠物中被挖掘出来并被展出，由此开启了一个双向进程，一方面，法国画家的成就带来了对透纳成就的重新评价；另一方面，透纳继续影响着他们。鉴于透纳在法国绘画中的重要地位，所以当 1967 年卡米尔·格鲁收藏的画成为透纳进入卢浮宫的第一幅油画作品时，这是合情合理的。亨利·马蒂斯（1869—1954年）在他的老师——象征主义画家居斯塔夫·莫罗（1826—1898年）的建议下仔细研究了这幅画，之后，在 1898 年，为了能看到更多透纳的作品，他还选定伦敦作为其蜜月旅行的目的地。由于他在度蜜月时欣赏过透纳的作品，因此他为之后长达 18 个月的旅行做好了准备，能轻松自如地应对科西嘉岛和地中海海岸的强光和浓烈色彩。几年以后，即 1906 年，马蒂斯野兽派艺术家团体的同行安德烈·德朗（1880—1954年）写道，透纳使他们有权"创作超越传统现实的形式"。

　　于斯曼用令人眼花缭乱的散文来描绘透纳的艺术，而让人联想起象征主义的画家保罗·高更（1838—1903年）对透纳艺术的评价则更严谨、更具分析性。尽管高更的作品看上去一点也不像透纳的作品，但高更却第一个暗示透纳鲜明的色彩使他成为现代运动的重要先驱。在 1896—1898 年，当高更生活在塔希提岛时，他开始撰写近代绘画的发展史，他将这段历史看作朝着"色彩艺术本身是聆听的眼睛的语言"的方向发展。他使用了"聆听的眼睛"这一古怪的短语，故意混淆了视觉和听觉，并反映出他的信念：绘画能变得像音乐一样，色彩能对观众产生深刻的影响，就像音乐能对观众产生深刻的影响一样，人们无须询问这些音乐都代表了什么。事实上，高更将这些"音乐"元素从绘画的主题中分离出来，将其称为绘画的"文学性"。他将同样的特征带到对透纳的讨论中来，他写道：

尽管透纳作品中的文学性描绘是模糊的，但事实上，它们阻止我们了解在他的作品中所体现的色彩艺术究竟是源自本能，还是源自刻意、明确的智力上的决断。

虽然高更的散文很难理解，但他的评论却很有洞察力。当他注意到透纳晚期作品中的"模糊的文学描述"时，他指的是艺术家所谓的模糊不清，但他不能判断透纳对色彩的使用是凭直觉——就如同色彩本身就是一种很有表现力的语言一样，还是有意识地——由作品的主题来决定色彩的使用。高更最后看似很实用主义地总结道，作品的效果是最重要的，但他却并没有认为透纳的叙事诗不重要。新印象主义画家保罗·西涅克（1863—1935 年）却不这样认为。

与许多人一样，西涅克最初认为透纳是印象主义的先驱，但1898 年的伦敦之行使他重新思考，他得出的结论是透纳晚期的作品"不再是作品，而是色彩的聚集和宝石采石场，是用最美的文字感在作画"。这些观点是现代主义批评理论的典型特征，在 20 世纪对现代艺术的评论中，现代主义批评理论占有主要地位。它强调了一幅画的形式特征所创造的效果，却贬低了主题的重要性，认为奇闻逸事和叙事最好留给文学作品。这种价值观含蓄地体现在西涅克对两种不同画的看法的区别上：一种画的意义在很大程度上取决于它所描绘的事物，而另一种画的影响力则主要是通过它的色彩和形式而产生的。

最精明、最有影响力的现代主义评论家美国作家克莱门特·格林伯格坚称透纳属于 18 世纪晚期和 19 世纪早期。"他也许对他那个时代的艺术品位感到震惊，"格林伯格写道，"但他并没有真正地与它决裂，或者说至少是以一种不是很彻底的方式与它决裂。"但其他不是十分谨慎的现代主义评论家们则认为透纳是一个有远见的人，他远远超过了与他同时代的人，几十年来，这成为透纳的现代声誉的基础。

对这种观点最有说服力的倡导者是英国艺术家兼作家劳伦斯·高英（1918—1991年），1966年，他在现代艺术博物馆策划了一个著名的展览——《约瑟夫·巴洛德·威廉·透纳：想象与现实》。

高英试图将透纳与杰克逊·波洛克（1912—1956年）、马

图188
尼娜·利恩
《暴躁的一群》、《生活》杂志中抽象表现主义艺术家的照片
创作于1951年
画中从左至右站着的分别为：理查德·普赛特-达特、威廉·巴兹奥雷（前）、威廉·德·库宁（后）、阿道夫·戈特利布、艾德·莱因哈特、海达·斯特恩、克莱福特·斯蒂尔、罗伯特·马瑟韦尔、布拉德利·沃克·汤姆林
画中从左至右坐着的分别为：塞奥佐罗斯·斯塔莫斯、吉米·厄恩斯特、巴尼特·纽曼（前）、杰克逊·波洛克（后）、詹姆斯·布鲁克斯、马克·罗斯科

图189
杰克逊·波洛克
《西进》
约创作于1934—1938年
在石膏上和复合板上用油画颜料创作的作品
38.4厘米×53厘米
国立美国艺术博物馆
华盛顿史密森学会
华盛顿特区

克·罗斯科和克莱福特·斯蒂尔（1904—1980年）等美国抽象表现主义艺术家联系在一起，在20世纪五六十年代，他们名闻于世（图188），他们的作品被展出在现代艺术博物馆的永久收藏品中。高英展览目录中的优美散文包含了对透纳晚期风格的精彩描述，但坦白地说，它也是过时的——但从作品的历史背景来说它还是很有用的。它声称，透纳的主题是后来添加的东西，透纳"从不怀疑艺术是建立在艺术之上的……其他的一

切，甚至是自然，都是次要的"。这种认为艺术自发地独立于大千世界的观点是现代主义思潮的核心，它不但与透纳的绘画观完全相反，还很难与记录在案的抽象表现主义者自己的观点相协调。

毋庸置疑，他们中的许多人确实很尊重透纳。这群人中最著名的人物杰克逊·波洛克虽没当众提到过透纳，但正如艺术历史学家

大卫·安法姆所指出的那样，如果波洛克在画早期的作品《西进》（图189）时没有参考透纳的《汉尼拔》（图72）的复制品的话，那么只能说它们在构图上的相似性是惊人的巧合了。众所周知，巴尼特·纽曼（1905—1970年）十分钦佩透纳，对艺术史有着深刻理解的罗伯特·马瑟韦尔（1915—1991年）是这些人中最善于表达的，他将透纳的名字与查尔斯·狄更斯及诗人杰拉德·曼利·霍

普金斯并列，称他们是 19 世纪英国最具超凡创造力的人。克莱福特·斯蒂尔对大多数早期画家的评价都不高，他是一个神秘的人，总是小心翼翼地保护着他的隐私，但他的朋友和之前的学生却证明他对透纳晚期的作品以及伦勃朗和提香的作品充满了敬意，因为这些画家都因对颜料的有效处理及令人印象深刻的色彩和明暗对比而著称。在斯蒂尔的早期作品中，有一幅对透纳的威尼斯风光的临摹品，但不幸的是，与斯蒂尔的许多早期作品一样，人们是看不到他的这部作品的，因为他的遗产管理公司不允许它被复制。尽管斯蒂尔习惯性地沉默寡言，但他却曾称："透纳画了大海，但对我来说，大草原也与大海一样壮观。"斯蒂尔指的是抚育他长大的加拿大亚伯达南部平坦而辽阔的区域，也有可能是指他早期创作的风景画，但他也暗示，他与透纳有着共同之处——都体验过大自然崇高的浩瀚。

　　尽管罗斯科是一名抽象表现主义者，但他的作品却经常被拿来与透纳的作品相比较。在英国泰特美术馆馆长诺尔曼·瑞德爵士的陪同下，罗斯科参观了高英举办的展览，但在此之前，他似乎对透纳的艺术知识甚少。据瑞德说，罗斯科充满讽刺地评论道"这个叫透纳的人跟我学了很多东西"。在这个脱口而出的幽默背后隐藏的是罗斯科的惊讶，因为他发现他与一名很早以前的艺术家之间有着令人出乎意料的亲缘关系。瑞德后来说，这种感觉是如此强烈，罗斯科将他著名的《西格兰姆壁画》（包括图 190）捐献给泰特美术馆，因为他希望看到他的作品与透纳的作品挂在一起。

　　罗斯科、斯蒂尔和马瑟韦尔不仅回应了透纳作品表面的光学特征和物理特征，也回应了被他们认为是强烈的道德上的共鸣的东西。换句话说，他们欣赏透纳，不仅是因为透纳像高英所深信的那样放弃了主题，而是因为透纳似乎找到了一种表达持久的人文关怀的新方式。对他们来说，"主题"一词不仅意味着叙事和奇闻逸事，还包括一种认为色彩、形式和对颜料的处理能够被创作出来的心态

图190
马克·罗斯科
《栗色中的红色》
创作于1959年
布面油画
266.7厘米×238.8厘米
英国泰特美术馆
伦敦

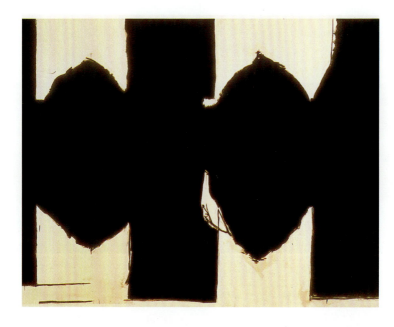

图191
罗伯特·马瑟韦尔
《西班牙共和国的挽歌，No.134》
创作于1974年
在油画布上用丙烯酸颜料创作的作品
237.5厘米×300厘米
格雷厄姆·冈德收藏品
剑桥
美国马萨诸塞州

和感觉。正如罗斯科和他的同事阿道夫·戈特利布（1903—1974年）曾经写的那样："根本就不存在一幅不知为何物的好画。我们坚信，主题是至关重要的。"罗斯科后来告诉评论家塞尔登·罗德曼说，他"仅对表达悲剧、狂喜和厄运等最基本的人类情感感兴趣"。因为他相信，如果没有这些东西，伟大的艺术将是令人难以置信的，从罗斯科反应的强烈程度来看，似乎他在透纳身上看出了这些东西。

马瑟韦尔确实是这样做的。他的名望主要依赖于绘制大型的"挽歌"系列（图191）。乍一看，这个系列的作品似乎与透纳没有什么关联；但马瑟韦尔却非常清楚，他和他的同事与透纳一样，都有一个宏伟的受悲剧感支配的愿景。当作家马克斯·柯兹洛夫问马瑟韦尔为什么抽象表现主义画家要画这么大的画时，他回答说：

巨大的版式可以一举毁掉法国一个世纪以来将现代绘画国产化

的倾向，好让它变得更亲切。我们将裸体女孩和法国大门替换为现代巨石阵，以及自戈雅和透纳以来就不复存在的崇高感和悲剧感。

在讨论他们的作品时，马瑟韦尔、纽曼和斯蒂尔都援引了崇高的概念。这引起了一些困惑，因为他们是抽象主义画家，他们的作品并不依赖于在效果上与有形世界有相似之处，而"崇高"这一术语却与具象艺术，尤其是风景艺术密切相关。在 20 世纪 70 年代中期，这促使美国学者罗伯特·罗森布拉姆认为，透纳的意象与罗斯科、波洛克和斯蒂尔所使用的绘画语言有着直接的联系。他宣称，透纳孤立了大自然的原始力量，如光和能量等，但它们后来却在美国艺术家的作品中以一种更精练、更抽象的形式再次出现了。但这些所谓的"美国艺术家"却极力地否认了这种评论。罗斯科说，"在我的作品中没有风景"，尽管斯蒂尔的作品以参差不齐的形状、平淡的色彩、坚固的表面为特征（图 192），体现了被伯克归为崇高范畴的恐惧性和敬畏性，可他却坚称，"我只画我自己，而不画自然"。如果透纳的画并不是如高英所说的，是在他们的时代之前的抽象作品，如果那些抽象表现主义画家的作品就像罗森布鲁姆画的那样，不是以风景画为基础的，那么他们的艺术与透纳的艺术之间或许不会有什么共同点了。然而，很多证据却表明，在面对这个充满敌意的世界时，他们都强烈地感到人类的无能为力和命中注定的消亡。

对于透纳那个时代的人来说，自然仍是最大的恐惧之源，正如马瑟韦尔所指出的那样，在 20 世纪四五十年代，这种恐惧在很大程度上被"第二次世界大战、原子弹和电子时代的到来"所取代了。抽象表现主义画家并没有简单地证明这些以及现代世界中的其他恐惧，而是审视内心，试图再现他们自己的意识。借用斯蒂尔的话来说，他们是用在当代生活中体验到的所有焦虑和情感来"画他们自己"。正如马瑟韦尔所解释的，他们还在已故的透纳身上发现了类似的"内省"：

图192
克莱福特·斯蒂尔
《无题》
创作于1951—1952年
布面油画
288厘米×396厘米
旧金山现代艺术博物馆

绘画的游戏并不是要还原事物的本来面貌。绘画的游戏要求画家尽可能准确地、带有深刻鉴别力地去整理心态；被高度概括了的心态变成了光、色彩、重量、固态、流通的空气、抒情、忧郁、沉重、力量等——在许多艺术家身上都可以看到这一点，尤其是透纳。

马瑟韦尔和他的同事们认为透纳晚期的作品是调制色彩的表现场，能像他们自己的意象一样传递深刻的意义。他们带有成见地讨论透纳的艺术，贬低透纳作品中的文学元素，却欣赏透纳晚期作品中的悲观主义，并分享了对光和色彩是如何强烈地体现出透纳作品的意义的敏锐感知。马瑟韦尔及其同时代的人很少提及透纳艺术的具体例子，但在透纳的水彩画《海岸上的人物》（图 143）等例子中，大片精致细腻的色彩传达出深深的忧郁心情。抽象表现主义者所欣赏的这种场域性特征在透纳职业生涯的晚期体现得更加明显。他越来越多地省去画面的细节，省去传统结构，并越来越多地依赖光的效果及色调的巧妙搭配。尽管这种画法在他未完成的作品和私人的作品中最明显，但有时，在透纳于 19 世纪 40 年代寄给皇家美术学院的作品中也有所体现。宣称纽约艺术家对透纳艺术的这方面的特征有深刻的认识，并不是要说透纳画中的细节无关紧要，或像劳伦斯·高英所说的"是合成的"。总之，像之前所讨论的那样，细节越少，它们所蕴含的意义就越深刻。

当将马瑟韦尔和他的同事们研究透纳的方法与卡尔·安德烈（生于 1935 年）的方法进行对比时，人们会发现，他们对透纳的表现性和他作品意义的警惕性依然很明显，而安德烈却故意试图将透纳油画的视觉特征和物理特征相分离。从表面上看，安德烈似乎并不欣赏透纳，但他曾经写道，"我的使命是成为一名物质主义者。就像透纳用色彩作画一样，我愿用物质来作画"。在这里，安德烈试图让透纳为他自己的艺术项目服务。安德烈的雕塑形式简单、重复，采用的是普通的工业材料（图 193），抛弃了"一个艺术品应该是什么样子的，该起到什么样的作用"的传统观念，而以透纳的理念来看，则认为这些都是理所应当的。安德烈并不认为透纳的理论是对他创意的误导，相反，这种创作方式使他更容易解释自己的使命了。他借用透纳的艺术来给他自己的艺术上保险，他暗示，尽管他的想法和雕塑可能看起来很大胆，但这是有先例的。

到了 20 世纪 60 年代晚期，高英等人的现代主义开始让位于其他形式的批评，这种新的批评形式更侧重历史背景和艺术的意义。因此，透纳作为抽象艺术家的原型这一形象很难再维持下去了。在某种程度上来说，这一变化是由出版于 1969 年的《透纳的

图193
卡尔·安德烈
《等价物Ⅷ》
创作于1966年
耐火砖
12厘米×229厘米×68
厘米
英国泰特美术馆
伦敦

色彩：约翰·盖奇的诗歌与真理》一书所引起的。

这是一部让艺术家透纳回归他自己时代的学术巨著，它也再次肯定了罗斯金的信念，即透纳的一生都在追求视觉的真实，尽管高英对此持漠视的态度。盖奇的书对学术界的读者们产生了深远的影响，20世纪70年代，人们掀起了崇拜透纳的狂潮，为了庆祝透纳诞辰200周年，皇家美术学院在1974—1975年冬举办了展览。这一展览以及在英国博物馆展出的300幅由透纳创作的水彩画以史无前例的数量及其全方位的成就向观众们介绍了透纳的作品。透纳诞辰200周年展引发了人们的浓厚兴趣，透纳作品的价格也因此持续上涨。1951年，艺术历史学家肯尼斯·克拉克爵士以5500英镑的价格买下了透纳晚期创作的《福克斯通的海景》，而在1984年拍卖时，这幅画已经达到了737万英镑的价格，在那个时代，它创造了油画拍卖的最高纪录。

《福克斯通的海景》是透纳创作的许多被卖给美国收藏家或机构的作品之一，这也许在某种程度上解释了为什么他一直对美国艺术家感兴趣。詹姆斯·特瑞尔（生于1943年）反复强调透纳在《诺勒姆城堡日出》（图178）或《在远处有一条河和一个海湾的景观》（图187）等作品中对彩色的光的处理究竟对抽象表现主义画家（尤其是罗斯科）产生了多大的影响，因为在罗斯科的作品中，光效起了重要的作用。在评价透纳所画的大气方面，特瑞尔很有发言权，因为光——真正的光，不是绘画中光的等价物——而是他工作时使用的媒介。特瑞尔最蔚为壮观的项目是对位于亚利桑那州彩色沙漠边缘的罗丹火山口（图194）的改造，他在那里花了20多年的时间来将这座死火山改造为一系列观察点，观者可以在这些观察点观看天空及阳光、月光或星光。特瑞尔谈到他关心如何才能很好地渲染几乎可以被感知的光，他在透纳的艺术中发现了类似的特征，正如他所说的，在透纳的艺术中，光常常看起来要"栖息"在空气中。

图194
詹姆斯·特瑞尔
《罗丹火山口（朝向东北）》
1977年至今
火山
弗拉格斯塔夫
亚利桑那州

图195
《雾中日出》
创作于1807年
布面油画
134.6厘米 × 179.1厘米
国家美术馆
伦敦

特瑞尔还敏锐地发现，像透纳这样绘制大气的最伟大的大师来自北欧，在北欧，由于阳光是"定量供应"的，因此更显宝贵。在这里，云和变幻的天气产生了最微妙的大气变化。

2000 年，在伦敦国家美术馆举行的"艺聚空间"展中，有两件展品与透纳艺术有关。在这次展览中，24 名当代艺术家被邀请前来创作作品，以回应伦敦国家美术馆收藏品中的其中一幅画。雕

图196
路易丝·布尔乔亚
（为透纳创作的）《密室XV》
创作于2000年
用钢铁、喷漆铝、镜子、玻璃、水和电灯创作的作品
274.3厘米×304.8厘米×172.7厘米
私人收藏品

塑家路易丝·布尔乔亚（生于1911年）选择了透纳的《雾中日出》（图 195）作为创作《密室 XV》的基础（图 196）。《密室 XV》是系列作品中的一件作品，艺术家用钢丝网、镜子和其他材料建造了封闭的空间。各种元素是对人类关系的象征性探索——在这里象征着一种和谐状态，相当于夫妻间的和谐，因为他们的生活是融为一体的。

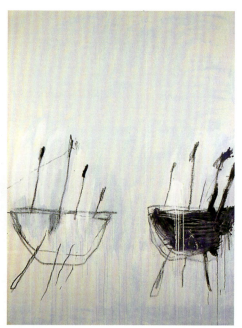

布尔乔亚对透纳作品中的光、水和倒影十分着迷，她将这些元素都准确地呈现在她的雕塑中。

布尔乔亚承认，《雾中日出》只是她作品的一个起点，而也参加了"艺聚空间"展的赛·托姆布雷（生于 1928 年）则与透纳有着更密切的关系。他的《自"无畏号"的三幅试作》（图 197）均是大型油画作品，虽然它们在某种程度上体现了海景主题，但它们却脱离了伟大海景主题的复杂性，再现了一个十分纯朴的世界，而它们本身正是根据透纳的海景主题而画成的（图 145）。托姆布雷的作品与透纳的作品非常相似，这是其他任何当代画家都望尘莫及的。两个人都充分利用了古典主题和意大利风景；两个人都与画家前辈的艺术有着复杂的关系；并且两个人都经常使用书面语——标题、暗示、题词和引语——来为他们的作品注入意义。在托姆布雷和透纳的艺术中，文字和图像的关系可能是高度成问题的，但文学却从不是无意义的。

图197
赛·托姆布雷
《自"无畏号"的三幅
试作》
创作于1998—1999年
布面油画
三部分
253厘米×202.5厘米
261厘米×202厘米
260厘米×195厘米
私人收藏品

　　《自"无畏号"的三幅试作》属于一个独特的作品范畴，与他之前的透纳一样，托姆布雷在这些作品中故意从过去的艺术或文学中援引主要人物和不朽的作品。这两位艺术家的事业都包含着与他们著名的前辈的冗长的对话，但透纳在与早期的绘画大师打交道时常常是咄咄逼人和充满竞争性的，而托姆布雷则没有那么激进。换句话说，透纳试图挤进名家之列，而托姆布雷则是尝试性的，他用多种方式来表达自己的忠诚并尝试着成为"艺术伟大传统"中的一员。在几个极为罕见的例子中，托姆布雷选出特别著名的画，并对其进行回应。之前他所关注的作品包括拉斐尔的《雅典学派》和伦勃朗的《夜巡》，从他所选的这些作品中我们可以看出，他不仅仅是出于个人原因进行的选择，他还考虑到了透纳在欧洲艺术史中的地位。

　　在这两个例子中，托姆布雷与原著保持了很大的距离，但他在作画时却与《"无畏号"》近距离接触，这说明他与透纳的关系之密切。

　　显然，与被透纳称为他"亲爱的"作品一样，托姆布雷的画也充满了哀伤，除此之外，托姆布雷的《自"无畏号"的三幅试作》与透纳创作的其他海景画作品也有着微妙的相似性。托姆布雷画的船有船桨，就像古代的船一样，让人联想起《尤利西斯嘲弄波吕斐摩斯》（图 120）中的桨帆船。另外，它们优美的忧郁色彩令人回忆起《安息—海葬》（图 158）中运威尔基尸体的船。

　　托姆布雷通过《自"无畏号"的三幅试作》对透纳的成就致以最深的敬意，但它绝不可能是对透纳的最后称颂。1987 年，人们在现在的英国泰特美术馆（在当时，英国泰特美术馆被称为克洛画廊）新建了一个侧厅，用来展出透纳的遗赠物，这样，人们就能欣赏到透纳留给国家的绝大多数作品了。而且，多亏了透纳诞辰 200 周年纪念以来举办的一系列重要展览，透纳的声誉现已从欧洲、美国远扬至澳大利亚和日本。学者和策展人们继续筹办着展览，好让全世界的人在可预见的未来里能够欣赏到透纳的艺术。透纳的谦逊使他闻名于世，如今，他的名声已远远超过了他曾经最大胆的期许。

附录

名词解释

学术的（Academic） 形容词，过去常用来表示欧洲各艺术学院所采用的共同的准则和原则，包括相信学科等级制的存在，素描比色彩更重要，以及有必要理想化地呈现画家观察到的自然等。这一观念的拥护者深信，学术上的价值观超越了国界，是普遍适用的。

联想主义（Associationism） 心理学术语，大脑能将感官方面的印象与观念联系起来，也能将一个观念与另一个观念联系起来，大脑的这一功能被视为决定人生经验和知识获取的次序的主要原则。它在18世纪和19世纪早期的美学理论中起着至关重要的作用。联想主义对风景画画家的影响甚大，他们在其作品中使用关于一个地方的联想来创造意义。联想主义仍是现代心理学的一个重要原则。

版画（Engraving） 通过将设计图雕刻在一块金属板上来复制黑白视觉图像的一种传统方法。在金属板上涂上油墨并将金属板放在印刷机里，于是图像就反印在纸上了。版画是泛称，涵盖了许多方法，如线雕画和美柔汀版画等。通常，那些使用耐久性不太好的铜板构成的版画与19世纪20年代引进的钢版雕刻之间是存在差异的。钢板越硬，抗腐蚀性越好，印数也就越多。

蚀刻版画（Etching） 一种印刷工艺，先将要复制的设计图雕刻在金属板上，然后用强酸腐蚀。金属板被耐酸的树脂层所覆盖，用刻针画出图像，这样树脂层下面的金属就露出来了。然后放到酸浴中浸泡，直到线条被腐蚀到需要的深度，再去掉树脂层，涂上油墨，擦去表面的油墨，只剩下凹线中的油墨，再用压力转印到纸上，一幅版画就完成了。

风俗画（Genre Painting） 通常用来描绘日常生活场景的画。在18世纪和19世纪早期，风俗画常用来描绘农民阶级或农村的贫困人群，通常只描绘几个人在一起的场景，

人物刻画得非常细腻。从这些方面来说，英国风俗画常常让人回忆起出自19世纪荷兰和佛兰德艺术大师之手的作品，如扬·斯特恩（1626—1679年）、艾德里安·布劳威尔（1605/1606—1638年）及小大卫·特尼尔斯（1610—1690年）等，这些画家中最为著名的是特尼尔斯，英国鉴赏家们疯狂地收藏他的作品。在透纳生活的年代，理查·帕克斯·波宁顿（1802—1828年）等艺术家画历史题材的场景，而让·奥古斯特·多米尼克·安格尔（1780—1867年）等艺术家则描绘伟大艺术家真实生活的场景或想象出来的伟大艺术家的生活片段。

水粉画颜料（Gouache） 一种包含铅白混合物的水彩颜料，铅白会使水粉画颜料看起来不透明，与普通水彩画的透明性形成了对比。水粉画颜料也被称为体色。

几尼（Guinea） 一种古老的货币形式，以前曾用来给奢侈品定价。1几尼价值21先令（或1英镑1先令），因此，20几尼就相当于21英镑。

厚涂颜料技术（Impasto） 将厚厚的油画颜料涂在画布上或画板上。

线雕画（Line engraving） 一种雕刻技法，用刻刀手工将设计图刻入金属板。刻刀是一个像凿子一样的工具，带有"V"形的刀刃。线雕画对专业性的要求非常高，需要高超的技艺和长时间的学习。

美柔汀版画（Mezzotint） 在18世纪和19世纪早期的英国，这种雕刻形式深受人们的欢迎。在将设计图转移到金属板上之前，用一个滚点工具在金属板上反复滚压，以在版面上产生无数小的坑坑点点，在每个坑点的周围都留有直立的毛刺。当金属板被涂上油墨时，小点和毛刺一起被沾上了油墨，这时，版面变为一片深黑。刮掉带毛刺的部分，便产生了半明亮的效果，这样金属板原来有毛刺的地方就没有那么多的油墨了。用磨光器在需要的地方为金属板抛光，这样便起到了提亮的效

果。美柔汀版画是一种能创造出丰富的暗色和微妙的色调层次的方法，常与线雕和蚀刻等技法混合使用。

如画（Picturesque） 属于美学范畴，指不在埃德蒙·伯克所定义的"崇高"和"优美"范畴内的各种风景意象。在"如画"的主要倡导者尤维达尔·普莱斯爵士看来，如果一个场景包含了粗糙、不规则和突变形式，而又缺乏定义"崇高"的野性，那么这个场景就可以被定义为是"如画"的。威廉·吉尔平的著作使这一术语得以广泛传播。吉尔平的《如画风景地区旅行指南》极大地促进了国内旅游业的发展。在透纳职业生涯的早期，"如画"一词的准确意义成为人们激烈争论的话题。

校样（Proof） 一个印刷出版的术语，用来描述在商业版卖给大众之前，用金属板印出的第一批试样。校样被很好地收藏，部分原因是因为它们很罕见，还有部分原因是因为图像是在未受腐蚀的情况下被印出来的，金属板还没在印刷的过程中被磨损。雕刻师的校样是在准备金属板的过程中被印出来的，以检验版画的效果如何，看是否有需要改动的地方。

改革（Reform） 用来指19世纪英国宪政改革冲动的术语。改革包括废除许多被滥用的选举制度，扩大对更广泛的民众的投票权并对议会席位进行重新分配等，以更公平地代表各城镇的利益。1831年，以格雷勋爵为代表的辉格党试图通过第一个改革法案来开展改革，却遭到了上议院的反对。改革的失败引发了广泛的暴乱。1832年，威廉四世被迫策封足够数量的改革派贵族进入上议院，以确保改革法案通过，成为法律。尽管立法引发了争议，但其影响有限，改革继续成为未来几十年的一个主要政治问题。

薄涂（Scumbling） 一种在油画和水彩画中都使用的技法，指用蘸有薄薄一层颜料的画笔将颜色涂在一层透明色上，使得底下的这层透明色透过上层颜色部分地显现出来。

刮白（Scratching-out） 是一种通过刮擦颜料，露出颜料下方的白纸来提升亮度的方法，在处理过程中，可以使用刀、指甲或画笔的木制笔杆。刮白能创造出清晰精准的亮部，可以与"涂盖"或"拍涂法（将色彩用海绵轻拍在画面上）"等技法一起使用。

涂盖（Stopping-out） 在水彩画中使用的一种技法，指画的某个部分被树脂等"涂盖"媒介所覆盖，这样在涂其他水彩颜料的时候，涂过媒介的地方就不会被染上其他颜色了。

崇高（Sublime） 一类让观众产生敬畏感、惊讶感或恐惧感的意象，与美的物体给人带来的愉悦感相对。在埃德蒙·伯克的《论崇高与美丽概念起源的哲学探究》（创作于1757年）中，他试图系统地解释崇高在生理和心理上对神经系统的影响，并研究各种被归为崇高的现象。

装饰图案（Vignette） 一种印在页面上的小型文学插图，没有轮廓线或镶边。

晕染（Wash） 在水彩画中，指将颜色涂在纸的大块区域。

辉格党（Whig） 18世纪晚期和19世纪早期两大主要英国政治派别之一，另一个是与其对立的托利党。大约1679年，该词首次用来指那些希望阻止约克公爵詹姆士成为英国国王的人们，他们反对詹姆士的理由是因为他是一名天主教信徒。之后，提起辉格党，人们会越来越多地联想起他们不惜牺牲君主的利益，试图巩固议会权力的努力。在19世纪早期，他们提倡并推行旨在改革英国选举制度的立法。

人物传略

乔治·博蒙特爵士（Sir George Beanmont, 1753—1827年） 英国收藏家、鉴赏家、业余艺术家。在透纳绘画生涯的早期阶段，乔治·博蒙特爵士是最带有敌意的批评家，总是将批判的矛头指向透纳。博蒙特爵士收藏的早期绘画大师的作品令人印象深刻（他将其中的一些收藏品捐献出来，构成了国家美术馆的核心），除此之外，他还是英国艺术与文学的重要赞助人，比如，他支持画家大卫·威尔基和诗人威廉·华兹华斯、塞缪尔·泰勒·柯尔律治的事业。从1803—1815年，他屡次谴责透纳新颖的风格，认为透纳的风格正在腐蚀整个民族的艺术品味。

威廉·贝克福德（William Beckford, 1760—1844年） 鉴赏家、旅行家、作家，哥特式小说《瓦泰克》的作者（创作于1786年）。他用在加勒比海种植园获得的财富来收藏早期绘画大师的作品、资助当代英国艺术并建造了放山居故园——威尔特郡一座宏伟奢侈的哥特式建筑。贝克福德是透纳早期作品的一名重要赞助人，但他却不喜欢透纳后来的风格并不再买透纳的画。

埃德蒙·伯克（Edmund Burke, 1729—1797年） 议会议员、政治家、作家。伯克原本打算成为一名律师，但他从未被传唤到法庭。相反，他长期从事的是作家和政治家的职业。作为一名政治家，他主张废除奴隶制，却几乎从一开始就反对法国大革命。1790年，他发表了批判性极强的《对法国大革命的反思》。1757年，他创作了《论崇高与美丽概念起源的哲学探究》，为美学的发展做出了重要贡献。他的好友有乔舒亚·雷诺兹爵士和塞缪尔·约翰逊。

乔治·戈登，拜伦勋爵（George Gordon, Lord Byron, 1788—1824年） 英国诗人、讽刺作家。拜伦就读于剑桥的哈罗学校和三一学院。拜伦在英国及全世界都声名远扬，其著名的程度是史无前例的，这一方面是因为他的著作非常受欢迎，另一方面是因为他私生活方面的丑闻。透纳经常在他的作品下方的说明

文字中引用拜伦《恰尔德·哈罗德游记》（创作于1812—1818年）中的词句。拜伦预见了意大利的衰落，对人类的自由这一伟大事业充满了如火的热情，透纳对此给予了热烈的回应。正是这种对自由的热衷导致了拜伦的死。1824年，拜伦去迈索隆吉参加希腊反抗土耳其统治的独立运动，但却在那一年因患热病而不幸逝世。

萨迪·卡诺（Sadi Carnot, 1796—1832年） 法国工程师、理论物理学家。他是法国革命家拉扎尔·卡诺的儿子，就读于巴黎的巴黎综合理工大学，是抵抗侵略军的众多学生中的一员。这些侵略军最终在1814年占领了巴黎。卡诺成为了一名军官，但在1819年他却半薪退休并投身于科技研究。他最重要的著作是关于热力学方面的，尽管他的《关于火的动力》的重要论文在1824年就发表了，但在他的有生之年，他却没有得到人们的认可，1832年，欧洲霍乱大流行，卡诺在霍乱中病逝。

弗朗西斯·莱格特·钱特里爵士（Sir Francis Legatt Chantrey, 1781—1841年） 在钱特里生活的那个时代，他是英国主要的肖像雕塑家，他还是透纳的好友，他与透纳有许多共同的爱好，比如他们都热衷于科学和钓鱼。钱特里并不像他的朋友那样迅速成名，也没有引起轰动。在他职业生涯的早期，他过着朝不保夕的生活，直到1816年才成为皇家美术学院的准会员。后来钱特里变得越来越有名，与透纳一样，他留下了巨大的财富来促进艺术事业的发展，建立了一个基金来购买定居在英国的艺术家的重要作品。

克洛德·热莱，又名克洛德·洛兰（Claude Gellée或Claude Lorrain, 1600—1682年） 法国风景画画家，他一生的大部分时间都是在意大利度过的，他与尼古拉斯·普桑（1594—1665年）齐名，是经典风景画的主要倡导者之一。克洛德的作品深受人们的喜爱，大概从1635年开始，为了保护自己的画

免遭伪造，他挑选出自己的195幅作品并以速写本的尺幅临摹它们，从而创作类似作品目录的《真理之书》（*Liber Veritatis*）。克洛德的作品对欧洲风景画艺术的历史产生了深远的影响，其中对英国的影响最大，在英国，人们疯狂地收藏他的作品。

托马斯·科尔（Thomas Cole，1801—1848年） 风景画画家。科尔出生于英国的兰开夏郡，后随家人移民美国，他进入美国宾夕法尼亚美术学院学习。他在1829—1832年回到了欧洲，并于1841—1842年再次返回欧洲。自1826年起，他便定居于哈德孙河河岸的卡茨基尔。在那儿，他开始了他的写生之旅，并为画展现该地风貌的油画而搜集材料。科尔遇见了透纳并十分欣赏透纳的作品，但却不喜欢透纳本人。

约翰·康斯太布尔（John Constable，1776—1837年） 英国风景画画家。英国萨福克郡一个富裕的玉米商人的儿子。他就读于皇家美术学院。在皇家美术学院，他比透纳成名晚。康斯太布尔在43岁时才成为皇家美术学院的准会员，在1829年成为正式会员。他的风景画以高度的自然主义为典型特征。与他的许多同行不同，他并没有到国外旅行，而是喜欢画他十分了解的萨福克郡、汉普斯特德和索尔兹伯里的风光。

雅克-路易·大卫（Jacques-Louis David，1748—1825年） 法国画家、激进政治家。他是历史画画家约瑟夫·玛丽·维恩（1716—1809年）的学生，后来，他在意大利花了6年的时间来研究艺术，奖学金由政府提供。在1780年回法国后，他凭借一系列颇有影响力的新古典主义历史画而一举成名，如《荷拉斯兄弟的誓言》（创作于1785年）和《处决自己儿子的布鲁斯》（创作于1789年）等。自1792年开始，大卫积极投身于法国大革命的政治活动并对处死路易十六投了赞成票。在这段时期，他将大部分精力都投入到组织革命活动上，但他在1794年失去了权势，还曾入狱过一段时间。后来拿破仑重新起用了他，他成为拿破仑的首席宫廷画师，为拿破仑创作了许多令人印象深刻的歌颂作品。1815年拿破仑战败时，大卫被流放到布鲁塞尔，并于10年后在布鲁塞尔去世。

约翰·伊格尔斯（John Eagles，1783—1855年） 布里斯托尔牧师、翻译、业余诗人、艺术家。在成为牧师之前，他在意大利学习艺术并以"素描家"的笔名向《布莱克伍德爱丁堡杂志》投稿，发表评论。伊格尔斯在艺术品位和政治上都属于保守派，成为透纳晚期作品的最苛刻的评论家。1836年，他对透纳的作品进行了声势逼人的批判，这触怒了少年约翰·罗斯金，他写了一封信来为透纳辩护，罗斯金声称，这封信是他的伟大著作《现代画家》的萌芽。

查尔斯·洛克·伊斯特莱克爵士（Sir Charles Lock Eastlake，1793—1865年） 画家、艺术历史学家、艺术管理者。1809年，他成为皇家美术学院的一名学生，在那儿他结识了透纳，并和透纳成为朋友。1813年，他与透纳一起在他的家乡德文郡周围旅行。在拿破仑战争结束后，伊斯特莱克到国外旅行。1818—1830年，他基本待在意大利，成为罗马艺术界的著名人物。在意大利，他增强了对意大利艺术的理解，这种国际交往很有利于伊斯特莱克的发展，1830年回到英国后，他渐渐地将活动的重心由绘画转移到对艺术史、策展和管理方面的研究。1850年，伊斯特莱克成为皇家美术学院的院长，5年之后任国家美术馆馆长，在两个职位上都做出了卓越的贡献。1849年，他与作家兼知识分子伊丽莎白·里格比结婚，里格比对透纳也très友好。

乔治·温德汉姆，埃格雷蒙特伯爵三世（George Wyndham, 3rd Earl of Egremont，1751—1837年） 土地所有者、改良农业者、富豪、收藏家、赛马驯养师。埃格雷蒙特在他的乡间宅第——萨塞克斯的佩特沃思大宅里慷慨而非正式地热情款待艺术家们。他收藏了许多早期绘画大师的作品，数量之多令人惊叹。他还因资助英国画家和雕塑家而备受人们的尊敬。

沃尔特·拉姆斯登·福克斯（Walter Ramsden Fawkes，1769—1825年） 土地所有者、收藏家、政治家、作家，透纳的好友。福克斯不仅给透纳提供了慷慨的资助，还在他约克郡的乡间宅第——法恩利宅邸热情地款待透纳。法恩利宅邸是福克斯于1792年继承来的。在这个令人放松的环境中，透纳创作出一系列非正式的水粉画，描绘了法恩利宅邸、周围的庄园、休闲活动以及他参加的广泛的社交活动。福克斯具有强烈而又相当激进的政治信念，他曾担任过一段时间的辉格党议会成员；在政治信念上，他与透纳似乎有某些共同之处，如有必要改革宪法和废除奴隶制等。1819年，福克斯让与他同时代的人有机会欣赏透纳创作的大量水彩画作品，这些作品都在他伦敦的宅邸进行展览；该展览有助于巩固透纳的名望，使透纳成为他那个年代最卓越的风景画艺术家。

大卫·哈特利（David Hartley，1705—1757年） 英国医生和心理学家。哈特利最初学的是牧师专业，但后来却成为一名医生，在伦敦和巴思行医。他的主要著作是出版于1749年的《观察人、人的身体结构、人的使命和人的期待》。在这本书中，他试图用观念的联想来分析人的心理活动，这一概念在现代心理学中仍起着重要的作用。

查尔斯·希思（Charles Heath，1785—1848年） 雕塑家、出版商。他的父亲詹姆士·希思（1757—1834年）教他成为了一名雕塑家。他通过生产出版年刊——带插图的礼品书而获得了成功，如《纪念品》等。透纳为这些书提供图像，然而更重要的是，希思出版了透纳创作的三卷本《法国的河流》（创作于1832—1834年）及《英格兰和威尔士的如画风光》（创作于1827—1838年），透纳野心勃勃的昂贵项目，令希思在经济上破产。

乔治·琼斯（George Jones，1786—1869年） 军人、战争场景和历史题材画家。琼斯就读于皇家美术学院，但他却成为一名民兵队长。1815年在滑铁卢战役中拿破仑战败，琼斯所在的部队进入巴黎。他和透纳成为了好朋友；他们都受到了埃格雷蒙特伯爵的热情接待并都热衷于钓鱼。在透纳逝世后，琼斯写了描绘他们之间的友谊的《回忆录》（未出版）。

理查德·佩恩·奈特（Richard Payne Knight，1751—1824年） 作家、鉴赏家、诗人、美学理论家。奈特是一名多才多艺的卓越学者，他的收藏令人印象深刻，有雕塑、金属货币、早期绘画大师和当代英国画家创作的艺术品。他为刚起步的大英博物馆扩大馆藏做出了重要贡献，尤其是他将自己的私人藏品捐献给了大英博物馆，但极糟糕的是，他被卷入到英国政府从埃尔金伯爵手里购买帕提侬神庙雕塑的事件之中，这使他在收藏方面的杰出贡献以及作为一名美学理论家的名望黯然失色了。奈特轻率鲁莽而又错误地不建议政府购买，理由是这些雕塑是低劣的古罗马作品，这铸成了大错，自此之后，他的名誉便再未完全恢复过。

约翰·兰西尔（John Landseer，1769—1852年） 雕刻师、作者、对透纳的作品最有洞察力的当代批评家。他在自己的杂志上发表了评论《对艺术出版物的评论》（1808年）和《探索》（1839和1840年）。1808年，兰西尔对透纳美术馆中的作品进行了详细而又颇具洞察力的描述，人们不禁会认为兰西尔曾与艺术家讨论过这些画。约翰·兰西尔是维多利亚时代成功的画家爱德温·兰西尔（1803—1873年）的父亲。

路易–菲力普（Louis-Philippe，1773—1850年） 法国国王。在法国大革命中，路易–菲力普的父亲奥尔良公爵被处死刑，在此之后，路易–菲力普逃离了法国并最终在特威克南安身，在那里他与透纳是近邻。1830年法国七月革命以后，他成为法国国王并统治法国，直到在1848年革命中被赶下台。他再次回到了英国并于两年之后在流亡中死去。

菲利普·捷克·德·卢戴尔布格（Philippe Jacques de Loutherbourg，1740—1812年） 阿尔萨斯风景画画家。卢戴尔布格出生于斯特拉斯堡，起初，他想进入路德教会教堂并接受了相关的教育，但后来他来到了巴黎，成为卡尔·旺洛（1705—1765年）的一名学生。1762年，他被选为法国皇家学院成员。之后，他游览了整个欧洲，最后于1771年在英国定居。在英国，他被演员经理人大卫·盖里克聘来设计并负责特鲁里街剧院的舞台布景和用来产生舞台效果的装置。同时，他开始在皇家美术学院展出他的风景画，1781年，他被选为皇家美术学院会员。尽管他因他的画和在剧院的工作而闻名，但他作为信仰疗疾师的活动及对炼金术的热衷却使他变得臭名昭著。

小托马斯·莫尔顿（Thomas Malton Jnr，1748—1804年） 英国水彩画画家、教师。建筑绘图员的儿子，教授透视法的教师，在进入皇家美术学院之前他学的是建筑，后来却成了一名画家。在他的职业生涯中，他创作了大量的建筑水彩画和地形水彩画，许多作品还发表了，除此之外，他还是一名风景画画家和素描大师。

约翰·马丁（John Martin，1789—1854年） 英国风景画画家，专攻世界末日和崇高的主题。有段时间，马丁曾师从一名画马车的画家和一名画玻璃的画家，这种训练是相当不寻常的，但马丁却成为他那个年代著名的艺术家之一。他的作品在整个欧洲广泛流传，这要归功于他为弥尔顿的《失乐园》配图的网线铜版雕刻作品。尽管他的作品非常受欢迎，但在皇家美术学院却常因其耸人听闻的风格而遭到批判。在他生命的尽头，皇家美术学院仍旧冷落他。

托马斯·门罗医生（Dr Thomas Monro，1759—1833年） 贝瑟姆精神病院治疗精神病的专家、资深医师。他的病人包括乔治三世、画家约翰·罗伯特·科普斯（1752—1797年）和透纳的母亲。门罗也是一名业余艺术家和水彩画、素描的狂热收藏家。他雇用透纳、托马斯·吉尔丁（1775—1802年）和其他年轻的画家来临摹复制他自己和他朋友的收藏品。

休·安德鲁·约翰斯通·芒罗·诺瓦（Hugh Andrew Johnstone Munro of Novar，1797—1864年） 苏格兰土地拥有者、业余画家。开始时他收藏早期绘画大师的作品，但后来成为透纳的好友，是透纳晚期职业生涯中最稳定的赞助人。最终他拥有透纳创作的16幅油画和130多幅水彩画。尽管透纳通常更喜欢独自旅行，但他却在1836年与芒罗一起游览了阿尔卑斯山。

霍雷肖·纳尔逊子爵（Horatio, Viscount Nelson，1758—1805年） 海军中将。1780年，在他还是个孩子的时候就加入了英国海军，跟随胡德司令。在1794年占领科西嘉岛时，纳尔逊失去了右眼，在1797年又失去了右臂。他晋升很快，首先于1796年获海军准将军衔，后来，在1797年，又因在圣文生角战役战绩卓越而被提升为海军少将，纳尔逊是个出色的战略家，由于参加了尼罗河河口海战（1798年）、攻打哥本哈根（1801年）和特拉法加海战（1805年）等战役而成为英雄。在特拉法加海战中他献出了宝贵的生命。

摄政王，后来的乔治四世（The Prince Regent, later George IV，1762—1830年） 摄政王、英国国王。1811年，由于乔治三世患有精神疾病，国王的长子乔治成为摄政王及英国真正的统治者。自1788年开始，乔治三世的病情变得越来越严重。1820年，乔治三世逝世，摄政王凭自己的头衔成为国王。他因乱交和挥霍奢侈而臭名昭著，他的挥霍奢侈经常引发议会关于王室年俸方面的争论。王室年俸是指拨给王室，用来维持王室开销的钱。百姓都十分厌恶他，1817年，有一次愤怒的人们竟向他的马车扔石块。

乔舒亚·雷诺兹（Sir Joshua Reynolds，1723—1792年） 英国肖像画家、管理者、艺术评论家。他是德文郡牧师的儿子，师从肖像画画家威廉·赫德森。在意大利学习了一段时间后，他于1752年返回伦敦并开始以肖像画家的身份声名远扬，还不时发表谈论艺术的作品。雷诺兹的同事们很尊敬他，与他同时代的主要文学巨匠也很钦佩他，如塞缪尔·约翰逊等。1768年，人们一致选举他做新成立的皇家美术学院的院长。在他在位期间，发表了《演讲录》（创作于1769—1790年），这是关于学术原则的简洁易懂、非教条的陈述，这些原则对透纳这一代艺术家产生了深远的影响。

萨缪尔·罗杰斯（Samuel Rogers，1763—1855年） 英国诗人。在日常生活中，罗杰斯在银行里工作，他的父亲是该银行的合伙人。当他的父亲在1793年去世时，给他留下了很大一笔财产，这使他能够周游各地，满足他作为鉴赏家的嗜好，与艺术家、作家和有影响力的人交往。罗杰斯成为伦敦精神生活的中坚力量，他广邀朋友圈中有着良好教养和富有创造力的朋友，如透纳和拜伦等，来参加他著名的早餐聚会。他的诗为他赢得了相当大的声誉，1850年，政府授予他"桂冠诗人"的称号，但是却被他拒绝了。

约翰·罗斯金（John Ruskin，1819—1900年） 英国批评家，透纳作品最重要的诠释者，他对艺术和社会的评论对维多利亚时期人们的态度有着重大的影响。他与他的父亲约翰·詹姆斯·罗斯金一起收藏了大量的作品，包括透纳晚期创作的描绘瑞士风光的水彩画、为《英格兰和威尔士》系列创作的设计图以及油画《贩奴船》等。罗斯金为透纳的激情辩护始于1836年，他言简意赅地还击了《布莱克伍德爱丁堡杂志》保守派评论家约翰·伊格尔斯对透纳的批评，这种巧妙的反驳在他的不朽巨著——五卷本的《现代画家》（创作于1843—1860年）中达到了极点。这部巨著为维多利亚时代的观众提供了理解透纳晚期艺术的框架，有助于人们对透纳艺术的理解，而在此之前，透纳晚期的艺术常被指责为难以理解的。在罗斯金的职业生涯中，他兴趣广泛，包括建筑、教育及社会的本质，但他的世界观却变得消极了，在最后一卷《现代画家》中，透纳作品中的意象被描绘成充满悲剧色彩的和令人绝望的。1878年，他遭受到精神疾病的第一次袭击，这种疾病影响了他的余生。

沃尔特·司各特爵士（Sir Walter Scott，

1771—1832年） 苏格兰诗人、历史学家、传记作者和小说家。与拜伦一样，司各特取得了非凡的文学成就，被尊为历史小说的创始人。在著名的《威弗利》小说系列（最初是匿名发表的）中，他将他讲故事的天赋与和对苏格兰历史的深入了解完美地结合在一起。他对之后欧洲和美国的小说家有着相当大的影响。

约翰·索恩爵士（Sir John Soane，1753—1837年） 建筑师、鉴赏家。他是伯克郡建造师的儿子。与透纳（索恩爵士与透纳的友谊很持久）一样，他于1802年成为皇家美术学院的正式会员，并在4年之后成为皇家美术学院建筑学教授。索恩是他那个时代中与众不同、有创造力的建筑师，他重新设计了英国银行和德威学院画廊的一部分。德威学院画廊里有弗朗西斯·布尔乔亚爵士的陵寝及其收藏品。但让索恩名垂千古的却是他在林肯营田的私家宅邸。1808—1824年，他建造了这个宅子，里面有大量的艺术、书籍和古物收藏品，1833年，经议会批准，索恩的私家宅邸成为博物馆。

威廉·梅克比斯·萨克雷（William Makepeace Thackeray，1811—1863年） 英国小说家、评论家。他最初学习的是法律，后来又考虑成为一名画家。当他以笔名"迈克尔·安杰洛·蒂特马什"为《弗雷泽杂志》写艺评时，他傲慢的语气掩盖不住其批判的睿智。现在，他在文学中的声誉主要源自小说《名利场》（创作于1847—1848年）和《亨利·艾斯蒙先生的历史》（创作于1852年）。

第一代威灵顿公爵阿瑟·韦尔斯利（Arthur Wellesley, 1st Duke of Wellington，1769—1852年） 军事家、政治家。最初，威灵顿是一名职业军人，他痛击拿破仑军队，使其遭受了一系列惨败，将他们赶出葡萄牙和西班牙，最终在1814年，威灵顿率军攻占了法国。在1815年的滑铁卢战役中，威灵顿率领的部队大获全胜，这是他所获得的最著名的胜利，结束流亡的拿破仑最终被战败。战后，威灵顿成为托利党的一名政客并于1828年出任首相。在担任首相期间威灵顿于1829年推进了《天主教徒解禁法》，这是他在政治上的一大功绩，但随后他却强烈反对议会改革，这一政治立场使他很不受欢迎，以致在1830年便被迫辞职。后来，他在罗伯特·皮尔爵士内阁中任部长，并于1846年退出政坛。

威廉·弗雷德里克·威尔斯（William Frederick Wells，1762—1836年） 英国水彩画画家、蚀刻师、教师。威尔斯是19世纪早期小有成绩的风景画画家的典型代表。他的作品经常在皇家美术学院和旧水彩协会展出。作为一名绘画大师，威尔斯受雇于东印度公司，他与透纳长期而深厚的友谊使得人们至今仍对他记忆深刻。透纳常常到威尔斯家中做客，他家位于肯特郡的诺克霍特。

大卫·威尔基爵士（Sir David Wilkie，1785—1841年） 多才多艺的苏格兰画家，他于1805年抵达伦敦，被乔治·博蒙特爵士的圈子所吸引。他因一系列备受称赞的风俗画而成名。他对透纳有点敌对。起初，透纳对威尔基的作品进行诋毁，却很欣赏威尔基晚年风格的多变。与透纳一样，威尔基也对在他生活的那个年代里发生的各种事件和情况进行了回应，如在《扣押财产以抵偿租金》（创作于1814年）中，威尔基反映了广泛的农业危机，他还通过画画来描绘1822年乔治四世到苏格兰的国事访问。尽管事实上威尔基获得了透纳渴望得到却未能得到的荣誉和王室赞助，但透纳却被威尔基的去世所深深打动。威尔基是在去参拜圣地的归途中去世的。为了纪念威尔基的船上葬礼，透纳创作了《安息—海葬》。

年表

约瑟夫·马洛德·威廉·透纳的生平及艺术作品	历史事件
1775 约瑟夫·马洛德·威廉·透纳很可能于4月23日出生于伦敦科文加登仕女巷21号。	**1775** 美国独立战争开始（至1783年）。 简·奥斯汀出生。
1778 玛丽·安，透纳的妹妹出生（1783年去世）。	**1781** 英国在约克镇投降。
	1782 詹姆斯·瓦特研制了第一台旋转式蒸汽机。
1785 透纳与他的叔叔、婶婶一起住在布伦特福德。 透纳在约翰·怀特学校就读。	**1785** 第一期《泰晤士报》发行。 卡特赖特发明了动力织布机。
1786 透纳在马尔盖特逗留，在那里，他创造了第一幅描绘大自然的画。	**1786** 打谷机发明
1789 透纳先是受雇于建筑师托马斯·哈德威克，后来又与托马斯·莫尔顿一起工作。 透纳成为皇家美术学院的学生。	**1789** 法国大革命，攻占巴士底狱。 乔治·华盛顿任美国总统。 第一家由蒸汽驱动的棉纺织厂在曼彻斯特建立。
1790 透纳在皇家美术学院展出了他的第一幅水彩画：《坎特伯雷大主教官邸》（图9）。	**1790** 伯克出版了《对法国大革命的反思》。
1791 透纳的第一次素描之旅。 透纳与他父亲的朋友纳哈威斯一起在布里斯托尔逗留，并游览了马姆斯伯里和巴思。	**1791** 威廉·威伯第一次提交反对奴隶贸易请愿书。 英国地形测量局成立。
1792 透纳参加皇家美术学院写生课程。 透纳与约翰·索恩和W.F.威尔斯相识。 透纳游览了威尔士南部地区。	**1792** 法兰西第一共和国宣布成立。 首次使用断头台。 托马斯·潘恩出版了《人的权利》。 乔舒亚·雷诺兹爵士去世。

1793	透纳初次接触门罗医生并开始尝试油画创作。	1793	处决路易十六和玛丽·安托瓦内特。

1793 透纳初次接触门罗医生并开始尝试油画创作。
夏季透纳到赫里福郡，秋季到苏塞克斯和肯特游览。

1793 处决路易十六和玛丽·安托瓦内特。
法国对英国和荷兰宣战。

1794 透纳游览了英国中部和威尔士北部地区。
透纳在托马斯·吉尔丁的陪伴下在门罗医生家临摹艺术品。
透纳开始讲授绘画方面的课程。

1794 在"光荣的六月一日"海战中，海军上将豪打败了法国。

1795 透纳游览威尔士南部地区和怀特岛。

1795 在英国发生反战游行示威。

1796 透纳在皇家美术学院展出他的第一幅油画作品《海上渔夫》（图21）。
透纳以10英镑的价格卖掉油画《海上渔夫》。

1796 与瓦解的法国进行和平谈判。
拿破仑远征意大利成功。

1797 透纳到英国北部和湖区游览。
透纳拜访哈里伍德庄园，以完成爱德华·拉塞尔斯所委托的事情。

1797 在诺尔和斯皮特黑德的海军哗变。
在英国爆发了经济危机。
第一张面值1英镑的钞票问世。
法国入侵埃及。

1798 皇家美术学院允许画家将诗行加到作品标题中，透纳利用了这条新规。
透纳游览威尔士并参观了理查德·威尔森的出生地。
透纳未能成为皇家美术学院准会员。

1798 纳尔逊在尼罗河战役中打败法国海军。
约瑟夫·海顿创作出《纳尔逊弥撒曲》，《创世纪》首演。
华兹华斯和柯尔律治共同出版了《抒情歌谣集》。

1799 埃尔金勋爵邀透纳陪他一起到希腊考察，但两人的谈判却破裂了。
透纳为放山居故园的威廉·贝克福德工作。
透纳被选为皇家美术学院准会员。
透纳住在哈莱街64号。
透纳与莎拉·丹比有染。

1799 拿破仑自任"第一执政"。
英国首相威廉·皮特引进个人所得税。
奥地利对法国宣战。

1800 透纳在皇家美术学院展出《埃及的第五次灾难》（图30）并创作了《狂风中的荷兰船只》（图33），被布里奇沃特公爵以250几尼的高价买走。
透纳的母亲被送进贝斯莱姆医院。

1800 亚历山德罗·伏特发现了电。
在马伦哥战役中，拿破仑打败了奥地利。

1801 透纳到苏格兰游览，从湖区返回。透纳的女儿埃维莉娜大概就是在这一天出生的。

1801 进行了第一次全国人口普查。
伦敦人口达到10万人。
爱尔兰与英国联盟。
纳尔逊在哥本哈根取得胜利。

1802 透纳当选为皇家美术学院正式会员。 7—10月，透纳第一次游览欧洲大陆，参观了瑞士阿尔卑斯山，并花了3个礼拜的时间在巴黎深入研究卢浮宫的画作。	**1802** 英法签订《亚眠和约》。 拿破仑担任意大利共和国元首。 托马斯·吉尔丁去世。
1803 透纳任年展委员会和作品审查委员会的院士会员，这是透纳的第一份公职。 乔治·博蒙特爵士首次批判透纳的作品。	**1803** 《亚眠和约》瓦解，英国继续同法国交战。 罗伯特·富尔顿以蒸汽机为动力的新轮船试航成功。
1804 透纳的母亲去世。 透纳在安妮女王街和哈雷街的拐角处成立了自己的画廊。	**1804** 拿破仑在法国称帝。
1805 透纳在自己的画廊举办作品展而不是将作品在皇家美术学院里展出。 透纳租了泰晤士河艾尔沃思的锡恩渡轮渡口，他有一艘小船，可以泛舟览河。 透纳为纳尔逊的旗舰"胜利号"画了速写，画面描绘的是特拉法加海战结束后，"胜利号"归航的情景。	**1805** 纳尔逊在特拉法加海战中丧生。 英国美术促进会成立。
1806 透纳在由英国美术促进会举办的首届展览中展出作品。 威廉·弗雷德里克·威尔斯让透纳产生了创作《钻研之书》的想法。	**1806** 拿破仑让欧洲大陆的所有港口都对英国舰船关闭。
1807 透纳担任皇家美术学院的透视法教授。 透纳出版《钻研之书》第一卷。 透纳得到了特威克南的一块地。 《百科全书杂志》发表了对透纳作品的第一个法国评论。	**1807** 威廉·威伯福斯废除英国奴隶贸易的法案被通过了。 煤气灯照明首次被引入伦敦街头。 法国入侵葡萄牙。
1808 透纳到柴郡塔布利宅的约翰·莱斯特爵士家中做客，后来又到约克郡法恩利宅邸的沃尔特·福克斯家中做客。 约翰·兰西尔在他的《对艺术出版物的评论》发表了一篇很长的评论来评论透纳在自己的画廊里展出的作品。 透纳的作品引起了德国人的注意，J.D.菲奥里洛将对透纳作品的第一个德国评论发表出来。	

1809 透纳拜访了萨塞克斯的佩特沃思后又游览了英国北部。	**1809** 英国与奥地利结盟对抗法国。
1810 透纳将他在伦敦的住址改为安妮女王街西47号。 透纳受罗斯希尔的杰克·福勒的委托到萨塞克斯作画。 透纳与福克斯一起在法恩利宅邸度过了8月份，后来，透纳便成为法恩利的一名常客。	**1810** 戈雅创作出《战争的灾难》系列第一件作品。
1811 在皇家美术学院，透纳作为透视学教授举行了6次系列讲座中的第一次系列讲座。 透纳游览了英格兰西部诸郡，为库克的《英格兰南部海岸的如画风光》搜集资料。 透纳自己创作了对其插图进行说明的诗歌，但出版商却拒绝采用。	**1811** 威尔士亲王成为摄政王。 约翰·纳什设计了伦敦摄政公园。 "卢德骚乱"与捣毁纺织机器。 威灵顿在葡萄牙打败了法国。
1812 透纳开始自己设计并建造特威克南的桑迪克姆小屋。 透纳在皇家美术学院展出《汉尼拔》（图72），第一次从自己的诗作《希望的谬误》中引用诗句作为附在画上的说明文字。	**1812** 英国与美国交战。 拿破仑入侵俄国并被迫从莫斯科撤退。 威灵顿在萨拉曼卡战败了法国并进驻马德里。 拜伦的《恰尔德·哈洛德游记》第一章和第二章出版。
1813 桑迪克姆小屋完工。 透纳游览了德文郡并在户外为他的油画画素描。 透纳在皇家美术学院展出《雾晨》（图74）。	**1813** 拿破仑在莱比锡战役中战败。 盟军进驻法国。 简·奥斯汀出版了《傲慢与偏见》。
1814 《南部海岸》系列的第一部分出版。 再次游览德文郡。	**1814** 巴黎沦陷，拿破仑退位。 斯蒂芬森制造出第一辆蒸汽机车。
1815 雕塑家安东尼奥·卡诺瓦参观了透纳的画廊，称透纳为"伟大的天才"。 透纳在皇家美术学院展出《狄多建设迦太基》（图78）和《渡溪》（图77）。	**1815** 拿破仑回到法国但却在滑铁卢战役中战败。 《谷物法》实施以后，在伦敦发生了暴乱。
1816 透纳游览了约克郡，为惠特克的《里奇蒙德郡的历史》搜集材料。 透纳成为皇家美术学院绘画学校的常客（导师）。	**1816** 个人所得税被废除。

1817	透纳游览了比利时、荷兰和莱茵兰。后来又到法恩利做客，将51幅描绘莱茵河风光的水彩画卖给了福克斯。	1817	爱尔兰土豆大饥荒。简·奥斯汀去世。
1818	透纳在皇家美术学院展出了《滑铁卢战场》（图87）。透纳到苏格兰旅行，讨论为沃尔特·司各特的《苏格兰地方古迹》配插图的相关事宜。	1818	拜伦的《恰尔德·哈洛德游记》的最后一章出版。"萨凡纳号"轮船首次横渡大西洋成功。
1819	透纳在皇家美术学院展出了《英格兰：里奇蒙山，亲王的生日》（图89）。透纳的作品还展出在约翰·兰西尔爵士在伦敦的画廊和沃尔特·福克斯在伦敦的宅邸中。透纳到意大利旅行。	1819	彼得卢屠杀——在曼彻斯特，骑兵向和平游行的激进的示威者发起进攻，导致11人死亡，400人受伤。
1820	2月，透纳从意大利返回英国。透纳继承了在沃平的财产。透纳开始扩建安妮女王街的房子和画廊。透纳在皇家美术学院展出了《从梵蒂冈远眺罗马》（图97）。	1820	国王乔治三世逝世后，摄政王继任，即国王乔治四世。热里科的《梅杜萨之筏》在伦敦展出。谋杀英国部长的卡托街阴谋。
1821	透纳到巴黎、鲁昂和迪耶普旅行。	1821	拿破仑逝于圣赫勒那岛。康斯太布尔在皇家美术学院展出《干草车》。
1822	在W.B.库克索霍街区的房子里展出了透纳的水彩画作品。透纳新开了一家画廊。8月，透纳乘船去爱丁堡见证国王乔治四世的国事访问。透纳受乔治四世的委托绘制《特拉法加海战》的巨幅油画，这是透纳唯一一次得到皇家赞助。	1822	L.J.M.达盖尔发明了透视画。诗人雪莱在意大利溺水身亡。
1823	第一部《英国的河流》版画出版。		
1824	透纳游览了英吉利东部。然后又游览了比利时、卢森堡、德国和法国北部。最后一次拜访法恩利宅邸。	1824	在希腊独立战争中拜伦去世。《合并法案》的废除导致了工会活动的增加。
1825	透纳开始创作《英格兰和威尔士的如画风光》。	1825	斯托克顿市到达灵顿的铁路线开通。经济危机极大地影响了出版商和版

透纳游览了低地国家。
沃尔特·福克斯去世。

画商。

1826 透纳卖掉了桑迪克姆小屋并游览了法国北部。
塞缪尔·罗杰斯委托透纳为他的诗集《意大利》作插图。

1826 约瑟夫·尼瑟福·尼埃普斯成功拍摄了第一幅永久性照片。

1827 约翰·莱斯特爵士去世。
透纳游览怀特岛并到建筑师约翰·纳什家做客。

1827 英法俄签订确保希腊自治的《伦敦条约》。

1828 透纳最后一次做透视学讲座。
透纳访问了萨塞克斯的佩特沃思。
透纳于8月第二次游览意大利。

1828 威灵顿公爵出任首相（1828—1830年在位）。
红十字会成立。

1829 透纳于2月从意大利返回。
透纳游览了巴黎、诺曼底和布列塔尼。
透纳的父亲去世。

1829 《天主教徒解禁法》通过。
伦敦第一个警察机关成立。

1830 透纳游览英国中部地区。
塞缪尔·罗杰斯的诗集《意大利》出版，由透纳配插图。

1830 乔治四世去世，威廉四世继任国王。
法国七月革命后路易–菲力浦任法国国王。
托马斯·劳伦斯爵士去世。

1831 透纳到苏格兰旅游并到沃尔特·司各特家做客。
透纳在佩特沃斯过圣诞节。

1831 《改革法案》被上议院否决后引发了暴乱。
查尔斯·达尔文开始对比格尔进行科学考察。

1832 在9—10月，透纳在法国为创作《法国的河流》系列搜集资料。

1832 《改革法案》通过。
欧洲霍乱流行。

1833 透纳在皇家美术学院展出了他描绘威尼斯的两幅油画。
在9月，他游览了柏林、德累斯顿、布拉格、维也纳和威尼斯。

1833 废奴主义者的领袖威廉·威伯福斯去世，与此同时，奴隶制在英国被废除。

1834 透纳在泰晤士河上的一艘船上绘制描绘英国议会大厦火灾的素描。
参观了牛津。

1834 查尔斯·巴贝奇发明了第一台数字计算机。
《济贫法修正案》为穷人建立了劳动救济所。

1835 透纳分别在皇家美术学院和英国美术促进会展出他的两幅油画《上议院和下议院的火灾》（图139）。

1835 英国铁轨总长达约544千米。
约翰·纳什去世。

透纳在夏季参观了丹麦、德国和波希米亚。

1836	透纳在皇家美术学院展出的作品遭到了约翰·伊格尔斯的疯狂批判，如《朱丽叶和她的护士》等。 罗斯金对伊格尔斯进行反驳，写信为透纳辩护。 透纳到法国和瑞士旅行。	1836	实施出生日期、死亡日期和婚姻状况的强制登记。 爱尔兰土豆大歉收。
1837	透纳到法国旅行并参观了巴黎和凡尔赛宫。 透纳辞去透视学教授职位。 透纳最后一次拜访佩特沃思。 埃格雷蒙特伯爵去世。	1837	威廉四世去世，维多利亚女王继位。 约翰·康斯太布尔去世。
1838	《英格兰和威尔士》系列停止出版。	1838	《人民宪章》出版，要求给工人阶级投票权、改善就业环境和结束《济贫法》。
1839	透纳到比利时、卢森堡和德国的夏季之旅。 透纳在皇家美术学院展出的《"无畏号"》（图145）大获好评。	1839	支持《人民宪章》的请愿。 查尔斯·狄更斯出版了《尼古拉斯·尼克贝》。
1840	透纳与罗斯金初次见面。 透纳在皇家美术学院展出的《台风，将死去的和垂死的奴隶抛到船外》（图148）备受嘲笑。 透纳到威尼斯旅行并在归来的途中参观了阿尔伯特亲王的出生地——科堡玫瑰宫（图152）。	1840	维多利亚女王与萨克森—科堡—哥达亲王阿尔伯特成婚。英国建立一便士均一邮资制。
1841	透纳在皇家美术学院展出了3幅描绘威尼斯风光的油画。 透纳游览瑞士。	1841	大卫·威尔基爵士与弗朗西斯·钱特里逝世。从伦敦到布里斯托尔的大西部铁路线完工。
1842	透纳再次参观瑞士。 透纳开始创作第一批受委托的水彩画系列，主要是描绘瑞士风光的水彩画。 透纳在皇家美术学院展出《安息—海葬》[图158]和《暴风雪——汽船驶离港口》（图160）。	1842	重新引入个人所得税。
1843	罗斯金的第一卷《现代画家》出版。 透纳创作出瑞士水彩画系列。	1843	华兹华斯成为桂冠诗人。 托马斯·卡莱尔出版了《过去与

现在》。

1844	透纳在皇家美术学院展出《雨、蒸汽和速度——西部大铁路》（图169）。 透纳最后一次去瑞士的旅行。	**1844**	塞缪尔·莫尔斯用他的新电码从将第一条电报信息从华盛顿发送到巴尔的摩。
1845	透纳在马丁·阿齐尔·希爵士患病期间担任皇家美术学院代理院长，后来担任副院长。 被纽约的詹姆士·伦诺克斯买走的《斯塔法:芬格尔山洞》——透纳卖到美国的第一部作品。 去法国北部的最后一次国外旅行。	**1845**	爱尔兰土豆大歉收。 弗里德里希·恩格斯完成《英国工人阶级状况》。
1846	透纳与索菲亚·布斯一起生活在切尔西戴维斯6号。 透纳从皇家美术学院辞职，不再担任副院长一职。	**1846**	废除《谷物法》。
1847	透纳多次拜访美国摄影师J.J.E.梅耶尔在伦敦的工作室。	**1847**	《工厂法》限制纺织工业的工作时长。
1848	透纳雇用弗朗西斯·谢雷尔为画室助手。 透纳没有在皇家美术学院展出任何作品。	**1848**	欧洲革命。 路易–菲力浦被废黜。 卡尔·马克思与弗里德里希·恩格斯出版《共产党宣言》。 拉斐尔前派兄弟会成立。
1849	透纳的健康状况恶化。 他拒绝了美术协会要为他的作品举办一个回顾展的提议。	**1849**	伦敦大学开始招收女性学员。
1850	透纳在皇家美术学院展出他的最后4幅作品;作品讲述了狄多与埃涅阿斯的故事（图179）。	**1850**	在英国多佛和法国加来之间安设第一条海底电报电缆。
1851	透纳在5月最后一次参加学院俱乐部的晚宴。 自10月以来，透纳就一直在接受治疗。 透纳于12月19日上午10点逝世。	**1851**	建造帕克斯顿的水晶宫。 世界博览会在水晶宫举办。 梅尔维尔出版《白鲸记》。 华兹华斯去世。

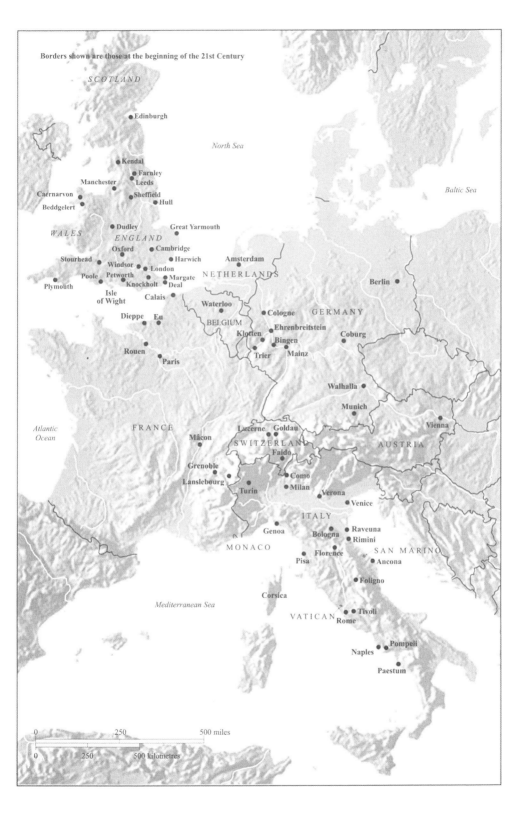

Borders shown are those at the beginning of the 21st Century

SCOTLAND

Edinburgh

North Sea

Baltic Sea

Kendal
Farnley
Manchester Leeds
Caernarvon Sheffield
Beddgelert Hull

WALES Dudley Great Yarmouth
ENGLAND
Oxford Cambridge
Stourhead Harwich Amsterdam
Windsor London *NETHERLANDS* Berlin
Poole Petworth Margate
Plymouth Knockholt Deal
Isle Calais
of Wight Waterloo
Dieppe Eu BELGIUM Cologne *GERMANY*
Klotten Ehrenbreitstein
Rouen Bingen Coburg
Paris Trier Mainz

Walhalla

Munich

Lucerne Goldau Vienna
Mâcon SWITZERLAND *AUSTRIA*
Faido
Grenoble Como
Lanslebourg Milan
Turin Verona
Venice
ITALY
Genoa Raveuna
Bologna Rimini
MONACO Florence *SAN MARINO*
Pisa Ancona

Foligno

Corsica
Mediterranean Sea Tivoli
VATICAN Rome

Naples Pompeii
Paestum

*Atlantic
Ocean*

FRANCE

0   250   500 miles
0   250   500 kilometres

拓展阅读

在众多关于透纳的著作中，本书仅列出了重要的几部，主要选自 1975 年透纳 200 周年纪念以来出版的作品，但也包括一些早期的较为重要的著作。例如，由英国泰特美术馆于 1980—1993 年出版的《透纳研究》这本杂志为人们提供了丰富的素材，让人们对透纳有更深入的了解。在《牛津大学约瑟夫·马洛德·威廉·透纳研究指南》中，人们可以找到大量有关透纳的传记作品和对透纳卓越艺术成就的评论。

传记作品

Anthony Bailey, *Standing in the Sun: A Life of J. M. W. Turner* (London, 1997)

Alexander J. Finberg, *The Life of J. M. W. Turner RA* (London, 1939)

James Hamilton, *Turner. A Life* (London, 1997)

Jack Lindsay, *J. M. W. Turner: His Life and Work* (London, 1966)

Walter Thornbury, *The Life of J. M. W. Turner, RA* (2nd edn, London, 1877)

透纳作品研究

Martin Butlin and Evelyn Joll, *The Paintings of J. M. W. Turner* (New Haven and London, 1984)

Martin Butlin, Evelyn Joll and Luke Herrmann, *The Oxford Companion to J. M. W. Turner* (Oxford, 2001)

John Gage, *Colour in Turner: Poetry and Truth* (London, 1969)

—, *J. M. W. Turner: 'A Wonderful Range of Mind'* (London, 1987)

—, *Turner: Rain, Steam and Speed* (London, 1972)

John Gage (ed.), *Collected Correspondence of J. M. W. Turner* (Oxford, 1980)

Luke Herrmann, *Turner Prints: the Engraved Works of J. M. W. Turner* (London, 1990)

David Hill, *In Turner's Footsteps through the Hills and Dales of Northern England* (London, 1984)

—, *Turner on the Thames: River Journeys in the Year 1805* (London, 1993)

Kathleen Nicholson, *Turner's Classical Landscapes: Myth and Meaning* (Princeton, 1990)

Ronald Paulson, *Literary Landscape: Turner and Constable* (New Haven and London, 1982)

Cecilia Powell, *Turner in the South: Rome, Naples, Florence* (London, 1987)

Eric Shanes, *Turner's Human Landscape* (London, 1990)

—, *Turner's Picturesque Views in England and Wales* (London, 1979)

—, *Turner's Rivers, Harbours and Coasts*

(London, 1981)

Andrew Wilton, *The Life and Work of J. M. W. Turner* (London, 1979)

—, *Turner in his Time* (London, 1987)

历史文化背景概览

Malcolm Andrews, *Landscape and Western Art* (Oxford, 1999)

John Barrell, *The Dark Side of the Landscape* (Cambridge, 1980)

—, *The Political Theory of Painting from Reynolds to Hazlitt* (New Haven and London, 1986)

David Blayney Brown, *Romanticism* (London, 2001)

Alasdair Clayre (ed.), *Nature and Industrialization* (Oxford, 1977)

Linda Colley, *Britons. Forging the Nation 1707–1837* (London, 1994)

Matthew Craske, *Art in Europe 1700–1830* (Oxford, 1997)

Joseph Farington, *Diary*, eds Kenneth Garlick, Angus Macintyre and Kathryn Cave, 16 vols (London, 1978–84)

Charles Harrison, Paul Wood and Jason Gaiger (eds), *Art in Theory 1648–1815* (Oxford, 2000)

—, *Art in Theory 1815–1900* (Oxford, 1998)

Andrew Hemingway, *Landscape Imagery and Urban Culture in Early Nineteenth Century Britain* (Cambridge, 1992)

Tim Hilton, *John Ruskin: the Early Years 1819–1859* (New Haven and London, 1989)

Sidney C Hutchinson, *The History of the Royal Academy 1768–1968* (London, 1968)

David Irwin, *Neoclassicism* (London, 1997)

Charlotte Klonk, *Science and the Perception of Nature* (New Haven and London, 1996)

Kay Dian Kriz, *The Idea of the English Landscape Painter* (New Haven and London, 1994)

Christiana Payne, *Toil and Plenty. Images of the Agricultural Landscape in England, 1780–1890* (New Haven and London, 1993)

Sir Joshua Reynolds, *Discourses on Art,* ed. Robert Wark (New Haven and London, 1975)

Michel Serres 'Turner translates Carnot' in Norman Bryson (ed.), *Calligram: Essays in New Art History from France* (Cambridge, 1988)

Sam Smiles, *Eye Witness: Artists and Visual Documentation in Britain 1770–1830* (Aldershot, 2000)

Carolyn Springer, *The Marble Wilderness: Ruins and Representation in Italian Romanticism* (Cambridge, 1987)

William T. Whitley, *Art in England 1800–1837*, 2 vols (New York, 1973)

William Vaughan, *Romantic Art* (London, 1978)

展出作品概览

透纳的展出作品代表了透纳作为一名学者的研究深度和策展能力，以下列出了透纳曾公开展出的作品。

Maurice Davies, *Turner as Professor: The Artist and Linear Perspective* (Tate Gallery, London, 1992)

Judy Egerton, *Making and Meaning: Turner, The Fighting Temeraire* (National Gallery, London, 1995)

Gillian Forrester, *Turner's 'Drawing Book': the Liber Studiorum* (Tate Gallery, London, 1996)

John Gage (introduction), *J. M. W. Turner* (Grand Palais, Paris, 1983)

James Hamilton, *Turner's Britain*, (Birmingham Museums and Art Gallery, 2003)

Colin Harrison, *Turner's Oxford* (Ashmolean Museum, Oxford, 2000)

Robert Hewison, Ian Warrell and Stephen Wildman, *Turner, Ruskin and the Pre-Raphaelites* (Tate Gallery, London, 2000)

Martin Krause, *Turner in Indianapolis* (Indianapolis Museum of Art, 1997)

Cecilia Powell, *Turner's Rivers of Europe: The Rhine, Meuse and Mosel* (Tate Gallery, London, 1991)

—, *Turner in Germany* (Tate Gallery, London, 1995)

Eric Shanes, *Turner's Watercolour Explorations 1810–1842* (Tate Gallery, London, 1997)

—, *Turner: the Great Watercolours* (Royal Academy, London, 2001)

Joyce Townsend, *Turner's Painting Techniques* (Tate Gallery, London, 1993)

Ian Warrell, *Through Switzerland with Turner: Ruskin's First Selection from the Turner Bequest* (Tate Gallery, London, 1995)

—, *Turner on the Seine* (Tate Gallery, London, 1999)

—, *Turner and Venice* (Tate, London, 2003)

Ian Warrell, David Blayney Brown and Christopher Rowell, *Turner at Petworth* (Tate Gallery and the National Trust, London, 2002)

Andrew Wilton and Rosalind Mallord Turner, *Painting and Poetry; Turner's Verse Book and his Work of 1804–12* (Tate Gallery, London, 1990)

致谢

与其他许多有关透纳的出版物一样，本书的出版要感谢过去与现在所有深入研究画家透纳海量作品的学者们。感谢 Matthew Craske，他对历史循环观的观察是第 4 章和第 5 章核心内容的基础。衷心感谢 John Gage，他不仅提供了丰厚的奖学金，而且还对本书给予了慷慨的支持。特别感谢那些为本书提供了真诚帮助和宝贵意见的人们，如 Bob Downs、Cecilia Powell、Ian Warrell 和 Joyce Townsend 等。David Blayney Brown 和 Eric Shanes 审阅了本书的初稿，并提出了宝贵的改进意见。Liz Moore 孜孜不倦地研究本书的插图。费顿出版社的 David Anfam、Pat Barylski，特别是 Julia MacKenzie 在本书出版的各个不同阶段都提供了大力的支持、有益的建议和专业的指导。还要感谢两位已故的前辈：人道主义和开明思想的典范 Michael Kitson 和善良、谦恭、对透纳有着深入研究的 Evelyn Joll。谨将本书献给 Val、Toby 和 Kaya Venning，对于本书的出版他们会感到非常高兴。

图片版权

图书在版编目（CIP）数据

透纳 / （英）巴里·威宁著 ；孙萍译. — 北京 ：
北京美术摄影出版社，2019.2
（艺术与观念）
书名原文：Turner (Art and Ideas Series)
ISBN 978-7-5592-0109-6

Ⅰ. ①透… Ⅱ. ①巴… ②孙… Ⅲ. ①透纳(Turner, Joseph Mallord William 1775-1851)—人物研究 Ⅳ.
①K835.615.72

中国版本图书馆CIP数据核字(2018)第025873号

北京市版权局著作权合同登记号：01-2016-2640

责任编辑：耿苏萌
助理编辑：杨　洁
责任印制：彭军芳

艺术与观念
透纳
TOUNA

［英］巴里·威宁　著

孙萍　译

出　版　北京出版集团公司
　　　　北京美术摄影出版社
地　址　北京北三环中路 6 号
邮　编　100120
网　址　www.bph.com.cn
总发行　北京出版集团公司
发　行　京版北美（北京）文化艺术传媒有限公司
经　销　新华书店
印　刷　广东省博罗县园洲勤达印务有限公司
版印次　2019年2月第1版　2022年11月第2次印刷
开　本　700毫米 × 1000毫米　1/32
印　张　11
字　数　350千字
书　号　ISBN 978-7-5592-0109-6
审图号　GS（2018）246 号
定　价　89.00元

如有印装质量问题，由本社负责调换
质量监督电话　010-58572393